헝가리 현대사의 변곡점들

역사의 메타모포시스

숭실대HK+ 메타모포시스 인문학총서 13

헝가리 현대사의
변곡점들
역사의 메타모포시스

김지영 지음

보고사
BOGOSA

간행사

  숭실대학교 한국기독교문화연구원은 1967년 설립된 한국기독교
문화연구소를 모태로 하고 1986년 설립된 〈기독교사회연구소〉와
통합하여 확대 개편함으로써 명실공히 숭실대학교를 대표하는 인문
학 연구원으로 발전하여 오늘에 이르렀다. 반세기가 넘는 역사 동안
다양한 학술행사 개최, 학술지 『기독문화연구』와 '불휘총서' 발간,
한국기독교박물관 소장 자료의 연구에 주력하면서, 인문학 연구원
으로서의 내실을 다져왔다. 2018년 한국연구재단의 인문한국플러
스(HK+) 사업 수행기관으로 선정되며 또 다른 도약의 발판을 마련
하였다.

  본 HK+사업단은 "근대전환공간의 인문학-문화의 메타모포시
스"라는 아젠다로 문·사·철을 아우르는 다양한 연구자들이 학제
간 연구를 진행하고 있다. 개항 이래 식민화와 분단이라는 역사적
격변 속에서 한국의 근대(성)가 형성되어온 과정을 문화의 층위에서
살펴보는 것이 본 사업단의 목표다. '문화의 메타모포시스'란 한국의
근대(성)가 외래문화의 일방적 수용으로도, 순수한 고유문화의 내재
적 발현으로도 환원되지 않는, 이문화들의 접촉과 충돌, 융합과 절
합, 굴절과 변용의 역동적 상호작용을 통해 형성되었음을 강조하려
는 연구 시각이다.

  본 HK+사업단은 아젠다 연구 성과를 집적하고 대외적 확산과

소통을 도모하기 위해 총 네 분야의 기획 총서를 발간하고 있다. 〈메타모포시스 인문학총서〉는 아젠다와 관련된 연구 성과를 종합한 저서나 단독 저서로 이뤄진다. 〈메타모포시스 번역총서〉는 아젠다와 관련하여 자료적 가치를 지닌 외국어 문헌이나 이론서들을 번역하여 소개한다. 〈메타모포시스 자료총서〉는 숭실대 한국기독교박물관에 소장된 한국 근대 관련 귀중 자료들을 영인하고, 해제나 현대어 번역을 덧붙여 출간한다. 〈메타모포시스 대중총서〉는 아젠다 연구 성과의 대중적 확산을 위해 기획한 것으로 대중 독자들을 위한 인문학 교양서이다.

동양과 서양, 전통과 근대, 아카데미즘 안팎의 장벽을 횡단하는 다채로운 자료와 연구 성과들을 집약한 메타모포시스 총서가 인문학의 지평을 넓히고 사유의 폭을 확장하는 데 기여할 수 있기를 바란다.

2023년 2월
숭실대학교 한국기독교문화연구원 HK+사업단장
장경남

머리말

 이 책은 필자가 헝가리 현대사를 공부하기 시작한 1989년 이후 최근까지 발표한 논문 중 헝가리 현대사의 변곡점이 되었던 사건을 골라 수정 보완하여 엮었다.

 1989년 이후 30여 년이 지나는 동안 헝가리에는 많은 변화가 있었다. 동유럽 사회주의권의 중심 국가라는 지리적, 정치적 이유에서 헝가리는 유럽 현대사뿐만 아니라, 세계 현대사의 주요 국면에서 주요 행위자였다. 헝가리는 1918년 소련의 뒤를 이어 세계에서 두 번째로 프롤레타리아 공산국가를 건설하였지만 133일 만에 붕괴되었고, 이후 제2차 세계대전의 결과로 다시 한번 공산국가가 되었다. 이 또한 1989년의 체제전환으로 다시 한번 자본주의 시장경제를 근간으로 하는 국가가 되었다. 이후 우여곡절의 과정을 거치며 비교적 성공적으로 유럽사회의 일원으로 안착하였다. '유럽으로의 회귀'라는 밀란 쿤데라의 혜안이 헝가리의 현대사에 가장 근접하게 부합한다는 것이 필자의 생각이다.

 최근 들어 민족주의와 극우주의의 재등장과 흥기는 제1차 세계대전 이후 헝가리가 직면했던 갈등과 혼란의 모습을 떠오르게 한다. 100년 전의 그 모습과는 상당히 다르게 나타나지만 많은 부분에서 한 세기 전의 모습을 재현하고 있다. 현대 헝가리의 상황을 바라보면서 역사는 끊임없이 반복된다는 선학들의 경구가 매 순간 옳았음을 절감한다. 물론 우리가 살고 있는 이곳의 역사도 이러한 순환에서 그리 크게 벗어나지는 않을 것이라는 불길한 예감에 들기는 하지만, 대비의 방법에 따라 타산지석이 될 수도 있다.

이 책에는 모두 10편의 논문이 실렸다. 헝가리 역사의 변곡점에서 헝가리인이 맞닥뜨린 현실이 멀리 떨어진 아시아의 우리에게도 그리 낯설지 않게 느껴지는 이유는 헝가리와 한국이 처한 상황이 비교적 유사한 부분이 있었을 것이기 때문이다. 역사의 변곡점에서 그것을 헤쳐 나가는 방식은 전혀 달랐지만 말이다.

필자는 이 책에서 역사적 전환점에선 헝가리가 직면했던 현실과 그에 대한 대응을 우리나라의 독자들에게 소개하고자 하였다. 특히 헝가리가 소국으로서 주변의 강대국들과의 관계에서 직면한 상황, 즉 자신의 의지로는 해결할 수 없는 어쩔 수 없는 상황에서 헝가리가 취한 실용주의적인 해결 방식을 소개하고 싶었다. 국제관계나 외교문제 등에 대처하는 우리 방식은 그들에 비해 조금 더 감정적이라는 것이 필자의 생각이다. 헝가리의 상황들을 한국의 그것과 비교해 보면 필자의 의도가 어느 정도 드러나리라고 생각한다.

이 책은 논문이 발표된 순서를 따르지 않고, 헝가리 현대사의 변곡점이 되는 중요한 사건을 연대기적으로 배열하였다. 따라서 글의 수준이 천차만별이다. 처음 쓴 글에서 가장 최근의 글에 이르기까지 20여 년의 편차가 있다. 그때그때 중요하다고 생각되는 주제를 선별하여 공부하고 논문을 쓰다 보니, 글의 순서나 내용이 중구난방이다. 그렇지만 그동안 필자의 공부도 조금 나아졌고, 헝가리를 이해하는 방식도 조금 더 성숙해진 듯하다. 최근 필자가 쓴 글에서 이러한 필자의 '탈바꿈'을 독자들께서 발견해 주신다면 고마울 따름이다. 워낙 희소한 이 책의 독자층을 고려할 때 다소 부질없는 희망이기는 하지만 말이다.

책을 시작하기에 앞서 독자들의 이해를 돕고자 서문에서 이 책에 실린 글에 대해 간단히 소개한다. 첫 번째 글은 '18~19세기 트란실 바니아에서의 헝가리인과 루마니아인의 민족 갈등의 성격'이라는 글이다. 제목에서 유추할 수 있듯이 헝가리와 루마니아는 오랜 역 사 동안 긴장관계였다. 두 나라의 역사적 긴장관계는 트란실바니아 에 대한 지배, 즉 영토 문제에서 기인한 바가 크다. 9세기 말 헝가리 민족이 유럽으로 이주하여 정착한 최초의 땅이 트란실바니아이다. 헝가리인은 트란실바니아에 정착하여 국가의 기초를 이루었고, 이 후 서쪽으로 진출하여 오늘날의 헝가리를 완성하였다. 19세기 초까 지 트란실바니아에서의 지배세력은 헝가리인이었고, 세클레르인을 제외한 비헝가리계 루마니아인, 사스인등은 헝가리인에게 종속적 인 상태였다. 그러나 헝가리인 다음으로 다수 민족이었던 루마니아 인의 민족주의가 등장하기 시작한 18세기 후반부터 헝가리인과 루 마니아인 사이의 갈등이 심화되었다. 사회주의 시기 탈민족적 민족 정책이 추진되기도 하였지만, 헝가리인과 루마니아인 사이의 갈등 이 지속되었던 점은 민족주의의 끈질긴 속성이기도 하다.

이 글에서는 트란실바니아에서의 헝가리인과 루마니아인의 갈 등 원인을 내부 식민주의 이론을 적용하여 살펴보았다.

두 번째 글은 '오스트리아-헝가리 제국의 해체 이후 동유럽 민족

국가의 성립'이다. 우리가 알고 있는 1989년 이전의 '동유럽 국가'는 오스트리아-헝가리 제국의 해체와 더불어 성립되었다. 동유럽 국가들의 성립 요인은 다양한 측면에서 고려될 수 있지만, 가장 중요한 요소 중의 하나가 오스트리아-헝가리 제국을 구성하고 있던 각 민족운동 지도자들이 자신의 민족국가를 설립하고자 했던 활동과 노력이다.

오스트리아-헝가리 제국의 구성 민족이었던 체코, 슬로바키아, 세르비아, 크로아티아, 트란실바니아(루마니아)의 민족운동 지도자들은 국내외적으로 다양한 방식을 통하여 독립투쟁을 하였으며, 대부분 그들이 원하는 성과를 거두었다. 이들은 전통적인 민족해방 투쟁 방식 이외에도 외교적인 노력을 통한 국제적 인정을 얻기 위한 방법을 모색하였다. 특히 미국 등 강대국들의 지지를 얻기 위한 노력은 일제의 지배로부터 조선의 독립을 쟁취하기 위해 투쟁하던 우리나라의 해외 애국지사들의 모습과도 맞닿아 있다. 특히 체코슬로바키아 민족운동의 지도자였던 마사리크와 같은 이의 활동과 역할은 해외의 조선 독립운동가들에게 많은 영감을 주었다.

오스트리아-헝가리 제국 내의 소수민족의 지도자들은 제1차 세계대전의 성격에 대한 이해를 바탕으로 오스트리아-헝가리 제국의 모순점과 상황을 정확히 파악하고, 이 시기가 민족해방 운동의 적기임을 간파하였다. 이들은 오스트리아-헝가리 제국 내에서 지리멸렬 상태였던 독립운동 세력들을 추동하여 효과적인 독립투쟁을 할 수 있도록 조력하였다. 그 결과로서 체코슬로바키아, 유고슬라비아가 탄생할 수 있었고, 루마니아는 영토가 두 배 이상으로 확장되었다.

세 번째 글은 '야씨 오스카르(Jászi Oszkár)의 중부유럽 통합 구상'
이다. 야씨 오스카르에 의해 제창된 소위 '다뉴브 연방 안'은 헝가리
의 이상주의적 지식인이었던 야씨 오스카르에 의해 제시된 유럽의
통합과 평화를 위한 하나의 방책이다. 오스트리아와 더불어 오스트
리아-헝가리 제국을 건설한 경험이 있는 헝가리는 제1차 세계대전
의 패배로 제국이 붕괴한 후, 다뉴브 연안의 국가들과 연합하여 평
화로운 공동체를 구상하여야 유럽에서 생존할 수 있다는 인식을
하게 된다. 따라서 제1차 세계대전에서 패한 후 제2차 세계대전 시
기까지 헝가리 지식인들은 유럽에서 생존하기 위한 다양한 방안들
을 구상하였다. 1차 세계대전의 패배 이후 헝가리의 주변국이 모두
적대적인 국가로 되면서 헝가리의 고민은 더욱 깊어졌을 것이다.
이러한 와중에서 야씨 오스카르는 헝가리가 유럽과 '통합'되는 것만
이 헝가리가 생존하는 길이라는 인식 아래 '다뉴브 연방'을 제시한
다. 물론 야씨 오스카르 외에도 다수의 헝가리 지식인과 정치인이
헝가리가 주변 국가들과 연합 혹은 연계하여 '공존의 공간 혹은 시
스템'을 만들어야 한다고 주장하였다. 야씨 오스카르의 '다뉴브 연
방'은 비록 당대에는 실패하기는 했지만 후일 유럽연합을 구상하는
데 하나의 아이디어로 수용되기도 했고, 현재에는 '비세그라드 4'라
는 중부유럽 경제 공동체로 현실화되었다. 시대를 앞서간 야씨 오
스카르의 사상은 통합을 통한 공존과 번영이라는 대의명분을 실현
하고자 했던 사상으로서 충분한 의미가 있다.

네 번째 글은 '헝가리 파시즘의 전개와 청산 1919~1945'이라는
글이다. 제1차 세계대전에서 패배한 결과로 오스트리아-헝가리 제

국이 해체되었고, 헝가리는 전전 영토의 66%를 주변국에 할양한 소국(小國)으로 전락하였다. 여러 정치적인 상황이 존재했지만, 헝가리는 전전의 영토를 회복하고, 이전에 누렸던 국제적 지위와 위신을 회복하기 위하여 당시 무서운 기세로 승승장구하던 파시스트 나치 독일과 협력하게 된다. 그 결과는 더욱 참담했지만 말이다. 헝가리의 파시즘은 간전기에 발흥했던 헝가리 민족주의 또는 헝가리주의라고 불리는 극우적 이데올로기에 기인한 바 크다. 제2차 세계대전 이후 헝가리는 공산당이 정권을 장악하였고, 공산당과 가장 대척점에 있었던 파시스트들에 대한 대대적인 숙청과 청산 작업이 이루어졌던 것은 필연적이었다. 이 글에서는 헝가리에서 전개되었던 파시즘의 양상과 그 청산 과정을 살펴보면서 현대 헝가리가 안고 있는 문제의 원인에 대한 단초를 발견하고자 하였다.

다섯 번째 글은 헝가리를 공포와 탄압으로 통치했던 라코시 마챠시(Rákosi Mátyás)에 대한 글이다. 이 글에서 필자는 헝가리 공산당의 초기 지도자 숭배가 갖는 방식을 검토해 보았다. 기본적으로 동유럽의 공산당 지도자에 대한 개인숭배는 소련에서 시작된 스탈린 숭배의 영향을 받았다. 특히 헝가리는 그 양상이 두드러졌다. 헝가리의 역사적, 문화적 환경과 소련의 스탈린 숭배 양상이 결합되어 헝가리 특유의 지도자 숭배가 나타났다. 헝가리에서는 소련의 방식을 답습하려는 경향이 강했지만, 그럼에도 불구하고 헝가리의 문화적 환경이 소련의 지도자 숭배와 차이점을 드러내 주었다. 헝가리 공산당은 지도자 라코시의 개인숭배를 합리화하기 위해 당의 지도자를 국가 전통의 상속자로 위장하고 역사적 영웅들과 동일한 반열에 올려놓았다.

헝가리 공산당은 라코시 숭배의 메커니즘으로 헝가리 전통의 국가 상징이나 패턴을 활용하고, 국경일을 기념하는 등 공산주의 지도자에 대한 개인적인 숭배에 국가 및 민족이라는 서사를 사용했다. 헝가리 공산당은 라코시의 이미지를 헝가리 역사적 인물과 동일시하거나 유사하게 보이도록 조작하였다. 그러나 헝가리인에게는 이러한 개인숭배의 양상이 소련의 스탈린 숭배를 답습한 것으로 인식되지는 않았다. 그럼에도 불구하고 공산주의 시대 공산당 지도자에 대한 개인숭배는 소련의 영향하에 나타난 소련화의 일부였던 것은 분명한 사실이다.

여섯 번째 글인 '1956년 헝가리 혁명'은 오래전에 쓴 글 중의 하나이다. 그동안 알려지지 않았던 사실과 최근의 업적들을 참고하여 상당 부분 수정하였다. 이 글에서는 필자의 의견이 20년 전과 미세하게나마 변경된 부분도 있다. 혁명이 어떤 역사적 법칙성이나 필연성을 가져야 한다는 다소 교조적인 생각이 '우연과 현실적 필요'라는 비합리적인 부분도 중요하게 간주되어야 한다는 생각으로 '탈바꿈'했다는 정도라고 고백한다. 그러나 1956년의 헝가리 혁명이 헝가리 현대사를 이해하는 가장 중요한 사건이라는 점과 헝가리의 현재 정치적인 문제들도 모두 1956년의 혁명에서 멀든지 가깝든지 관련이 있다는 나의 근본적인 인식이 바뀐 것은 아니다. 오히려 1956년 헝가리 혁명과 현재의 헝가리 정치상황이 더욱 밀접하게 연관되어 있다는 생각이 강해졌다.

필자는 1956년의 혁명이 반소, 반공을 내세운 것은 분명하지만

그것이 자본주의로의 전환을 지향했다는 그동안의 다소 보수적이
고, 전통적인 시각을 철회하고자 한다. 1956년 혁명 당시 수상이었
던 너지 임레가 궁극적으로 스위스와 같은 '영세중립국'을 상정했었
다는 점을 고려하면 헝가리 혁명의 지향성에 대한 필자의 기존 입장
은 과한 측면이 있기 때문이다.

  일곱 번째 글인 '헝가리의 공산주의 변용'에서는 헝가리에서 펼쳐
졌던 헝가리 공산당 통치 방식, 즉 '카다리즘' 혹은 굴라시 공산주의
라 불리는 통치방식을 검토해 보았다. '카다리즘'은 일명 '굴라시 공
산주의'라고도 불리는 개혁 공산주의의 한 모습이다. 헝가리의 수상
카다르는 공산화 이후의 경제문제와 1956년 혁명 후 헝가리 사회의
침체현상을 극복하기 위해서 '신경제 메커니즘'을 추진했다. 도입
초기 '신경제 메커니즘'은 비교적 성과를 내기도 했으나 공산주의
경제시스템의 근본적인 문제를 해결하지는 못하였다. '카다리즘'은
공산주의 경제정책을 뿌리부터 바꾸는 것이 아니었고, 당면 문제에
대한 임시방편적 대책이었다. 따라서 헝가리 경제의 구조적인 문제
를 개혁하는 데에는 한계가 있었다. 이에 더하여 '카다리즘'은 공산
체제에 만연한 관료주의, 소련 및 코메콘 국가들과 무역 갈등, 관료
사회의 부패문제를 해결하지 못함으로써 목적했던 성과를 거두지
못하였다. 그러나 헝가리는 '카다리즘'의 경험을 통하여 1980년대의
이후 직면한 경제위기를 자본주의적 방식으로 극복하는 방안들을
고민하였다. 이러한 고민의 결과가 사회주의에서 자본주의적인 경
제체제로의 전환이라는 것이었고, 이에 따라 1989년부터 역사적 '체
제전환'이 시작될 수 있었던 것이다. '카다리즘'이 이러한 체제전환

의 자양분이 되었던 것이다. 이것이 헝가리의 체제전환 과정이 유혈 충돌 없이 평화적으로 수행될 수 있었던 중요한 이유이다.

여덟 번째 글인 '68운동'과 헝가리의 사회주의 체제 내 개혁운동, 1989년의 체제전환'은 서구의 68운동과 헝가리 체제전환의 연관 관계를 살펴본 글이다. '68운동'이 서유럽과 서구의 세계가 구제도와 자본주의의 모순, 격화되어가는 계층 간의 갈등에 대항하여 권위적인 과거와의 단절을 추구한 운동이었다고 정의한다면, 동유럽에서는 공산주의의 모순에 저항하는 체제 내에서의 개혁운동의 분출이 '68운동'의 모습이라고 할 수 있다. 그러나 일반적으로 헝가리에서는 '68운동'의 영향 혹은 그에 동조하는 사건은 없는 것으로 알려져 있다. 그 이유는 헝가리인은 이미 1956년 헝가리 봉기가 소련에 의해 무력으로 진압당하는 것을 경험했기 때문에 서구의 '68운동'과 체코슬로바키아에서 일어난 '프라하의 봄'이 어떤 변화를 가져오지 못할 거라는 회의적인 시각을 가지고 있었기 때문이다. 따라서 헝가리 인들은 '68운동'과 '프라하의 봄' 자체에 대해 큰 관심을 가지지 않았고, 체제 내적인 변화를 통하여 경제위기를 타개하는 데 집중하였다. 물론 당시 정권을 잡고 있었던 카다르 야노시(Kádár János)가 서구의 '68운동'과 체코슬로바키아의 '프라하의 봄'의 결과를 목도하면서 헝가리의 신경제 메커니즘의 성공적인 시행에 주력한 점도 사실이다. 따라서 1968년 체코의 '프라하의 봄'과 헝가리의 '신경제 메커니즘'을 비슷한 반체제적 운동으로 보는 것은 문제가 있다. 체코슬로바키아의 '프라하의 봄'은 서구의 68혁명의 영향이 있었다고 할 수 있지만, 헝가리의 '신경제 메커니즘'은 헝가리 내부의 사회주의적 모순을 해결하기 위한 내적 체제개혁 운동이었기 때문이다. 헝가리가 1968년 경험해 본 개혁정책은 정확히 20년 뒤인 1988년 헝가리 체제전환의 바탕이 되었음은 분명하다.

아홉 번째 글 '1989년 헝가리 체제전환의 내적 요인과 국제적 환경'에서는 헝가리 체제전환을 가능하게 했던 대내외적 환경을 살펴보았다. 동유럽의 체제전환은 1989년 고르바초프와 조지 부시의 합의를 통해 철회할 수 없는 영구적 사안으로 확정되었다. 1945년 2월 얄타 협정으로 시작된 냉전이 1989년 끝났다는 데는 이론의 여지가 없다. 동유럽 지역에 주둔해 있는 소련 군대가 철수하였고, 이는 동유럽 국가들이 각각의 주권을 회복한다는 의미였다. 이러한 국제적 환경과 더불어 헝가리는 카다르 정권의 몰락과 굴라시 공산주의의 퇴조라는 국내 정치적 요인이 맞물려 동유럽 사회주의 국가 중 체제전환의 선두에 섰다. 헝가리 체제전환의 내부적 요인은 카다르 시대에 비교적 성공적으로 유지되어온 헝가리식 사회주의가 더 이상의 성장 동력을 잃고 주저앉았다는 데 있었고, 이 사실을 국민이 인지하고 있어 체제전환의 필요성과 당위성이 받아들여졌으며, 공산당도 이 상황을 인지하고 있었다는 점이다. 공산당은 헝가리의 범야권 세력과 협상을 통하여 체제전환의 조건들을 협의했고, 그들과의 합의에 따라 헝가리의 체제전환은 순조롭고 평화롭게 진행되었다. 물론 소련은 이와 같은 헝가리의 체제전환 과정에 개입하거나 방해하지 않았다.

마지막으로 '체제전환 이전, 이후의 헝가리 포퓰리즘'에서는 최근

유럽사회의 가장 중요한 문제 중의 하나인 극우주의와 민족주의의
부상 혹은 재부상에 대해 다루고 있다. 동유럽의 민족주의 우익 정
당 중 비교적 성공적으로 대중의 인기를 얻은 정당이 헝가리의 피데
스(Fidesz)와 폴란드의 법과 정의당이다. 특히 헝가리의 경우 민족주
의와 극우주의의 결합 양상이 뚜렷하다. 헝가리 우익 정당의 포퓰
리즘과 민족주의는 깊숙이 연관되어 있다. 제1차 세계대전을 종결
하는 1920년의 베르사유 강화조약, 특히 헝가리의 운명을 결정지었
던 트리아농 조약은 헝가리를 절망에 빠트렸다. 이러한 절망적 사
회 분위기 속에서 광적인 민족주의, 극우주의, 반유대주의가 창궐했
다. 현재 헝가리의 우익, 포퓰리즘적 정당, 이들을 지지하는 흐름은
여러 부분에서 1920년대와 유사한 측면을 보인다. 사상적으로도 비
슷한 내용을 담지하고 있는데, 구체적으로 이러한 포퓰리즘적인 개
념은 민족주의의 메타모포시스로 볼 수 있다. 이 글에서는 포퓰리
즘과 민족주의의 문제를 헝가리와 주변 국가들을 중심으로 살펴보
았다. 헝가리는 다른 국가들과는 다르게 극우주의적 포퓰리즘 정당
이 대중으로부터 상당한 지지를 받고 있다는 점에서 주목해야 하는
필요가 있다. 물론 민족주의와 포퓰리즘이 밀접하게 연관되어 있기
는 하지만 둘은 차이점은 명확히 구분되어야 한다. 헝가리와 주변
국가들에서 보여지는 포퓰리즘과 민족주의의 결합은 '민족주의와
포퓰리즘의 역사적–이론적 메타모포시스'라고 할 수 있다.

이 책이 나오도록 격려해 주신 여러분을 기억한다. 숭실대 인문
한국플러스사업단을 이끌어 가시는 장경남 교수님, 언제나 든든한
우군이자 친구인 오지석 교수님, 따뜻한 애정과 그에 버금가는 날

카로운 비판으로 필자를 나태에서 건져내는 방원일 교수님, 우리 사업단 리서치 클러스터의 멤버로서 함께 공부하고 토론하는 오선실 교수님, 천춘화 교수님, 김성희 교수님께 특별한 감사의 말씀을 드린다.

2022. 봄날에
숭실대 연구실에서
김지영

차례

18~19세기 트란실바니아에서의
헝가리인과 루마니아인의 민족 갈등의 성격

1. 서론

합스부르크 제국의 영토였던 트란실바니아에서는 근대 이후 헝가리인과 루마니아인 간의 갈등이 지속되어왔다. 1780년대부터 시작된 양 민족 간의 갈등은 1848년 시민혁명을 계기로 최고조에 달했고, 그 여파는 20세기까지 지속되었다. 1780년대 이전에는 헝가리인과 루마니아인 사이의 직접적인 갈등이 두드러지지 않았지만, 프랑스 혁명의 여파에 따른 민족주의의 전파는 잠재되어 있던 두 민족 간의 민족의식을 각성하게 하였고, 이러한 자각은 지배세력이었던 헝가리 민족보다는 피지배세력이었던 루마니아인과 다른 소수민족에게 강하게 나타났다. 이러한 민족 간의 갈등은 각 민족의 생활영역이 중첩되는 부분에서 더욱 복잡한 양상을 보였으며, 20세기에 들어 가장 격렬한 양상으로 표출되었다.

2차 세계대전 이후 루마니아의 영토로 편입된 트란실바니아 지역에서 표면적으로 헝가리인과 루마니아인의 갈등은 사라졌지만 사회주의 시기에도 헝가리계와 루마이나계의 긴장관계가 존속되었다. 이러한 긴장관계는 1989년 체제전환 이후 이전에 비하여 그 강도가 약해진 것은 분명하고, 민족 간의 갈등은 점차 평화롭게 수렴되는 양상을 보인다. 특히 체제전환을 통한 민주화와 자유화, 자본주의화가 진행되면서 점차 역사 속의 기억으로 사라지고 있다. 하지만 사회주의 시기 레닌주의에 기초한 탈민족적 민족정책이 추진되었던 상황에서도 헝가리-계와 루마니아계 사이의 민족 정체성에 대한 문제가 지속되었던 점은 민족주의의 끈질긴 속성이자 특성이기도 하다.

헝가리와 루마니아 민족은 이질적인 기원을 가지고 있으며, 이에 기인한 갈등이 두 나라 역사의 중요한 부분을 차지한다. 따라서 트란실바니아에서의 헝가리인과 루마니아인 간의 관계를 살펴보기 위해서는 18세기 이전의 두 나라 민족 간의 관계에 대한 이해가 필요하다.

서양사의 연구이론에서 이 부분은 동일한 거주 공간에서 우월한 민족과 열세인 민족이 공존하며 우월한 민족이 열세인 민족에 대한 종주권 혹은 지배권을 행사하는 양상으로 나타난다는 점에서 '내부 식민주의'라고 칭해지기도 한다.

'내부 식민주의' 이론에 따르면 헝가리인과 루마니아인 사이의 관계가 지배자와 피지배자 혹은 식민자와 피식민자의 관계로 나타난다. 따라서 이 글에서는 트란실바니아 지역에서의 민족주의적 갈등 양상의 원인을 '내부 식민주의' 이론에 근거하여 검토해 보고자 한다.

헤크터는 민족 정체성 문제를 분석하기 위해 잉글랜드와 켈트 주변부의 역사적 관계를 연구하는 과정에서, 분리주의적 정서에 의해 영국의 정치적 통합이 실패한 것으로 인식하고, 그 원인을 찾는 과정에서 '내부 식민주의' 이론을 제시하게 되었다.

'내부 식민주의' 이론은 단일한 정치단위 내부에서 정권의 핵심부와 주변부 사이에 역사적으로 뿌리 깊은 경제적·문화적 차이가 존재하며, 이러한 차이로 인해 정치적 통합이 불완전하게 이루어진다는 이론이다. 이러한 경제적·문화적 차이는 자본주의의 발전이 확대됨에 따라 각각의 집단을 차별적으로 생산체계에 통합하면서 발생한다. 산업화 혹은 자본주의화는 '핵심부'에 속한 집단에 강력한 우위권을 보장하고, 핵심부의 구성원은 획득한 우위권을 지속적이고 배타적으로 향유하며 이를 차별적인 계층화 체제로 제도화한다.

헤크터는 객관적인 문화적 구별이 계급 구조와 겹쳐지는 계층화 체제를 '문화적 분업'이라 명명했다. 이러한 불평등 체제는 독특한 민족 정체성이 성장하는 토대를 제공하고, 이는 계속해서 집단의식과 정치적 반응의 기초가 된다. 요컨대 헤크터의 주장은 생산에 참여하는 주체들의 차등적 위치를 기본변수로 보는 네오마르크시즘과 유사하다. 그는 월러슈타인(Wallerstein)처럼 분업을 공간적 요소로 간주한다. 즉, 공존하는 영역의 개별 부분이 체제 내의 다른 '계급'의 위치와 유사한 위치를 차지한다는 것이다. 이러한 모든 상황에서와 차등적 위치는 생활수준의 차이, 자본 축적의 기회, 경제적 독립 및 발전 등과 밀접하게 연관되어 있다. 헤크터에 따르면 집단 간의 민족적 차이가 지속되는 것은 이러한 기회의 불평등이 그 기저에 있기 때문이다.

'문화적' 차이가 정치적 중요성을 띠게 되는 경우는 그것이 구조적 불평등과 연결될 때이다. 이는 일련의 정치적 반응을 민족적 관점으로 덧씌우는 것은 잘못된 의식의 한 형태라는 점, 즉 계급적 상황에 대한 문화적 윤색이라는 점이라고 할 수 있다. 민족 이데올로기의 본질에 대한 이러한 견해는, 마르크스적 관점이기는 하지만 충분히 타당한 견해라고 볼 수 있다. 이 이론에 근거하여 18~19세기 트란실바니아에 있었던 민족 갈등을 검토해 보면 트란실바니아에서 볼 수 있는 양상은 계급 구조의 중첩, 경제적 의존성, 문화적 차이 등이 존재하는 상황에서 문화적으로 종속된 집단이 자신의 지배집단에 대항하여 자신의 권리를 찾고자 했던 투쟁의 일환으로 볼 수 있다.

트란실바니아의 민족 갈등 문제는 계급과 문화의 변수가 서로 다른 방식으로 얽혀 있었다는 점에서 합스부르크 제국 내의 다른 피지배지역과는 상이한 양상으로 드러난다. 내부 식민주의 이론을 검토할 때 기본이 되는 중요한 전제는 공간과 계급의 상징적 등가성이다. 내부 식민주의 분석을 위해서는 대조적인 내부의 사회적 배열이라는 관점에서 병치된 공간적 실체가 분석되어야 하며, 누가 이러한 구조의 주요 행위자이고, 그들은 어떤 이익을 대변하는지 파악해야 한다. 물론 주의할 점은 공간적 실체가 마치 전체 분업 과정에서 단일 계급처럼 반응하는 충분한 내적 동질성을 가진 행위자인 것처럼 간주하면 문제가 있다는 점이다. 따라서 중요한 점은 트란실바니아의 주요 계급 구성을 검토하여, 지배민족에 대한 피지배민족의 민족적 반응의 전달이 주로 어떠한 계급을 통해 이루어지는지를 파악하는 것이다. 또한 역동적인 산업 경제체제와 그 체제를 보완해 주는 주변부에 속하는 경제 단위 사이에서 나타나는 현상으로서 '내부 식민주의'가 나타날 가능성이 크다는 점을 고려하면

서 트란실바니아 지역에서의 헝가리-루마니아 관계를 살펴보아야
한다.

'내부 식민주의'는 세계 체제의 주변부 또는 준(準)주변부와 달리
핵심부에서 발생할 경우 다른 특성을 띠게 된다는 사실도 중요하다
고 할 수 있다. 19세기 준주변부로서의 트란실바니아는 독특한 특
징을 지니고 있는데, 이러한 트란실바니아의 특징이 '내부 식민주의'
를 기계적으로 적용하는데 문제점으로 작용하기도 한다. 이러한 점
을 고려하면서, 이 글에서는 동일 지역에서 발생하는 내국인 사이에
서의 식민주의 이론인 '내부 식민주의' 이론의 도움을 받아 트란실
바니아 지역에서 나타났던 헝가리인과 루마니아인의 관계의 양상
에 대한 역사적 기원과 그 내용을 분석해 보고자 한다.

2. 합스부르크 제국의 구조와 헝가리, 루마니아의 위치

18세기와 19세기의 합스부르크 제국은 오늘날의 오스트리아와
헝가리뿐만 아니라 북부 이탈리아, 유고슬라비아, 루마니아, 체코슬
로바키아, 폴란드, 소련의 일부 지역을 포함하고 있었다. 이 시기의
합스부르크 제국은 세계 체제의 준주변부 위치에 머물러 있었다.
근본적으로 합스부르크 제국의 경제적 중심 산업은 농업이었으며,
공업을 중심으로 하는 산업 생산이 합스부르크 제국의 주요 정책이
된 시기는 1742년 프로이센에 슐레지엔을 양도하도록 강요받은 이
후이다. 이 시기 이후 1800년대 초부터 면화, 양모, 비단 생산을 중
심으로 하는 섬유 산업이 활기를 띠게 되었고, 1830년대 이후로 이

러한 공업생산을 뒷받침하는 교통망의 확충이 이루어졌다.

19세기에 프랑스, 독일, 미국이 영국과 함께 강대국으로 떠오르며 세계 경제가 재편되었고, 합스부르크 제국은 뒤늦게 경제 발전과 강대국의 지위를 확보하기 위한 노력을 경주하였다. 그러나 1866년 오스트리아-프로이센 전쟁에서 패배하고, 1867년 헝가리와 '타협'을 이루어, '오스트리아-헝가리 2중 왕국' 체제가 성립됨으로써 제국의 산업화 정책은 실패하였다.

19세기 내내 합스부르크 제국의 산업 생산은 대부분 섬유, 의류, 식품, 음료, 담배 등 소비재였고, 1841년부터 자본재의 산업 생산은 실질적으로 감소하였다. 그러나 경제 발전보다 우선시되던 목표는 제국의 통합을 유지하는 것이었다. 오스트리아-헝가리 제국 내의 상호 의존도를 더욱 강화하게 될 효율적 내부 분업화와 행정의 중앙 집권화 시도가 2세기에 걸쳐 지속되었다.

곡물, 가축, 양모, 아마 섬유, 광물 원료 등이 제국의 동부 지방에서 공급되어 서부 지방에서 가공되었고, 이 가공된 상품은 다시 동부 지방에서 소비되었다. 서부 지방에서는 각 지역에 따라 생산이 특화되는 양상을 보였다. 예를 들면 면사 방적은 주로 보헤미아 지역에서 이루어졌고, 면 염색은 프라하 지역에서 주종을 이루었으며, 양모 직조는 하(下)오스트리아 지역과 모라비아 지역에서 활발하게 이루어졌다.

헝가리와 트란실바니아를 제외한 제국의 전 지역이 관세 동맹으로 통합되어 있었고, 1850년과 1859년에는 헝가리와 트란실바니아도 관세 동맹에 포함되었다. 관세 정책은 제국의 강화(强化)를 목적으로 내부의 상호 보완적 성격을 강화하고 자급자족 체제를 촉진했다. 헝가리와 트란실바니아가 제국에 참여한 상황은 중층적이다. 합스부르크 제국은 1690년대 오스만 투르크에 점령되어 있던 헝가리와 발칸 지역을 회복했지만, 당시의 내부 권력 균형 상태에서 헝가리를 제국 내에 편입시키는 데는 매우 관대한 조건, 즉 헝가리 내정에 대해 헝가리 귀족들에게 광범위한 통제권을 부여할 필요가 있다는 점을 깨닫고 있었다.

헝가리 귀족들은 전통적으로 세금을 면제받았고, 자신들이 지배하는 지역에 대한 완전한 행정 자치권을 보장받았다. 헝가리 지역 내의 수많은 소수민족(세르비아인, 슬로바키아인, 독일인, 크로아티아인)에 대한 헝가리 귀족들의 지배권은 그대로 유지되었고, 재건된 헝가리 귀족 의회는 광범위한 권한을 부여받았으며, 헝가리 왕국의 전통 헌법을 준수하는 것도 보장되었다. 그러나 이러한 헝가리 귀족들의 권력은 1918년 오스트리아-헝가리 제국이 해체될 때까지 제국에 여러 심각한 문제를 불러일으켰다.

트란실바니아는 자체적인 총독, 의회, 재무 행정 기관 및 오스트리아-헝가리 제국의 장관직을 보유한 독립 공국으로서 오스트리아-헝가리 제국에 독자적으로 편입되었는데, 이것은 역사상 보기 드문 독특한 방식이었다. 트란실바니아와 헝가리는 11세기부터 서로 연관되어 있었고, 오스만의 지배가 종식되자 헝가리는 합스부르크의 통치 아래 트란실바니아와 재통합하기를 기대했기 때문이었다. 그러나 합스부르크 제국은 헝가리 귀족들이 헝가리 왕국뿐만 아니라 트란실바니아의 정치까지 지배하고 있다는 점을 고려하여, 헝가리의 저항 가능성을 약화하기 위해 두 지역의 분리를 주장했다. 당시 트란실바니아의 내부 사회구조는 매우 복잡했다.

트란실바니아 공국에는 4개의 주요 민족 집단이 공존했다. 그들 중 트란실바니아 공국 헌법을 제정하는 데 힘을 합쳤던 헝가리인, 세클레르인, 작센인은 자신들만을 시민으로 인정하면서, 네 번째 민족 집단인 루마니아인은 종속적인 신민(臣民)임을 허용하는 정도로 지위를 격하시켰다.

종교적 구성 또한 복잡한 양상이었다. 트란실바니아에는 6개의 종교가 혼재했다. 로마 가톨릭, 칼뱅교, 루터교, 유니테리언교의 4개 종교는 공식적으로 인정을 받은 종교였고, 합스부르크가 루마니아인을 가톨릭화하기 위해 만든 로마 가톨릭과 그리스 정교의 혼합체인 그리스 가톨릭교회(합동 동방 가톨릭교회), 그리스 정교가 존재했다.

일부 민족 집단이 여러 종교로 분열된 경우는 있었지만, 둘 이상의 민족 집단이 하나의 종교를 믿는 경우는 없었다. 각 민족 집단은 내부적으로 계급화되어 있었다. 그러나 트란실바니아 공국의 전체적인 사회 체제 안에서는 대부분의 귀족은 전체 인구의 1/3을 차지하는 헝가리인과 세클레르인이었다. 작센인은 모든 신분에 걸쳐 분포했지만, 많은 수가 상업과 제조업 분야에 종사했다.

루마니아인은 인구의 반 이상을 차지하고 있었지만, 대부분 자유 농민이나 농노였다. 트란실바니아는 1867년 헝가리에 통합되면서 제국 내의 지위가 바뀌게 되지만, 제1차 세계대전까지 이러한 사회 구조를 변형된 형태로 계속 유지했다. 산업의 구조적인 계층을 검토해 보면, 대륙 차원의 분업 시스템에서 합스부르크 제국은 준주변부였던 반면, 내부적으로는 상당히 복잡한 분업 시스템을 이루고 있었다. 헝가리는 주로 농업 생산에 특화되어 있었고, 19세기 동안 변화된 봉건적 농업 계급 관계의 특징을 보였다.

트란실바니아는 원자재와 가공품 모두를 생산했다. 제국 내에서 트란실바니아의 가장 중요한 역할은 합스부르크와 오스만 사이에서 이루어지던 무역의 중계자 역할이었을 것이다. 그러나 트란실바니아가 헝가리의 통제를 받게 되면서 이러한 역할도 헝가리의 몫으로 넘어가게 되었다. 헝가리와 트란실바니아에서 발생한 민족적 반응에 대해 '내부 식민주의' 이론의 관점에서 검토해 보면 헝가리가 트란실바니아에서 지배자의 위치로 루마니아인을 비롯한 다른 소수민족들을 식민지적으로 통치했다고 할 수 있다.

3. 헝가리의 '식민주의'

18세기와 19세기 헝가리 경제의 근간은 신봉건적 농업이었으며, 1848년이 되어서야 합스부르크에 의해 농노제가 폐지되었다. 19세기 후반까지 헝가리의 산업 발전은 답보 상태를 벗어나지 못했고, 그 이후에도 주요 산업은 농업 분야로 한정되었다. 1848년 이전의 사회구조는 대다수의 인구가 농부, 농노, 토지를 소유하지 못한 노동자였으며, 여러 민족이 혼합된 상태였다.

귀족들은 부르주아 계급이 독자적으로 형성되는 것을 방해했는데, 이들 부르주아 계급은 대개 소수의 독일인이나 유대인 등 비헝가리계 이주민이었다. 귀족 계급은 서로 이해관계가 일치하지 않는 소수의 부유한 귀족과 다수의 젠트리로 엄밀하게 구분되긴 했지만, 전체적인 규모는 1846년의 통계로 성인 인구의 10% 정도로 추정될 정도로 큰 규모였다. 귀족 계급은 배타적으로 땅을 소유할 수 있는 권리, 중앙 정부 및 자치주의 고위직에 임명될 수 있는 독점적 권리, 농민을 지배할 수 있는 권리, 세금을 면제받을 수 있는 권리 등을 가지고 있었다. 또 하나의 중요한 집단은 지식인 계급으로 이들은 대부분 귀족 계급에서 배출되었는데 이들은 주로 변호사 업무에 종사했다.

18세기 말부터 헝가리는 경제적 낙후 지역에서 제국의 주요 농산물(특히 곡물) 생산 지역으로 변모하기 시작했다. 농업의 상업화가 진척됨에 따라, 헝가리 북서부의 광산 지역에서 명맥을 유지하던 소규모 수공업은 소멸하였다. 종속적인 경제 발전을 '내부 식민주의'의 지표로 본다면, 헝가리는 19세기 초부터 그러한 현상을 보여 준다. 당시의 헝가리인과 이후의 헝가리 역사가들은 제국에 의한 돌이킬 수 없는 피해 및 착취를 식민주의적으로 해석했는데, 이런 현상이 어느 정도까지 헝가리 내부 집단의 이익에 손해를 끼쳤는지는 논쟁의 여지가 있다.

최근의 연구는 헝가리의 합스부르크 제국 편입이 이후의 산업화에 도움을 주었고, 북아메리카산(産) 곡물과의 경쟁에도 불구하고 유리한 가격으로 내부 시장을 보장해 줌으로써 농업을 보호했다는 입장을 취하고 있다. 허낙은 특히 1867년 이후에 가격 추세가 농업에 유리했기 때문에 제국의 어느 곳보다도 헝가리에서 자본 축적이 빠르게 이루어지면서, 1867년 이후 헝가리 경제의 특징인 제조업으로의 전환을 촉진했다고 주장한다. 요컨대 합스부르크 제국은 헝가리에 빠른 성장에 필요한 '자본주의적 협력'을 제공했다는 것이다. 헝가리의 산업 성장률은 1851년부터 오스트리아를 넘어섰고, 이러한 기조는 20세기까지 이어졌다. 이러한 성장에서 긍정적이지 못한 측면은 제조업 분야의 발전이 주로 농업, 특히 제분과 설탕 생산을 기반으로 하고 있었다는 점이다. 이런 상황은 낡은 사회구조를 더욱 더 강화하고 제조업의 기반을 다변화하는 것을 방해하는 요소였다.

이러한 산업 발전에 사용된 자금은 민간 축적 자본과 외국 자본의 두 가지 경로로 조달되었다. 민간 축적 자본은 거의 상류 귀족들의 소유였는데, 대개 제재소, 제지 공장, 탄광 등의 개발을 위해 수용당한 토지의 보상분이 주종을 이루었다. 외국 자본은 오스트리아 외에 독일, 영국, 프랑스 등에서 유입되었다.

1880년경부터 헝가리 정부는 자체적으로 제조업 분야의 활성화를 위한 외국 자본을 활발하게 끌어들였다. 이 외국 자본은 주로 철도, 은행 등 인프라 시설 및 설탕 공장, 광산 등 기간산업을 조성하는 데 투자되었다.

이런 활동이 고전적인 식민지 착취의 형태로 보일 수도 있지만, 헝가리 경제사학자들은 식민지 착취라는 결론에 동의하지 않는다. 다만 오스트리아가 경제 발전을 위한 필수 인프라를 제공하여 헝가리가 그 혜택을 받았으며, 1880년 이후 외국 자본의 투자 비율이 줄어든 것은 역으로 토착 자본의 축적이 늘어났음을 보여주는 단적인 예라고 주장한다. 또한 지역 산업 육성을 위해 헝가리 정부는 세금 감면과 철도 요금 조정 등의 조치를 취함으로써 오스트리아 자본으로 헝가리 영토에 공장을 설립하도록 지원했다. 이런 것들은 점차 헝가리의 이익으로 귀속되었고, 결국 오스트리아 자본뿐만 아니라 오스트리아에 투자한 외국 자본도 효과적으로 헝가리로 이전되는 결과를 낳았다.

이러한 분석은 식민지 착취처럼 보이는 일들이 사실은 헝가리의 주요 경제 주체 일부에게 이익을 제공했다는 점을 보여준다. 그러나 이러한 논의에서 이해관계가 모호한 집단이 젠트리 계급이다. 이들은 농업의 상업화가 이루어지던 19세기 전반부에 크게 번성하지 못했고, 1848년 농노제가 폐지된 이후에는 상당한 경제적 어려움을 겪었다.

헝가리의 젠트리 계급은 궁정의 오랜 동지였던 귀족 계급보다 더욱더 심하게 토지를 수용당했지만 그에 대한 보상은 즉각적으로 이루어지지 않았고, 심지어 오랜 기간 동안 지체되기까지 하였다. 거기에 더하여 귀족들에 비하여 수용된 토지의 비율도 훨씬 높았다.

철도 건설로 고용 노동자의 임금은 상승했고, 자본이 부족한 젠트리는 노동자의 임금에 소요되는 비용을 절감하기 위한 기술 도입에 고금리의 자금을 융자받았다. 더군다나 1870년대 발생한 역병과 흉작으로 젠트리 계급의 이윤이 크게 감소했는데, 이러한 상황은 이 시기 20년간 발생한 2만여 건의 파산 중 대다수가 젠트리 계급에서 발생하였다는 점에서 미루어 짐작할 수 있다. 결국 이러한 과정을 거쳐 대부분의 젠트리 계급의 토지는 상당수가 대귀족의 소유가 되었다. 젠트리 계급이 격렬하게 반대했던 토지의 강제 수용과 같은 사건들은 헝가리가 오스트리아의 지배를 받았기에 나타난 현상으로 이해되었고, 젠트리 계급이 지속적으로 민족적 소요의 중심축으로 활동하게 되는 이유가 되었다.

헝가리 젠트리의 활동은 1867년 오스트리아와 헝가리가 '타협'을 통하여 헝가리의 지위가 오스트리아와 동등한 완전한 동반자 관계로 설정되는 데 중요한 역할을 하였다. 그러나 이러한 사건들이 지

속적으로 헝가리인의 민족의 저항 정서를 자극하였지만, 그것이 헝
가리의 민족저항 그 자체를 만들어 낸 것은 아니었다. 헝가리인의
민족적 저항은 헝가리가 명백한 경제적 종속 상태가 아니었던 이전
세기에 이미 나타났던 현상이었다. 헝가리의 젠트리 계급은 이미
1780~1790년대 반 합스부르크 운동의 지휘부의 역할을 하였던 것이
다. 이러한 사실에서 헝가리의 젠트리 계급이 1848년 이후, 오스트
리아의 제국의 통치에 대한 민족저항 세력의 중추였기는 하지만,
헝가리 젠트리 계급의 합스부르크 제국에 대한 투쟁의 원인이 토지
문제만은 아니었음을 보여준다.

합스부르크는 헝가리 귀족들에게 헝가리 자치주의 행정에 대한
배타적 통제권을 보장해 주었다. 이러한 특권은 젠트리에게 매우
중요한 혜택이었다. 18세기 중반부터 헝가리의 귀족들이 빈(Wien)
정부와 보다 더 긴밀한 관계를 맺기 위하여 노력하는 동안, 헝가리
지역의 행정은 전적으로 젠트리의 업무가 되었기 때문이다.

젠트리가 보유한 토지는 대부분 생계형 경제 규모였고, 대규모
수출 사업에 종사하기에는 충분하지 않았다. 그러므로 귀족적인 부
의 과시나 사치스러운 소비보다는 행정 관료의 역할이 젠트리 계급
의 사회적 기반이 되었다. 18세기 후반까지 이러한 틈새시장을 공
략하는 젠트리의 전략은 성공하였다. 그러나 18세기 말 요제프 2세
황제가 추진한 일련의 개혁 조치로 제국의 '계몽주의적 절대주의'가
그 절정에 달하면서 라틴어가 아닌 독일어가 공식 언어가 되었고,
헝가리의 53개 자치주는 헝가리 관료가 아닌 오스트리아 중앙 집권
행정부의 관할이 되었다. 이러한 개혁은 헝가리 헌법 및 미묘한 언
어 문제를 건드렸을 뿐만 아니라, 행정 관료의 자리를 크게 줄이고

관직에 대한 교육적 자격 요건을 강화하였다.

젠트리 계급이 자신들의 사회적 지위와 기본 가치를 훼손한 이러한 조치에 격렬하게 반응한 것은 당연했다. 이들의 주도 아래 헝가리 의회는 헌법의 복원을 요구하면서, 여러 분야에서 헝가리어 사용을 의무화하는 최초의 법안을 통과시켰다. 이후 여러 차례 시도된 합스부르크의 관료주의 합리화 방안은 계속해서 헝가리의 반발을 불러일으켰다. 이러한 반발은 합스부르크뿐만 아니라 헝가리 영토에 거주하는 다수의 비(非)헝가리인에게도 피해를 주었다. 특히 1790년 이후에 제정된 많은 수의 법령들이 점점 더 헝가리인의 반합스부르크 명분을 고취하는데 일조하였다. 이러한 상황은 나중에 헝가리 내부 정책의 핵심 요소가 되는 '이민족 동화 정책'을 시행하게 되는 원인이 되었다.

나폴레옹 전쟁으로 인해 농업이 번창하면서 1800년대에 자본주의가 확산하게 되었다. 이로 인해 귀족들은 엄청난 이익을 얻게 되었지만, 합스부르크의 '식민주의적' 산업 탄압에 계속 격분했던 헝가리의 젠트리 계급은 거의 아무런 이득을 얻지 못하였다. 이들 계층 간의 이러한 경제적 이해 차이는 헝가리 젠트리 계급이 1848년 헝가리 혁명을 이끄는 원인 중 하나가 되었다.

1848년의 혁명은 합스부르크가 약 반세기 동안 합스부르크 제국에 충성스럽게 봉사했던 자신들을 소외하고 아무것도 해주지 않았다고 느끼던 젠트리 계급이 경제 정책을 좌지우지할 권력을 잡으려 했던 시도로 해석할 수도 있다.

1848년 혁명이 진압된 후 젠트리 계급은 더는 귀족적 특권을 인정하지 않는 단일 중앙 집권적 절대주의 체제 아래, 농노제의 폐지

로 인한 어려움뿐만 아니라 행정에 대한 독점권마저 상실하며 고통
을 겪었다. 1848년 혁명이 실패한 이후 헝가리의 젠트리 계급은 자
신들이 합스부르크 제국의 공무원으로 일하는 것을 '도덕적으로' 받
아들이지 못하는 양상을 보이기도 하였다. 따라서 헝가리의 젠트리
계층은 소규모로 줄어든 자신들의 영지로 후퇴하여 헝가리 민족주
의 운동의 횃불을 들었고, 1867년의 합스부르크 제국과의 '타협'으
로 드디어 자신들의 입지를 회복했던 것이다. 이러한 상황을 업고
헝가리 젠트리 계급은 헝가리인이 맡아야 할 관료직과 전문직을
자신들이 다시 차지하였던 것이다.

헝가리의 젠트리 계급은 이렇게 지역 관료, 교사, 법률가, 정부
장관 등이 된 후 헝가리 민족주의를 정치의 중심에 놓고, 비헝가리
인을 탄압하는 쪽으로 방향을 정했던 것이다.

18세기 합스부르크 제국의 계층화 체제 내에서 헝가리인은 다른
사람들과 비슷한 역할을 수행했다. 헝가리인은 자본을 축적할 수
있었고, 외교적으로도 합스부르크 제국의 황제에게 충성을 다했다.
또한 독자적으로 헝가리인에 의한 행정부를 운영했고, 농노나 빈민
계층에 대해서도 비교적 관대한 태도를 취했다. 이러한 점에서 볼
때 헝가리 귀족의 위치와 역할에 대해 상당히 과대평가된 경향이
있다. 왜냐하면 헝가리가 누리던 지방 자치 체제의 특권을 종식해
버린 요제프 2세가 합스부르크 제국의 정부의 직접 통치를 강화하
는 중앙 집권화 개혁을 취하고, 이로 인해 헝가리인이 취할 수 있던
입장은 지극히 제한적일 수밖에 없었기 때문이다.

물론 요제프 2세에 의한 중앙집권적 개혁이 실패하고, 그 제도가
곧 폐지되었다는 사실은 중요한 점을 시사해준다. 즉, 요제프 2세의

개혁 실패의 원인은 헝가리인의 저항 때문이 아니라, 요제프 2세의 개혁안 자체가 가진 구조적 모순에 기인한 바 크다는 점이다.

4. 트란실바니아의 '식민주의'

트란실바니아는 헝가리와 마찬가지로 합스부르크가 오스만의 영토로 확장해 들어가면서 통합한 별도의 정치적 실체였다. 트란실바니아는 헝가리와 달리 독립의 역사가 그렇게 길지 않고, 17세기에 공국으로 주권 국가의 지위를 짧은 기간 보유했을 뿐이었다. 트란실바니아의 역사는 정치적 병합의 연속이었다. 루마니아가 이 지역에 종주권을 행사한 적은 드물었다. 11세기부터 16세기까지는 헝가리의 역사 속에 편입되어 있었고, 1867년부터 1920년까지 헝가리에 편입되었다. 그럼에도 불구하고 트란실바니아의 대중은 물론 주요 인물들은 이 지역을 헝가리가 아닌 트란실바니아로 인식했다. 그러나 트란실바니아의 특수성이 무엇인지에 관해서는 각 계층, 집단, 구성 민족 간의 의견이 완전히 달랐고, 트란실바니아를 지배했던 지배자들에 대한 평가도 각 집단별로 매우 상이하였다.

이러한 사실은 트란실바니아의 내부 식민주의 분석을 매우 복잡하게 만든다. 이 복잡한 문제의 대부분은 트란실바니아의 독특한 역사에 근거를 두고 있지만, 좀 더 일반적인 관점에서 바라보면 상당 부분이 세계 체제의 주변부와 준주변부 문제로 귀속될 수 있다.

자본주의 세계 경제의 핵심부가 아닌 정치단위의 내부 종속자로서 트란실바니아는 여타의 내부 식민주의와는 매우 다른 특징을 보여준다. 이러한 사실은 어느 지역이 세계 체제에서 차지하는 위치에 따라 내부 식민지 모델의 적용 가능성이 달라질 수 있음을 보여주고 있다. '내부 식민지' 모델과 관련한 트란실바니아의 문제는 이 지역 내부의 민족 복잡성, 민족 집단의 지리적 분산, 그리고 외부 세력과의 행정적·정치적 연결이 매우 복합적으로 되어 있다는 점이다. 이러한 상황이 드문 경우라면, 트란실바니아의 경우는 독특하다. 트란실바니아와 같은 종류의 복잡성은 수많은 주변부 및 준주변부의 일반적인 특성이다. 이러한 복잡성이 외부 지배 및 내부 종속의 관계를 명확히 구별하는 것을 어렵게 한다.

트란실바니아는 전체적으로 전통적인 내부 식민지로 볼 수 없기 때문에, 내부 식민주의의 틀로 트란실바니아를 분석하는 것이 유용한 것인가에 대한 문제가 제기된다. 트란실바니아에서 계급 문제와 민족적 문제를 구분해 내기는 쉽지 않다.

루마니아 역사학자들은 민족 정체성 측면을 강조하던 역사적 사건들이 정치적 상황이 변함에 따라, 지금은 계급의 차원에서 해석하려고 하는 경향이 많기 때문이다. 예를 들면, 1784년 트란실바니아 서부에서 발생한 대규모 봉기는 농민들의 반란이었는지 루마니아인의 반란이었는지 불분명하다. 지역을 감안하면 두 경우 모두에 해당할 것이다. 이것보다 구분이 쉬운 사례는 같은 시기 성직자들이 주도한 루마니아인의 운동이다.

이 운동은 1791년 왕과 트란실바니아 의회에 혁명적 각서 형태로 제출된 "수플렉스 리벨루스 발라코룸(Supplex Libellus Valachorum)"에 표명한 바와 같이 루마니아인의 정치적, 시민적, 종교적 권리를 요구했다. 이러한 운동은 1792년부터 1820년대까지 잠시 중단되기는 했지만, 곧이어 루마니아어를 행정 및 전례(典禮)에 사용할 수 있게 해달라는 요구와 18세기 운동의 전통을 계승하는 권리 주장이 이어졌다. 젠트리가 일관되게 민족 운동의 선봉에 섰던 헝가리와 달리 루마니아의 민족 운동은 주도 세력이 성직자에서 새로운 지식 계급으로 넘어갔고, 이들의 행동은 1848년의 루마니아 봉기로 이어지는 데 결정적인 역할을 했다.

루마니아인의 민족적 반응에 대한 문화적 분업의 전례(前例)를 찾는 것은 어렵지 않다. 트란실바니아의 관점에서 볼 때, 18세기에 농민 위의 루마니아인 계급은 보잘 것 없는 지위에 불과한 정교회나 합동 동방 가톨릭교회의 성직자가 유일했다. 루마니아인은 십일조도 많이 내지 못했고, 길드에 참여할 수도 없었으며, '상업'에는 장거리 이동 방목 목동이나 밀수꾼으로 참여하는 것이 대부분이었다.

1791년의 요제프 2세의 개혁에 대한 반응은 이중적이었다. 첫째, 헝가리의 젠트리 계급을 혼란스럽게 한 요제프 2세의 개혁에는 황제가 이미 루마니아인에게 부여한 혜택을 강화하는 조치들이 포함되어 있었다. 개혁이 철회되자, 루마니아의 성직자들은 자신들이 얻었던 작은 혜택을 잃지 않으려 노력했다. 둘째, 트란실바니아 의회는 트란실바니아를 헝가리와 통합하자는 제안으로 요제프의 시책에 대응했는데, 루마니아인은 이러한 제안이 자신들의 운명을 불행으로 이끌 것이라는 점을 잘 알고 있었다. 요구안이 모든 루마니아인의 이름으로 제시되긴 했지만, 루마니아 엘리트를 중심으로 한 지도부의 이러한 행동은 루마니아 민족의 오명을 줄이고 그들에게 개방된 기회를 더욱 확장하기 위한 노력으로 보아야 할 것이다. 이러한 상황은 1437년 헝가리인, 세클레르인, 작센인이 외부 침략에

대항하기 위해 내적 연합을 맺으면서 루마니아인을 배제했던 사실
에서 기인한다. '내부 식민지' 모델이 단지 문화적인 구분에만 해당
한다면 루마니아의 반응이 어떤 사회적 기반을 갖는지 이해하기
어렵지는 않을 것이다. 그러나 문화적 구분은 이러한 특정 계층화
체제의 기원을 이해하는 것과는 관계가 없고, 식민주의를 유추할
수 있는 여러 암시적 의미를 잃게 되며, 자본주의 확산이 어떻게
민족 집단 사이의 착취 관계를 새롭게 형성했는지에 관한 의문을
갖게 할 것이다.

17세기에 트란실바니아는 주변 어느 지역보다 번성한 지역이었
다. 강력한 군주들은 용병으로 군대를 유지함으로써 국민이 자유롭
게 경제활동에 종사하도록 했고, 중상주의 정책으로 세입을 크게
늘렸다. 특히 작센인의 도시들은 북유럽과 동양 사이의 장거리 무
역 및 트란실바니아와 도나우 공국들 사이의 지역 무역 모두를 독점
하는 위치를 점하고 있었다. 이렇게 활발하게 무역이 이루어진 품
목은 소금, 금·은·철·주석·수은·구리 등의 귀금속, 포도주, 소,
밀랍, 가죽 등이었다. 소규모 산업이 번성하던 트란실바니아의 마
을들은 농민 소유지와 귀족 농장에서 생산되는 농산물의 소비 시장
이 되었다. 모든 것이 트란실바니아의 유망한 미래 산업을 보장하
는 듯했다. 그러나 20세기 초 이 지역은 산업용 원자재의 공급처
및 제국의 여타 지역과 헝가리에서 생산된 제품의 시장 역할을 벗어
나지 못했다. 이것은 합스부르크가 자금을 제국 내에 묶어 두려는
중상주의 정책을 고집했기 때문이었다. 이러한 정책은 트란실바니
아의 남쪽 및 동쪽 무역을 크게 억제하였으며, 트란실바니아를 헝가
리에 포함하는 제국의 잘못된 관세 장벽과 열악한 교통상황 때문에

다른 지역에 비해 트란실바니아의 산업 경쟁력을 크게 약화하는 결과를 초래했다.

18세기 내내 합스부르크와 트란실바니아 의회는 작센인이 상업을 장려하기 위해 제시한 여러 방안을 계속해서 거부했다. 그럼에도 불구하고 이 지역의 소와 양모는 여전히 빈으로 유입되었고, 산업이 완전히 사라지지는 않았다. 작센인은 19세기까지 발전한 직물 제조업에 계속 종사했고, 대규모 사유지를 소유하고 있던 일부 귀족이 유리 공장과 제지 공장을 열었으며, 가죽공장과 비누·양초 공장도 여전히 운영되었다. 그러나 합스부르크 제국은 제국의 무역 정책과 관세 전쟁에 방해가 될 때마다 트란실바니아 경제를 희생양으로 삼는 데 주저하지 않았고, 트란실바니아와 오스트리아 사이의 오랜 관세 장벽이 사라지자 간간히 유지되어오던 트란실바니아의 많은 산업(종이, 유리, 화학 등)이 강력한 오스트리아 및 보헤미아 제품과의 경쟁에 밀려 파괴되고 말았다.

1700년대 후반부터 오스트리아가 트란실바니아 지역에서 중공업과 원자재 발굴에 주도권을 잡기 시작했지만, 이러한 오스트리아의 산업 발전이 트란실바니아를 국제 경제에 완전히 끌어들인 것은 1850년대 이후였다. 트란실바니아의 풍부한 석탄과 철광석 매장지 그리고 숯을 제공하는 근처의 거대한 숲 지대는 제국에서 가장 값싸게 광산 노동자와 공장 노동자를 고용할 수 있는 곳이기도 했다. 이러한 자원의 착취는 철도 건설과 동시에 확대되었지만, 가장 대규모의 석탄광 및 철광산 그리고 제련 공장들은 트란실바니아 남서부와 바나트 지역에 남아 있었다. 철 생산 산업은 거의 빈의 자본가나 국가 컨소시엄이 지배하고 있었고, 석탄광을 위시한 다른 산업에는 독일, 헝가리, 프랑스, 벨기에의 자본도 포함되었다.

1867년 이후 헝가리 자본도 이러한 자본주의 물결에 합류하며 부분적인 성공을 거두었다. 그러나 트란실바니아의 헝가리인은 물론이고 헝가리에서 온 헝가리인도 대개는 식품 가공, 종이, 섬유, 화학, (오랫동안 그 지역 농업 귀족의 주요 특산물이었던) 알코올 제조업 등 경공업에 자신들의 자본을 투자하는 경향이 더 컸다. 헝가리 자본은 특히 신용 조합 설립에 집중되었는데, 이 지역 자본은 대부분 헝가리 국경 지역에서 이루어진 곡물 상거래로 조달된 것이었다.

트란실바니아에 거주하지 않는 헝가리인과 외국 자본은 대개 지역 상인들과 합자 회사를 설립하여 사업을 추진했다. 특히, 작센인의 상업적 영향력은 인구수에 비해 지대했다. 헝가리인의 상업적 영향력은 1850년대부터 1920년까지 크게 증가했는데, 1915년 헝가리의 통계 분석에 따르면 공업, 광업, 상업 회사 소유자의 66%가 헝가리인이었고, 루마니아인은 3%에 불과했다. 작센인은 31%로 이 비율은 인구 비율을 현저하게 초과하고 있었다. 이 통계만으로는 외국인이 투자한 자본을 어느 금융기관에 예치했는지 파악하기는 어렵지만, 금융기관의 외국 자본은 작센계가 89%, 헝가리계 79%, 루마니아계 금융기관에서 74%에 달했다.

19세기 후반이 되면 헤크터가 내부 식민주의의 특징으로 제시한 여러 현상을 트란실바니아에서 확인할 수 있다. 완전한 정치적·행정적 통합, 외부 요인에 따른 노동 조건 및 가격의 결정, 비토착민에 의한 자본 투자와 상업적 가능성의 독점, 외부와 경쟁하는 트란실바니아 제조업을 약화하기 위해 정교하게 조작하는 무역 및 인허가 규제와 관세, 이윤 극대화를 위해 외국 자본과 값싼 노동력으로 현지에서 처리되는 일차 상품(석탄, 목재, 광석)의 높은 수출량, 사회 복지의 부족 등이 그러한 것들이다. 이러한 과정에서 트란실바니아가 식민화 과정으로 들어가게 된 것은 분명해 보인다. 트란실바니아의 주민들은 오스트리아나 헝가리에 비해 낮은 생활수준과 느린 경제 성장으로 고통을 받았다. 그러나 트란실바니아에서 이러한 내부 식민주의로 인한 착취 현상이 존재하기는 하였지만, 이러한 관계가 내부 민족 갈등을 확대했는지는 명확하지 않다.

트란실바니아가 식민지적 위치에 있었다는 사실이 민족적 결과를 암시하는 것은 아니다. 모든 집단은 서로 갈등관계에 있었다. 이 지역의 헝가리인은 헝가리 엘리트들의 노선을 따르는 경향이 있었지만, 항상 그런 것은 아니었다. 작센인은 종종 무시당하면서도 빈에 지지를 호소했고, 루마니아인은 헝가리와 다투면서 빈에 도움을 청할 뿐만 아니라 루마니아 공국들로부터도 지지를 끌어냈다. 만약 트란실바니아가 식민지화되었다는 데 동의한다면, 트란실바니아는 오스트리아의 식민지였는가, 헝가리의 식민지였는가, 아니면 두 나라 모두의 식민지였는가? 빈과 부다페스트의 지배 집단은 서로 착취적 이해관계가 달랐고 때로는 충돌하기도 했다. 예를 들면, 오스트리아가 독점하던 철 생산 분야는 헝가리가 참여 기회를 찾는 형국이었고, 금융 분야는 지배권을 놓고 두 나라가 경쟁했으며, 오스트리아가 석탄광 산업 때문에 손에 넣고 싶어 하던 목재 분야는 헝가리가 산업 기반을 구축하고 있었다.

트란실바니아의 특정 민족 집단이 다른 민족보다 식민주의적 관계로 인해 더 큰 피해를 보았는지 또는 이익을 얻었는지 구별하기는 쉽지 않다. 1859년 관세 장벽은 지역 산업을 완전히 파괴했다. 유리,

종이, 설탕 산업은 대개 그 지역의 헝가리 귀족(오스트리아의 적)이 운영했고, 트란실바니아 제품의 무역과 화학 산업은 작센인(오스트리아의 지지자)이 운영했다. 작센인의 섬유 산업 중 일부와 헝가리인의 맥아 제조 분야는 살아남았다. 산업 생산의 후퇴는 헝가리인, 루마니아인, 작센인 경작자가 모두 관계된 농작물 시장을 감소시키는 결과를 초래했다. 제국의 관세 정책이 각 민족 집단 사이에서 누군가에게는 이익이 되고 누군가에게는 손해가 되었던 사례는 1880년대의 오스트리아-루마니아 관세 전쟁에서도 찾아볼 수 있다.

이 관세전쟁으로 루마니아로부터 물품을 수입하던 국경이 폐쇄되었다. 처음에는 경쟁력 있는 루마니아산(産) 곡물로부터 헝가리 농산물을 보호하기 위해 도입되었던 국경 폐쇄는 트란실바니아에 거주하는 헝가리인 가축 사육자들의 지지를 얻어 내기까지 했지만, 결국 증류주 수출의 급감으로 귀결되었다. 그리고 루마니아로의 설탕 수출은 증가했지만, 목재 수출은 감소했다. 작센인은 더 비참한 결과를 겪어야 했다. 원재료의 손실로 모직, 면화, 가죽 제품 생산이 타격을 입었고, 보조 활동이 마비되었다. 이러한 상황에서 문화적 분업을 논하는 것은 다소 설득력이 떨어져 보인다. 식민지 '주인'과 착취당하는 '피지배자' 사이의 불확실성은 광범위하게 존재한다. 이러한 불확실성은 오스트리아 내부 식민지로서의 헝가리에서도 명백히 찾아볼 수 있다. 헝가리의 정치적 '주인'을 확인하는 것은 어렵지 않지만, 헝가리의 늦은 경제 발전이 많은 외국의 경제적 원조자를 불러들였으며, 헝가리의 민족적 복잡성과 집단 내 이해관계의 차별적 취약성은 트란실바니아와 거의 다를 바 없었다.

이 두 식민지 체제는 주목할 만한 특징을 지닌다. 헝가리는 경제적 의존성이 광범위하게 확산하기 전에 민족적 반응이 일어났다. 헝가리는 정치적·행정적 역할을 바탕으로 한 문화적 분업에 자극받았으며, 경제적 '저개발'보다는 제국의 관료적 중앙 집권화 시도에 위협을 받았다. 헝가리와 루마니아의 사례는 경제적 조건이 상대적으로 약한 권력에 의한 병합도 역동적인 산업 경제에 종속되는 것과 동일한 반응을 끌어낼 수 있음을 보여준다.

여기서 세계 체제에서 차지하는 사회적 위치에 따라 다르게 나타나는 내부 식민주의 형태의 세 가지 측면을 생각해 볼 수 있다. 첫째, '식민지 주인'의 다중성이다. 이것은 준주변부가 여러 원천으로부터 외국 자본을 수입하려는 경향과 관련이 있다. 둘째, 식민지화에 따른 이익 및 손해가 식민지 영토의 여러 집단 간에 분산하는 현상이다, 이것은 세계 체제의 중심부보다는 준주변부에서 나타나는 복잡한 민족 혼재와 관련이 있다. 셋째, 경제적 의존성이 부재한 상태에서 관료적 중앙 집권화에 따른 민족 반발의 가능성이다. 합스부르크 제국에서 이러한 변수가 어떻게 상호 작용했는지 고찰해 봄으로써 다른 지역 준주변부의 유사한 작동 방식을 유추해 볼 수 있을 것이다. 이러한 변수들의 기저에 있는 가장 중요한 과정은 제국의 산업 발전이 매우 늦었다는 점이다. 즉 이미 세계 체제는 제국의 계급 체제와 필연적으로 다른 계급 체제를 구축하고 있던 강대국들에 의해 지배되고 있었던 것이다.

경제 발전의 차이는 이익의 창출 가능성에 좌우되었다. 부진한 합스부르크 경제는 자본주의가 세계 체제의 핵심부에서처럼 효율적으로 이익을 창출하지 못한다는 것을 의미했다. 따라서 제도 내의 사회 집단은 이익 창출을 위해 관례적으로 세금, 관세 등과 같은 정치적·행정적 수단에 의존했다. 사회 주요 집단은 관료주의를 자신들의 이익의 원천으로 간주했고, 관료주의의 상대적 약점을 부담으로 생각했다. 합스부르크의 당국은 이와 비슷하게 약한 행정 기구를 세계 경제에서의 효율적인 경쟁 및 주요 세력으로서의 제국의 역할을 방해하는 장애물로 보았다. 즉, 제국 내부의 일부 집단과 제국 외부 유럽의 조직적 환경이 완전한 관료적 중앙 집권화를 통해 제국을 조직적·경제적 경쟁으로 이끌었다. 이러한 중앙 집권화가 비오스트리아인의 손에서 '지배 수단'을 빼앗고, 그들이 얻은 개인적 수입을 위태롭게 하자 이러한 집단 사이에 반발이 확산하였던 것이다. 같은 종류의 불만이 합스부르크 생존 전략의 또 다른 측면에서 나타났다. 세계 체제 경쟁에서 불리한 위치에 있던 합스부르크는 자본주의 경제 체제의 잠재적 위험으로부터 충격을 완화할 방법을 찾아야 했다. 외부 시장에 대한 의존도를 줄이고 내부 자급률을 높이는 것이 이에 대한 해결책이 될 터였다. 이런 점에서 대규모 단위가 소규모 단위보다 성공 가능성이 더 컸다. 합스부르크는 군주제를 그대로 유지하는 것과 내부 전문화를 엄격히 시행하는 두 가지 우선 과제에 직면했다. 그러나 내부의 지역적 상호 보완성은, 전체 생산 시스템에서 차지하는 상이한 위치의 문제보다는 관세 설정 같은 정책 결정 기구에 대한 통제 문제에서 비롯된 것으로 인식되기 쉬운 이해 충돌 문제를 야기했다. 이것은 관료주의 강화에 대한 압박과 모든 정치적 움직임이 이해 충돌을 조장하고, (세계 체제의 핵심부에서는 이미 국가적 의사 결정 과정을 통제하고 안정화한) 계급 간의 이해 충돌 또는 지배적인 단일 계급의 부족으로 악화된 지속적 불안정성을 초래한다는 것을 의미했다. 관료적 중앙 집권화 문제와 지역적 상호 보완성의 문제는 국가 권력 및 국가에 대한 통제를 정치의 중심 의제로 만들었다. 그것을 손에 넣는 것이 이익의 가능성을 극대화하는 것이기 때문이다. 국가의 중심 의제를 위한 경쟁이 세계 체제 핵심부뿐만 아니라 그 외 지역의 민족 경쟁을 정의하는 데에 유용한 것처럼, 이 두 경쟁 재료는 오스트리아에 중요한 요소일 뿐만 아니라 준주변부의 일반적 특성이 될 수도 있다. 특히 관료적 또는 국가적 잉여 창출 요소를 포함한 '문화적 분업'은 세계 체제의 비핵심부 지역에서는 매우 특별한 역할을 수행하게 되는 것이다.

준주변부로서 오스트리아-헝가리의 늦은 산업화는 경제 성장 지원을 위한 외국 자본 수입이라는 결과를 가져왔다. 제국은 북서부 유럽보다 경제 성장이 뒤처져 있었기 때문에 핵심부 또는 핵심부 인근의 강대국으로부터 대량의 과잉 투자 자본을 얻을 수 있었다. 예를 들면, 1840년대와 50년대에 건설하기 시작한 오스트리아-헝가리-트란실바니아 철도는 프랑스 자본에 크게 의존했다. 게다가 외부 자본이 합스부르크 영토 내의 유망한 벤처 기업들로 직접 유입되기도 했다. 그러나 1867년의 '타협' 이후, 헝가리의 국가적 개발 목표는 오스트리아가 추진하던 정책과 자주 충돌을 일으켰기 때문에 헝가리는 내부 개발을 위해 독자적으로 외국 자본을 끌어들였고, 이러한 자본 중 일부는 트란실바니아에서 오스트리아와 경쟁하는데 사용되었다.

외국 자본을 유치한 이유 중 특히 중요한 것은 정치적으로 불안정한 상황에서 이것이 지역 지배 집단의 내부 통제에 강력한 도움을 줄 수 있었기 때문이었다. 새로 부상하는 경제에 투자된 외국 자본

비율이 궁극적으로 감소하는 것은, 외국 자본으로 인해 토착 자본을
축적하기 위한 환경이 성공적으로 조성되었다는 것을 의미하기보
다는 경제 정책을 통제하는 안정된 연합이 성공적으로 출현했다는
것을 의미할 수 있다. 그리고 이것은 결국 얼마나 많은 외부 집단이
내부에 합법적으로 존재하는지 그리고 그러한 내부 연합을 장려하
거나 방해하는지 여부와 관련이 있을 것이다. 이러한 결과를 방해
하는 요소는 다음 두 가지의 두드러진 준주변부적 특징이다. 첫째,
식민주의의 이익과 손해를 민족적 경계와 일치하게 만들기보다는
민족 집단을 가로지르게 만드는 극단적인 민족적 이질성. 둘째, 포
괄적인 문화적 분업이 다른 민족 집단 또는 부분적으로 겹치는 민족
집단을 결과적으로 아우르는 방식(핵심부 지역에서는 포괄적인 영역 아
래의 민족적 구성이 좀 더 균질한 경향이 있다). 합스부르크 제국은 많은
민족 집단이 분포하는 하나의 포괄적 분업을 형성했다. 헝가리인이
문화적 분업에서 불리한 위치를 차지한 것은 이러한 구조의 최상의
수준에만 해당하는 것이었다. 헝가리 내의 문화적 분업에서 차별받
은 사람은 세르비아인, 슬로바키아인, 크로아티아인이었으며, 트란
실바니아 내부와 연결된 문화적 분업에서 차별받은 사람은 루마니
아인이었다.

헝가리의 지배적 내부 연합의 성취는 세계 시장의 발전과 내부
분쟁에 의한 장애, 오스트리아의 간섭에 따른 것이었다. 내부 분쟁
과 오스트리아의 간섭은 그렇게 중요하지 않은 것으로 판명되었으
며, 세계 시장 발전은 유력자들과 젠트리 계급을 국가적 차원에서
산업화에 참여하도록 이끌었다. 이후 외국 자본의 유입은 감소하기
시작했다. 그러나 이러한 지배적 경제 연합이 트란실바니아에서 출

현하는 것은 훨씬 어려운 일이었을 것이다. 이런 종류의 내부 식민지는 외부 자본에 영원히 지배받으며 결론 없이 끝없는 민족 분쟁에 시달릴 운명에 놓인 것처럼 보인다. 아마 이런 사례는 세계 체제의 핵심부에서는 거의 찾아볼 수 없을 것이다.

5. 결론

위에서 분석한 헝가리와 트란실바니아의 상황은 계층적·복합적·중첩적인 문화적 분업의 양상을 보여 준다. 그러나 제국 조직이 수반하는 고질적 불안정성을 고려할 때, 이러한 혼란은 제국의 지배 집단에 일종의 보상이 되었다. 세계 체제의 준주변부 어느 곳에서든 중앙 권력은 끊임없이 정치적 안정을 위협하는 도전에 대해 분할하여 통치하는 전략을 추진했다. 의심의 여지없이 합스부르크는 한 소수 민족이 다른 소수 민족과, 그리고 가장 빈번하게 헝가리 민족과 분란을 일으키도록 의도적으로 정책을 운용했다. 역사가들만 이렇게 평가하는 것이 아니라 메테르니히 자신도 친구에게 보낸 서신에서 혁명을 막을 수 있는 가장 중요한 방벽이 제국 민족 구성의 '다양성'이라고 말했다. "헝가리인이 반란을 일으키면, …즉시 보헤미아인을 그에 맞서게 해야 한다. 그들은 서로를 미워하기 때문이다. 그다음에는 폴란드인, 독일인, 이탈리안이 기다리고 있다." 그의 정서가 지배 계급에서 그렇게 특이한 것은 아니었다.

합스부르크는 이미 존재하던 민족 정체성을 강조하거나 활용하기만 한 것이 아니라 집단 간에 새로운 감정을 인위적으로 만들어

내기도 했다. 갈리치아 지역의 폴란드인과 관련하여 메테르니히는 다음과 같이 말했다. "폴란드인을 단칼에 독일인으로 만들려는 시도는 없을 것이다. 무엇보다도 그들은 진정한 갈리치아안이 되어서 자기 자신을 폴란드인이라 생각하는 것을 멈출 필요가 있다." 낭만주의 신념으로 가득 찬 관료들과 메테르니히는 종종 존재하지 않던 전통을 만들어 내기도 했다. 헤르더(Johann Gottfried von Herder, 1744~1803)는 단지 다양성의 가치를 인정한 것만이 아니라, 다양성이 고도의 통일성에 도움이 되는 유기적 성질을 지녔다고 확신했다. 통치 권력의 균형을 유지하는 통합 유럽의 원칙은 논리적 유비(類比)로서 연합된 '역사적 지역'의 균형을 유지하는 통일 제국을 갖는다. 이런 목적을 위해 제국 전역의 지방 의회가 부활하고, 자신들의 '전통적' 특권을 주장하도록 장려되었으며, 이전에는 없던 지방 헌법도 승인되었다.

헤크터의 민족적 변화 모델은 실제 상황과 그에 대한 사람들의 인식 방법뿐만 아니라 인식 자체를 조작하는 이런 종류의 '거짓' 민족의식에 대한 여지를 남기지 않는다. 이 같은 결함은 '문화적 분업'이라는 개념에도 명백하게 드러난다. 헤크터는 객관적 차이가 이미 시스템에 존재하는 것처럼, 그리고 문제의 '문화'가 별로 문제가 되지 않는 것처럼, '객관적 문화 차이'와 사회적 불평등의 중첩 및 문화적 분업에 관해 얘기하고 있다. 그는 "집단이 종교나 언어에 의해 객관적으로 구별되는 범위는 쉽게 결정할 수 있다"라고 주장한다. 그러나 인류학자들이 민족 정체성에 관해 연구한 바에 따르면, 그러한 객관적 차이에 가해지는 정치적 중요성이나 인지적 부담은 절대로 쉽게 결정할 수 있는 것이 아니다. 그것 자체가 사회적 산물인 것이다. 따라서 민족 문제를 둘러싼 사회적 이데올로기가 결정되는 구조에 대해 의문을 갖지 않을 수 없다.

19세기 헝가리에서 가장 중요한 정치적 쟁점은 오스트리아로부터 자치권을 획득하려는 젠트리 계급의 열망과 헝가리 영토 내의 민족 집단에 대한 처우 문제였다. 민족 집단의 자기 정체성 및 타집단 개념에 관해 생각할 때 헝가리인이 무엇보다 최우선으로 고려했던 것은 언어적 측면이었다. 그들은 비헝가리인 소수 민족에 대해 언어적 동화를 목표로 삼았고, 이런 정책을 통해 우수한 헝가리인이 배출될 것으로 기대했다. 헝가리 귀족들의 사회·정치적 패권을 위협하는 가장 심각하고 즉각적인 위험은 다음과 같았다. (1) 오스트리아의 부활 및 권력 접수를 통한 완전한 헝가리 억압 (2) 헝가리인만큼 인구가 많은 비헝가리인의 봉기. 이것은 불만을 품은 소수 민족이 헝가리의 손발을 묶으려는 오스트리아와 치명적인 동맹을 맺을 수 있으므로 오스트리아와 관련된 위험으로 생각되었다. (3) 헝가리 사회 체제에 의해 억압받던 수많은 농노, 농민, 무산 계급 등의 집단행동. 이 계급은 소수 집단과 억압받던 헝가리인을 포함하여 비헝가리인 인구보다 큰 규모였기 때문에 이것이 가장 심각한 위험에 해당되었다.

이에 대한 해결방식으로 제시된 것이 다음과 같은 방안이다. (1) 비헝가리인을 동화함으로써 그들의 비중을 줄인다(혈연을 강조하여 그들을 배제하는 것과 정반대의 전략). 이러한 전략은 반란을 억제하고 대(對)오스트리아 연대를 강화할 것이다. (2) 소수 민족 각각을 차별화하는 요소, 즉 종교보다 언어를 강조함으로써 소수 민족 간의 연합 가능성을 약화한다. (3) 민족 정체성을 변경한 사람들의 신분 상승 용이성과 민족적 차이에 지속적인 관심을 기울여 위험한 계급 간 분열을 줄인다. 이러한 논리적 추론과 실제의 역사적 결과는 민족 문제에 대한 광적인 집착과 민족 정체성의 언어적 기준에 대한 강조라는 놀라울 정도의 유사성을 보여 주었다.

헝가리 귀족과 지식인이 선전을 잘하기는 했지만, 이데올로기는 피상적으로 만들어질 수는 없는 것이었다. 이데올로기는 이미 강력한 힘과 의미로 둘러싸인 조작된 기호와 관념을 포함하고 있기 때문이다. 강력한 이데올로기 확산의 중심부(황제와 궁정)가 배포하는 기호와 관념은 엘리트에게 허용되는 새로움을 제한한다. 정치적 경쟁자가 선택한 이데올로기적 선택권을 더욱 제한한다. 그리고 외부 경쟁자와 논쟁하는 데 사용되는 언어는 내부 논의를 가능케 하는 창의성을 조절한다. 따라서 전술에 대한 기능적 의존보다 이런 종류의 제약이 헝가리 민족주의 이데올로기의 핵심을 이루고 있음을 알 수 있다.

헝가리가 언어에 강조점을 두었던 사회적 환경에 반대되는 이데올로기적 환경의 요소들은 다음과 같이 정의할 수 있다. 우선 헝가리 지식인들은 그 시대의 다른 유럽인이 그러했던 것처럼 독일 낭만주의에 익숙했다는 점이다. 그들은 자신들과 비슷한 환경의 농업 사회 체제 출신인 헤르더의 생각, 즉 그가 언어를 민족의 집단 경험을 표현하고 공동체적 관계와 사고 습관을 형성하게 하는 민족 문화의 근본 요소로 평가한다는 점을 잘 알고 있었다.

언어의 중요성을 강조한 헤르더의 견해를 고려할 때, 헝가리는 슬라브인, 루마니아인, 독일인에 먹혀 민족 공동체가 사라질 것이라는 헤르더의 예측에 대해 헝가리인은 경악하지 않을 수 없었다. 헤르더는 "100년 후에 헝가리어를 사용하는 사람은 없을 것이다"라는 글을 남겼다. 바로 그 해에 헝가리는 언어법을 통과시켰다. 루마니아인이 정교하게 다듬은 민족주의 이데올로기를 살펴보면 의식적인 전략과 지배적 이데올로기 환경의 영향을 알 수 있다.

헤크터가 제안한 것처럼 민족적 반응이 합법성의 철회에 해당한다면 루마니아인이 자신들의 민족 정체성을 개념화한 방식은 특히 중요하다. 1791년의 "수플렉스 리벨루스 발라코룸"에 제시된 개념은 로마화한 다키아인의 직계 후손이라는 관점에서 루마니아인의 정체성을 찾고 있다. 이를 증명하기 위해 루마니아어와 라틴어의 상관성을 분석한 증거가 많이 제시되었다. 그러나 언어가 중요한 문제이긴 하지만, 그 자체가 실질적인 쟁점은 아니었다. 그것은 단지 하나의 수단일 뿐이었다. 실질적인 쟁점은 헝가리 민족의 기원, 헝가리 민족의 트란실바니아 지역 점유였다.

루마니아 지도자들은 루마니아인이 완전한 권리를 가질 자격이 있는 동료 시민으로 다른 집단에 받아들여지도록 민족 정체성을 창조해 내야 하는 과제를 안고 있었다. 이러한 과제는 작센인이나 세클레르인 또는 헝가리인 누구도 주장할 수 없었던 민족의 토착적 기원 및 조상의 로마와의 연관성을 주장함으로써 실현되었다. 그러나 이에 더해 새로운 루마니아의 민족 정체성은 헝가리 민족 이념의 동화주의 압박에 대응해야 했다. 이러한 문제는 출생에 의해 자동으로 확보하게 되는 국적의 귀속적 특성을 강조함으로써 명확히 해결될 수 있었다. 그러므로 루마니아가 로마의 다키아인 혈통을 강조했던 이유가 분명해진다. 이러한 이데올로기는 구성원이 그 집단 내에 머물러있어야 하는 이념적 동기를 부여했고, 계속해서 루마니아 지도자들에게 확신을 주었다. 이러한 사실들을 고려해 볼 때 내부 식민주의는 식민주의가 낳은 민족 관계의 중심에 위치하고 있음은 자명해 보인다.

내부 식민지 모델은 최소한 다음과 같은 점에서 수정되어야 할 필요도 있다. 이 모델은 민족적 용어로 표현된 현상이 사회구조의 실체를 보여준다고 가정하고 있지만, 사실은 갈등이 어떻게 표현되는지에 대해서만 설명하고 있다는 점이다. 내부 식민주의에서 상정하는 문화적 분업은 그 피해자들이 불리한 계급 위치에 있다는 점에서 권력 중심부와의 관계보다는 문화적 원인 때문이라는 점을 보여준다. 내부 식민주의를 검토해보는 것은 사회적 관계를 영속화하거나 전복하기 위해 그 관계의 본질을 서술하는 특정한 방식을 찾아 그 조건을 명확히 하는 규칙성을 찾는 것이다. 객관적 문화 차이를 경제적 불평등에 연결하는 것은 무리가 있지만 그렇다고 해서 전혀 연관이 없는 것은 아니다.

오스트리아-헝가리 제국의 해체 이후
동유럽 민족 국가의 성립

1. 제1차 세계대전의 의의

제1차 세계대전은 오스트리아-헝가리 제국의 직접 통치를 받던 보스니아에서 발생한 '사라예보의 총성'으로 촉발되어 연합국(En-tents)과 동맹국이 4년간 혈전을 벌인 국제전이다. 제1차 세계대전은 이제껏 인류가 경험해보지 못한 최초의 전(全)세계적 전쟁으로서 이 전쟁의 결과로 당대의 국제질서가 재편되었을 뿐만 아니라, 참전국과 신생국들의 정치질서, 제도, 문화, 심지어는 사고의 패러다임에 일대 전환을 가져온 세기적 사건이었다.

제1차 세계대전은 전(全)세계적으로 확산 되면서 군인뿐만이 아니라 보통의 삶을 영위하는 일반 대중에게도 큰 영향을 미쳤다. 새로운 무기의 등장, 총력전 개념의 도입에 따라 전방과 후방의 개념이 사라지면서, 전(前)세기에 보였던 전쟁과 일상의 괴리 즉, '군인들의 전쟁'이 '모두의 전쟁'으로 전화되었고, 삶의 다양한 양상 또한 전(前)세기에 경험하지 못한 혁명적 변화를 경험하였다. 이런 관점에서 제1차 세계대전은 전쟁의 주 무대가 유럽이기는 하였지만, 규모와 영향 면에서 세계적이며 세기적이다.

제1차 세계대전을 통하여 미증유의 변화를 경험한 곳은 오스트리아-헝가리 제국이었다. 오스트리아-헝가리 제국은 전쟁을 일으켰지만, 전쟁에 패함으로써 제국이 해체되고, 제국의 구성원으로서 제국의 통치를 받던 세르비아, 크로아티아 등 남(南)슬라브 지역과 체코, 슬로바키아 등 서(西)슬라브지역이 독립하여 각각 유고슬라비아(남슬라브인의 국가), 체코슬로바키아(체코, 슬로바키아인의 국가)라는 신생국가가 되었다. 이와 더불어 헝가리의 동부 지역이었던 10만 제곱킬로미터 이상의 트란실바니아 지역이 루마니아에 할양되어 루마니아는 제1차 세계대전 전보다 영토가 두 배 이상으로 확장되었다. 그러나 오스트리아-헝가리 제국의 양대 축이었던 헝가리는 영토가 제1차 세계대전 이전 1/3로 축소되었고, 인구도 절반 이하로 줄어들었다. 또한 오스트리아는 거의 존재조차 파악하기 어려울 정도로 축소되어 유럽의 소국으로 전락하고 말았다. 전쟁 초기에 제1차 세계대전에 참전한 대부분의 국가들, 특히 강대국들은 모두 다 영토를 확장하려는 야망을 품고 있었지만, 대부분 그 기대는 실현되지 않았다. 오히려 제1차 세계대전은 어느 한 민족이 다수를 점하지 못한 여러 소수민족으로 구성된 허약한 체제의 오스트리아-헝가리 제국의 문제들을 만천하에 드러내었고, 다른 제국들에도 2개 이상의 민족이 혼재하는 복합민족국가의 위험성을 깨닫게 해 주었다.

오스트리아-헝가리 제국의 패배와 해체는 당시 제국주의 국가들의 대외정책 수립에 많은 영향을 주었는데, 특히 아시아에서 패권주의를 추구하던 일본의 주목을 끊었다는 점은 특기할 만하다. 일본은 제1차 세계대전의 아시아-태평양지역 전투인 '칭다오 전투'에 참가하여 승리함으로써 전승국의 위치를 인정받게 되었다. 일본은 오스트리아-헝가리 제국의 패배와 해체라는 사실이 당시 일본이 추구하던 대동아공영권의 확립과 경영에 타산지석이 될 것이라 판단하고 제국의 패배, 해체의 원인과 내용에 대해 연구하였던 것이다. 일본은 제1차 세계대전을 겪으면서 유럽 제국주의 국가들의 예를 따라 주도면밀하게 아시아 침략의 길을 걸어갔다. 일본은 군사적으로 뿐만이 아니라 문화적으로 식민지를 정복해야 한다는 사실을 오스트리아-헝가리 제국의 예를 통해 터득하고 있었다. 일본이 습득한 제국의 식민지 경략 방안에는 문화정책이 중요한 위치를 점한다. 일본은 유럽 강대국들의 언어정책을 연구하여 일본의 모범으로 삼았다. 근대 일본 국어(언어)정책의 창시자격인 호시나 코이치 같은 관료는 독일과 프랑스에 유학한 후 유럽의 언어정책을 습득하여 이를 식민지 통치에 직접적으로 활용하려 하였다.

호시나 코이치는 제1차 세계대전의 결과로서 오스트리아-헝가리 제국이 해체되는 것을 목도한 후 오스트리아-헝가리 제국 해체의 중요한 원인이 '…다른 민족어를 강제적으로 사용당하는 일 없이, 자기 모국어에 의하여 필요한 교육을 부여할 수 있다…'는 오스트리아-헝가리 제국의 관용적인 언어정책에 의한 것으로 파악하고 있다. 따라서 다민족, 다언어 국가에서는 '국가어'를 제정하고 '민족의 균등한 권리를 부정'해야 한다는 것이다. 제1차 세계대전에서 일본이 얻은 교훈은 결국 소수민족 혹은 피지배민족들에게는 자율권을 주어서는 안 되고, 철저하게 그들의 권리를 박탈하고, 식민지 종주국에 동화되도록 해야 한다는 것이었다. 일본은 이 교훈을 그대로 식민정책에 반영하여 동아시아에서의 식민정책은 더욱더 가

혹해졌다.

이러한 점에서 제1차 세계대전은 그간의 전쟁 양상, 영향, 그 이후의 결과까지 모든 것이 이전의 전쟁과는 완전히 다른 전쟁이었다. 그간 단순히 유럽의 국지적 전쟁만을 경험했던 세계는 세계적 차원에서의 전쟁이 상호적으로 작용하며 민족의 운명과 장래에 직접적으로 간여하게 된다는 사실을 인지하게 되어 이후 민족의 존망을 건 '민족주의의 투쟁'이 도처에서 발발하게 되는 계기가 된다.

국제정치적 차원에서 제1차 세계대전은 다민족으로 구성된 복잡한 대 제국이 몰락하고, 각 민족들이 주체가 되는 작은 규모의 신흥국들이 탄생하는 계기를 만들어 주었다. 소위 발칸화(化)라고 지칭되는 이 현상은 제1차 세계대전 이후의 국제질서를 더욱 혼란하게 만들었으며, 이러한 혼란은 종국적으로 제2차 세계대전이 발발하게 되는 주된 원인이 되었다. 즉, 제1차 세계대전에서 몰락한 제국들의 영토는 전승국과 전승국의 동맹국으로 인정받은 국가들에게 배분되었으나, 영토가 확장된 대부분의 국가들은 제1차 세계대전 이후 영토적 상황을 유지하려고 노력한 반면에, 전쟁에 패배한 구(舊)제국들과 이탈리아는 그 상황에 만족하지 못하고 영토의 수정을 통한 영토회복을 추진하였던 것이다. 이와 같은 상황이 승전국이던 패전국이던 영토를 상실하거나 만족할 만한 영토를 획득하지 못한 국가들이 제2차 세계대전에 동맹국의 일원으로 참여하게 되는 중요한 원인이 되었던 것이다. 이런 의미에서 제1차 세계대전이 제2차 세계대전의 원인이 되었다는 점에서 두 개의 세계대전을 '원인과 결과'의 전쟁이라고도 할 수 있는 것이다.

전쟁의 원인과 결과에 대한 정의는 늘 논쟁적이지만 제1차 세계대전은 특별히 전쟁 당사국 지도자들의 오판과 잘못된 국제정세의 인식에서 기인한 바 크다. 세르비아의 민족주의적 테러리즘과 이에 대한 오스트리아-헝가리 제국의 구시대적 과잉반응은 전쟁을 확전시킨 이유였고, 그 정책을 결정한 오스트리아-헝가리 외교부, 국방부의 수장들은 엄중한 책임을 면할 길이 없다. 그들은 '사라예보의 총성' 자체에는 관심이 없었고, 그것의 후과를 어떻게 이용할 것인가에만 몰두했기 때문이다. 이런 의미에서 제1차 세계대전을 일으킨 국가들의 주역을 몽유병자(sleep walkers)들이라고 지칭한 크리스토퍼 클라크의 지적은 온당하다.

제1차 세계대전의 패배로 인하여 오스트리아-헝가리 제국은 국제적으로는 존재적 위상이 사라져 버렸고, 국내적으로는 제국을 구성하는 소수 민족들의 자치운동과 독립운동에 직면하게 되었다. 이에 더하여 오스트리아-헝가리 제국을 구성하는 소수민족들의 민족자주권 획득 운동, 민족 독립국가 건설을 위한 투쟁은 윌슨의 민족자결주의원칙이 천명됨으로써 더욱 활발해졌다. 사실 민족자결주의 원칙은 전승국들에게만 적용되던 강대국의 논리였음에도 불구하고, 오스트리아-헝가리 제국에서 소수민족으로 살아온 대부분의 민족공동체들은 민족자결주의 원칙을 자기민족이 주체가 되는 독립 국가를 건설하려는 투쟁의 이론적 토대로 삼았던 것이다. 결과적으로 오스트리아-헝가리 제국의 소수민족들은 독립국가 건설의 이상을 성취하였지만 의도하지 않은 소규모 민족국가들의 건설은 이후 유럽의 안보를 지속적으로 불안하게 하는 요인이 되었다. 이러한 의미에서 제1차 세계대전은 한 측면에서 구세계와 새 세계를 구분 짓는 중대한 분수령이 되었지만, 다른 측면에서는 현대 세계가

안고 있는 민족, 국가 간의 갈등을 배태시킨 전쟁이라는 오명에서
벗어날 수 없다.

　제1차 세계대전은 단순히 전쟁의 차원을 넘어 지금까지 경험해
보지 못했던 문화적 충격과 삶의 양식 변화를 가져왔다. 대규모의
살상무기가 동원된 전쟁의 양상은 인간의 존재 이유와 근거, 상황에
대해 근본적으로 철학적 성찰을 요구하게 하였고, 민족주의 사상의
발전은 지금까지 당연히 여겨져 왔던 강대국에 의한 약소국의 지배,
다수민족에 의한 소수민족의 지배에 대해 근본적인 당위의 문제를
제기하였다. 이러한 상황은 개인과 개인의 문제를 넘어, 민족과 민
족, 국가와 국가 간의 문제로 확장되어 곧 세계적인 문제로 전환
되었다. 제1차 세계대전은 정치, 경제, 사회, 문화적 제 관점에서
전쟁 이전과 전쟁 이후 세계의 모습을 완전하게 바꾸어 놓았다는
점에서 '역사적'이며, '세계적'이다.

2. 제1차 세계대전 중 연합국의 전쟁 목표

　오스트리아-헝가리 제국은 1867년 성립되어 1918년 제1차 세계
대전의 종전과 더불어 해체된 합스부르크 왕가와 헝가리의 군합국
(Personalunion) 형태의 군주국이다. 다른 명칭으로는 이중제국(Dop-
pelmonarchie), 또는 제국이자 왕국(Kaiserlich und Königlich; K.u.K.)으
로도 불린다. 오스트리아-헝가리 제국의 구성은 정부기구의 권한
이나 담당업무가 분명하게 정의되어 있지 않았고, 소관분야가 광범
위하게 규정되어 있는 경우가 많아, 실제적인 행정행위에 있어 모순

오스트리아-헝가리 제국(1867~1918)

적인 상황이 자주 발생하였다. 이런 점에서 오스트리아-헝가리 제국은 유럽에서 역사적으로 존재했던 국가체제 중 가장 복잡하고 모순적인 것으로 평가된다. 오스트리아-헝가리 제국의 군주는 오스트리아 황제와 헝가리의 왕과 보헤미아 왕을 겸하였다. 오스트리아-헝가리 제국의 구성은 오스트리아 지역인 '시스라이타니아'와 헝가리민족과 서슬라브, 남슬라브계 민족들로 구성된 '트란스라이타니아' 지역으로 구분된다. 트란스라이타니아 지역은 헝가리 왕국, 크로아티아-슬라보니아 왕국, 피우메와 주변 지구, (군정)지대(1867~1882)로 구성되었으며, 오스트리아와 헝가리의 공동통치령이 보스니아-헤르체고비나가 있었다. 제1차 세계대전은 바로 이곳 보스니아의 수도 사라예보에서 시작되었다(위의 지도 참조). 제1차 세계대전이 동맹국의 패배로 끝나면서 전쟁을 종결하고 전후 새 질서를 구축하기 위한 목적에서 파리에서 전쟁을 종결짓는 다양한 회담이 개최되었다. 각 회담에서 논의되고 결정된 사항들은 조약의 형태로 승전국과 패전국사이에 개별적으로 체결되었다. 전쟁을 마무리하는 대부분의 조약들의 목표는 오스트리아-헝가리 제국의 해체와 이후의 국제질서를 운영하거나 유지하는 방안이었다.

오스트리아-헝가리 제국의 지배하에 있었던 체코, 슬로바키아, 남슬라브민족들의 민족지도자들은 오스트리아-헝가리 제국의 해체가 필연적이라는 시대적 경향을 놓치지 않고 오스트리아-헝가리 제국에 맞서는 공동의 전선을 형성하여 군사적, 외교적으로 오스트리아-헝가리 제국의 부활을 저지하고, 이를 기회로 삼아 자신의 민족국가를 건설하고자 하였다. 이들 체코, 슬로바키아, 남슬라브 민족의 민족운동 지도자들은 윌슨의 민족자결주의에 근거하여 오스트리아-헝가리 제국으로부터 전쟁의 책임에 따르는 최대한의 배상을 받아내고, 자신들의 민족국가를 건설하는 것을 목표로 하고 있었다. 물론 이러한 오스트리아-헝가리 제국의 해체와 그에 따른 피지배민족에 의한 '민족국가 건설'이 제1차 세계대전을 승리로 이끈 연합국들의 궁극적인 목표는 전혀 아니었다. 사실 제1차 세계대전이 발발하던 시점에서 연합국의 목표는 오스트리아-헝가리 제국을 해체하거나 분할하는 것이 아니었다. 오히려 연합국 측은 오스트리아-헝가리 제국을 존속시키는 것이 유럽의 현상유지에 유리하다고 보았기 때문에 애당초 오스트리아-헝가리 제국의 해체 및 분할은 상정하지도 않았다. 체코의 마사리크도 이와 같은 입장에 동조하고 있었다. 그러나 마사리크는 오스트리아-헝가리 제국의 상황과 제1차 세계대전의 전황을 면밀히 검토한 끝에 오스트리아-헝가리 제국이 결코 승리할 수 없다는 결론에 도달했다. 따라서 만약 체코가 제1차 세계대전에서 제국에 대항해서 싸우지 않으면 전쟁 후 독일과 마찬가지로 체코가 패전국으로 취급받을 가능성을 우려하였다. 이러한 상황을 인식한 마사리크는 오스트리아-헝가리 제국에 항전하는 쪽으로 방향을 선회하였다. 연합군은 오스트리아-헝가리 제국으로부터 이탈리아 권역인 피우메, 남슬라브민족의 영역, 루마니아의 영향력이 강한 트란실바니아, 서슬라브 지역의 체코슬로바키아의 해방을 염두에 두고는 있었지만, 이것은 어디까지나 오스트리아-헝가리 제국의 틀을 와해하지 않는 정도에서 이들 민족단위에게 보다 확장되고 광범위한 영토적 자치권을 부여하는 수준 정도였었다. 이러한 연합군의 전쟁목표는 1918년부터 윌슨이 여러 차례 민족자결주의 원칙을 선언하며 변화하기 시작하였다. 특히 1918년 3월 3일 브레스트-리토프스크 조약이 체결된 이후에 연합군은 전체적인 전략을 수정하여 오스트리아-헝가리 제국을 해체하여 제국 내의 민족들이 각각의 국가를 건설하는 것을 지원하는 방향으로 선회하였다. 이를 위하여 연합국측은 적극적으로 오스트리아-헝가리 제국내의 비(非)게르만, 비(非)헝가리계 민족들을 추동하여 오스트리아-헝가리 제국을 내부에서부터 흔들리게 하려는 노력을 시작했다. 예를 들면 이탈리아와 프랑스는 1918년 4월 로마에서 '피압박민족대회'가 개최되도록 주선하였는데, 이 회의에 참석한 체코슬로바키아, 남슬라브, 루마니아, 폴란드 민족위원회의 대표들은 회의 말미에 '완벽하게 독립적인 민족국가'의 건설을 선언하였다. 이와 같은 민족해방 투쟁, 즉 민족국가 건설의 움직임과 활동은 오스트리아-헝가리 제국이 해체된 후 각 민족들의 국가가 건설되게 되는 추동력이 되었다.

3. 체코슬로바키아, 유고슬라비아, (대)루마니아의 성립

오스트리아-헝가리 제국 구성 민족의 각 지도자들은 오스트리아-헝가리 제국의 해체를 기정사실로 보았다. 제국의 패배가 가져올 결과로서 제국의 해체와 제국을 구성하고 있던 민족들이 각각의 독립국가 건설을 위해 투쟁할 것이라는 점은 명백하였다. 제국의 제 민족 지도자들은 이러한 상황을 이용하여 제국의 외부에서 오스트리아-헝가리 제국 내에서 독립 투쟁을 하고 있는 각 민족 운동 단체들의 독립투쟁을 지원하였다. 이들의 목표는 연합국으로부터 자신들의 이러한 투쟁을 인정받아 오스트리아-헝가리 제국 해체 이후 자민족중심의 입헌국가를 창설하게 하는데 있었다. 물론 제1차 세계대전이 발발하기 이전까지는 오스트리아-헝가리 제국 내 구성 민족들의 민족독립운동의 경향은 오스트리아-헝가리 제국의 기본 틀을 부정하지 않고, 제국 내에서의 '공존'을 지지하는 입장이었지만, 전쟁이 발발하고 오스트리아-헝가리 제국의 패배가 현실화되자, 민족운동의 목표가 독립투쟁으로 선회하게 된 것이다. 이러한 상황을 인식하며 체코, 슬로바키아, 남슬라브(유고슬라비아), 루마니아의 통일 및 독립운동 지도자들은 연합국의 지지를 주요 과업의 하나로 생각했다. 그들은 전쟁에서 점점 역할이 중요해지던 미국에 관심을 집중했다. 각 민족의 독립운동 지도자들은 윌슨 대통령과 만나 윌슨의 지지를 이끌어 내는 것이 무엇보다도 중요하다는 점을 잘 알고 있었다. 따라서 대부분의 독립운동가들은 윌슨과 접촉하기 위해 상당한 노력을 기울였다. 이들은 대의제 민주주의가 발달한 미국의 정치제도에 대한 이해가 깊었기 때문에, 미국에 거주하는 자국의 동포들을 교두보로 활용하여 미국의 고위층과 접촉하려고 분주히 노력하였다. 그러나 이들의 노력은 실제적으로 별로 성과를 거두지는 못하였다. 기본적으로 윌슨 대통령은 작은 규모의 민족국가가 우후죽순으로 성립되는 것은 비합리적이라고 생각했기 때문이다. 윌슨은 대다수의 우위를 점하는 주(主)민족이 중심이 되는 국가를 건설해야 국가를 운영하는 데에 문제가 없다는 생각을 했다. 윌슨은 소규모 민족을 단위로 하는 작은 국가들이 과연 경제적으로 자급자족하고 오스트리아-헝가리 제국을 성공적으로 계승하며, 독일과 러시아의 견제 역할을 충분히 해낼 수 있을지에 대해 강한 의구심을 가지고 있었다. 윌슨은 오히려 미국의 연방제를 모델로 한 오스트리아-헝가리 연방제국을 상정하고 있었다. 윌슨에게 있어서 유럽은 미국과 같이 다양하고 이질적인 민족들이 모여 살고 있기 때문에 각 민족들의 자치권을 보장하는 가운데서 느슨한 형태의 연방아 합당하다고 보았던 것이다. 윌슨은 기본적으로 이러한 생각을 갖고 있었기 때문에, 유럽문제의 해결에 있어서도 다소 이상적인 해결책을 상정하고 있었던 것이다.

　윌슨은 제1차 세계대전에 참전한 직후 전쟁이 끝나고 난 후 발생할 각종 문제를 해결하기 위해 사전에 발생 가능한 사안들에 대한 광범위한 조사를 수행할 조사위원회(조사단)를 전문가 집단으로 구성했다. 이 조사위원회는 윌슨의 고문이자 친구였던 하우스(Edward M. House)가 이끌었는데, 하우스 대령은 오스트리아-헝가리 제국의 장래에 대해 윌슨 대통령과 비슷한 견해를 가지고 있었다. 자문위원회는 윌슨의 입장을 반영하여 제국의 구성 민족들이 연방을 구성하는 형태로 오스트리아-헝가리 제국을 탈바꿈시키는 안을 제안하였다.

윌슨이 이러한 입장을 취하게 된 이유는 그의 외교목표가 중부 유럽 안정화였기 때문이다. 윌슨은 오스트리아-헝가리 제국을 보존하여 유럽의 평화를 지키려던 자신의 노력에 역행하던 독립운동가들에게 호의적이지 않았다. 윌슨이 각 민족의 독립운동 지도자들과의 만남을 회피하려는 것도 이러한 이유에서였다. 실례로 1917년 8월 슬로바키아의 슈테파니크가 파리에서 구성된 슬로바키아민족평의회를 미국 행정부로부터 인정받기 위해 워싱턴에 도착했는데 윌슨은 이들을 만나주지도 않았다. 미국과 협조하여 군사적 지원까지 계획하고 있었던 스테파니크는 미국의 홀대에 대해 매우 기분이 상해서 미국을 떠났다. 그는 윌슨 대통령에 대해 극도의 혐오 감정을 키워 나갔다. 윌슨 대통령을 "악마"라고까지 표현하면서, 대통령에 대한 자신의 견해를 바꾸려 하지 않았다. 체코민족평의회의 마사리크도 유사한 이유로 윌슨 대통령을 만나지 못했다. 여러 방면의 노력을 통해 1918년 6월이 되어서야 윌슨을 면담할 수 있었다.

유고슬라비아 민족운동의 지도자들도 체코와 슬로바키아 망명 독립운동가들과 유사한 활동을 전개했다. 크로아티아 정치인 안테 트룸비치(Ante Trumbić)는 전쟁이 발발하고 나서 1년 뒤인 1915년 런던에서 오스트리아-헝가리 제국의 해체를 목표로 하는 '유고슬라비아위원회'를 설립하였다. 트룸비치는 복잡하게 분기되어 있던 국내외의 남슬라브 운동을 통합하는 데 많은 힘을 기울였다. 그러나 그의 오랜 기간에 걸친 독립투쟁은 세르비아 정부에 의해서 많은 방해를 받았다. 유고슬라비아위원회는 오스트리아-헝가리 제국 내외의 남슬라브 운동에 여러 차례 영향력을 행사하면서, 남슬라브 운동을 대(大)세르비아의 이념으로 이끌었다. 유고슬라비아위원회는 1914년 전쟁이 발발하자 세르비아인과 크로아티아인, 슬로베니아인의 해방과 통합이 전쟁의 목표라고 선언하였다. 그러나 유고슬라비아위원회의 활동은 국제적으로 인정되지 못했고 이들의 활동은 오스트리아-헝가리 제국과 유럽의 다른 나라들로부터 방해를 받았다. 트룸비치가 이끈 유고슬라비아 망명독립운동은 체코와 슬로바키아 내부에서 활동하던 체코 및 슬로바키아 민족평의회 만큼 효과적이지 못했다. 유고슬라비아위원회도 체코, 슬로바키아의 경우와 마찬가지로 윌슨 대통령을 만나기 위해 노력하였다. 그러나 윌슨은 유고슬라비아위원회에 대해서도 관심을 보이지 않았다. 이러한 상황에도 불구하고 유고슬라비아위원회는 일단 대표단을 미국에 파견하여 윌슨을 만나기 위한 활동을 시작했다. 그러나 결국 이들을 대표단으로 인정하지 않았던 윌슨의 냉대로 인해 그들의 목적을 달성할 수 없었다. 유고슬라비아위원회 위원이었던 힌코비치(H. Hinković)와 보쉬냐크(B. Vošnyak)는 개인의 자격으로 활동할 수밖에 없었다.

오스트리아-헝가리 제국 내의 민족독립운동과 마찬가지로 미국에서 벌어지던 유고슬라비아 건국운동에도 심각한 내부 분열이 존재했었다는 점이 실패의 원인 중 하나였다. 미국 내 유고슬라비아 독립운동의 주도 세력들은 오스트리아-헝가리 제국의 남슬라브 지역을 세르비아에 합병하고 싶어 하지 않았다. 이에 더하여 윌슨 대통령이 미국 행정부를 동원해서 남슬라브와 관련한 선전 활동을 방해했기 때문에 유고슬라비아위원회는 목적을 달성하지 못했던 것이다.

루마니아 해외 독립운동은 다른 여타의 민족운동과 다른 양상을 보였다. 루마니아는 1916년이 되어서야 실제로 연합국에 가담하였다. 루마니아가 전쟁의 진행과정을 보면서 연합국에 가담하게 되는 이유는 제1차 세계대전 이후 벌어질 영토 조정 문제에 대해 상이한 견해가 공존하던 루마니아의 국내 정치상황 때문이었다. 루마니아는 친독일적 입장을 고수하며 결정적 순간을 기다리는 '관망 정책'을 주장하던 브라티아누(Ion Brătianu) 수상이 정치를 주도했는데, 전쟁의 방향은 그와는 반대로 가고 있었기 때문이다. 루마니아의 해외 독립운동은 규모와 영향력에서 볼 때 체코슬로바키아나 유고슬라비아에 비해 상당히 뒤쳐져 있었다. 루마니아가 체코슬로바키아나 유고슬라비아보다 훨씬 늦게 1917년 하반기에 이르러서야 서방에서 활동하기 시작했을 뿐만 아니라, 체코슬로바키아 및 유고슬라비아 대표들에게는 제공되던 연합국 측의 지원이 루마니아에는 부족했기 때문이었다. 이는 부카레스트 협약 이후에도 계속된 루마니아의 교묘한 계략이 원인이었다. 루마니아는 연합국에 가담하면서도 동맹국과 전쟁을 벌이는 최전선에서 철수하여 단독으로 강화를 체결하겠다고 지속적으로 연합국을 위협했던 것이다. 루마니아가 이렇게 행동했던 것은 연합국이 오스트리아-헝가리 제국의 영토를 보전하려고 했기 때문인데, 이럴 경우 연합국이 승전한다 해도 루마니아는 약속받은 영토를 얻지 못하게 될 것이었기 때문이었다.

루마니아는 트란실바니아를 헝가리로부터 할양받아 루마니아에 병합하는데 목표를 두고 있었다. 따라서 루마니아 정부는 미국의 협력을 얻기 위해 노력을 기울였다. 그러나 결국 루마니아 대표단은 트란실바니아와 루마니아의 통일계획과 트란실바니아 군대 조직에 대한 미국의 지지를 얻어내지 못하였다. 여기서 한 가지 주목해야 할 점은 오스트리아-헝가리 제국의 해체와 이후 후속 국가 건설의 국제적 연대에 대해 가장 활발하게 활동한 인물이 체코의 마사리크였다는 점이다. 마사리크는 오스트리아-헝가리 제국의 해체를 기정사실화하고 오스트리아-헝가리 제국 내의 각 민족들의 다양한 독립운동을 통합하는 데에 상당한 노력을 기울였다. 우선 마사리크는 1916년 봄에 유고슬라비아위원회와 협조 체제를 성립시켰다. 마사리크는 동 위원회와 공동으로 민족해방운동을 추진하는 데 합의하였다. 또한 마사리크는 루마니아와의 느슨한 연계를 강화하는 데에도 노력을 기울였다. 이러한 사실은 이후 마사리크가 동유럽 지역에서 가장 명성이 있는 독립운동가로 존경을 받게 된 원인이기도 하다. 또한 이 시기 러시아의 역할에 대해서도 주목할 필요가 있다. 1917년 2월 러시아 혁명 이후, 러시아 임시정부는 동유럽과 발칸의 민족운동세력들이 추진하고 있던 독립운동을 지원했는데, 그 결과 러시아가 동유럽 출신의 민족운동지도자들의 중심지가 되었던 것이다. 러시아의 지원하에 1917년 11월, 오스트리아-헝가리 제국 내에 살고 있지만 제국에 저항하던 모든 민족, 즉 체코인, 슬로바키아인, 슬로베니아인, 세르비아인, 크로아티아인, 루마니아인, 폴란드인, 이탈리아인 대표들이 참가한 가운데 러시아의 키예프에서 회의가 개최되었다. 후일 오스트리아-헝가리 제국으로부터 독립하고자 하는 제 민족들의 독립운동역사에서 가장 중요한 대회로 간주되는 '피압박민족대회'의 준비 작업이 이 회의에서 이루어졌던 것이다.

1918년 10월 28일 공개된 오스트리아-헝가리 제국의 외교문서에는 제국이 연합국의 의사를 받아들여 제국의 구성 민족들에게 민족 국가건설을 허용한다고 천명하였다. 이로써 각 민족들은 민족 국가건설을 위한 행동을 개시하였다. 제일 먼저 1918년 10월 28일 마사리크의 주도하에 체코슬로바키아민족평의회가 체코슬로바키아의 독립을 선언했다. 10월 30일에는 슬로바키아민족평의회가 헝가리로부터의 분리를 전제로 "완전한 독립"과 "제한 없는 자결권"을 강조한 성명서 초안을 작성하였다. 이 성명서 초안에는 체코와 연합하여 체코슬로바키아를 건설하는 내용은 포함되어 있지 않았다. 슬로바키아민족평의회의 체코슬로바키아 국가 건설에 대한 성명은 슬로바키아의 정치인이지만, 동시에 마사리크의 추종자이기도 했던 밀란 호자에 의해서 구체적으로 성안되었다. 호자는 언드라시 외무장관의 문서와 10월 28일 프라하에서 발표된 체코 독립선언 등 최근의 상황을 언급하며, 슬로바키아민족평의회가 작성한 초안을 수정하고 다음의 어구를 삽입하여 보완했다. "우리는 윌슨 대통령이 1918년 10월 18일 공식화하고 오스트리아-헝가리 외무부가 1918년 10월 27일 승인한 새로운 국제법 질서에 동의한다." 이 수정안은 체코슬로바키아의 통일을 강조하면서 동시에 '독립' 슬로바키아를 강조하는 구절을 삭제했다. 결국 10월 28일 자 최종 성명서에는 슬로바키아가 체코와 연합하여 '체코슬로바키아'를 건설한다는 내용이 확정된 것이다. 이러한 슬로바키아민족평의회의 입장에 대해 헝가리 정부는 "슬로바키아 국민 위원회는 슬로바키아 국민의 이익에 가장 적합한 결정을 내려야 합니다… 슬로바키아와 헝가리 국민은 서로 의존하고 있습니다… 우리는 평화로운 협정과 형제의 깊은 협동을 통해 우리 스스로 매력적인 미래와 더 나은 삶을 추구해야 할 것입니다."라는 전문을 보내 헝가리와 협력할 것을 요청하였다. 그러나 슬로바키아 국민 위원회는 호자가 작성하고 마투시 둘라가 서명한 답변을 보냈는데, 답변의 내용은 헝가리의 협력 제안을 정중하게 거절하면서, "자유 국가 체코슬로바키아는 헝가리와 좋은 이웃이자 형제가 되기를 바란다"고 강조하는 것이었다. 그러나 이러한 선언 후에도 즉각적으로 슬로바키아 공권력이 정권을 장악한 것은 아니었다. 헝가리 행정기관은 슬로바키아인이 거주하는 대다수 지역에서 계속해서 업무를 수행했고, 단지 몇몇 지역 특히 행정 기관에 대한 증오가 깊거나 강력한 대중 운동 때문에 법 집행이 거의 정지된 마을 등지에서만 행정 기관의 기능이 멈추는 정도였다. 슬로바키아 지역에서 헝가리의 공권력이 기능하고 있었던 데에는 몇 가지 중요한 이유가 있었다. 우선 슬로바키아민족평의회가 아직 권력을 인수할 만한 역량을 갖추지 못했던 것에 그 원인이 있었고, 다음으로는 슬로바키아와 헝가리-독일계 부르주아들이 연합하여 제1차 세계대전에서 귀환한 병사와 농부들에 의한 혁명적 대중 운동을 억제하기 위해 힘을 합쳤던 데에도 원인이 있었다. 당시 전선으로부터 체코슬로바키아로 귀환한 병사와 혁명적 농민들은 볼셰비키 혁명의 영향을 받아 자신들과 같은 혁명 운동 세력이 민족착취자의 재산을 강탈하여 민중에게 분배하는 것은 정당하므로 지주와 자본가, 기득권 세력의 재산을 전유하거나 가로채는 것이 옳다고 주장하면서, 그러한 청산과 약탈의 대상에 슬로바키아 지주와 상인들의 재산까지도 포함했기 때문이었다. 우여곡절 끝에 1918년 11월과 1919년 1월에 걸쳐 체코슬로바키아군이 슬로바키아 지역에 주둔하기 시작하였고, 이와 더불어 민간행정부를 세우는 작업이 시작되었다.

10월 29일 남슬라브 국가가 통합을 선포했고, 헝가리 정부는 10월 29일 벌러 얼러다르를 자그레브 대리 공사에 임명함으로써 사실상 이를 인정하였다. 11월 초에는 통합에 회의적이었던 자그레브 민족평의회도 위의 남슬라브 국가와 연합하기로 결정했다. 이와 같은 과정을 거쳐 탄생한 유고슬라비아(남슬라브국가)는 내부적으로 다기한 이해관계가 얽혀 그 전망이 결코 밝지 않았다. 유고슬라비아라는 국가적 실체는 민족주의적 열망에 의한 것이지만, 실상 그 민족주의적 열망은 비교적 한정된 계층에만 해당되는 것이었다. 즉 민족주의 국가라는 꿈을 실현함으로써 직업을 얻거나 현재의 직책으로부터 승진을 하거나, 과거 통치세력하에서 일했으나 현재는 그 기반을 바탕으로 정치적 경력을 쌓기 원하던 지식층, 사무직 종사자 등이 주로 민족주의적 경향의 대열에 적극적으로 참여하였다. 또한 이러한 민족주의적 경향은 주로, 자신의 부와 권력을 위협하는 대중 운동을 다른 방향으로 돌리기 원하던 지배 세력, 도시 부르주아, 구 지배세력과 유착관계가 형성되어 있었던 계층의 지지를 받았다. 이와 같은 지배 세력 내의 다양한 이해관계 때문에 유고슬라비아의 향방은 태생부터 복잡한 양상을 띄우고 있었던 것이다. 이러한 내재적인 문제는 향후 제2차 세계대전 시기, 공산주의 시기, 이후의 체제전환시기까지 그 영향을 미쳤으며, 현재까지도 과거의 유산으

로부터 자유롭지 못한 원인이 여기에 있다고 할 수 있다. 다소 입장
이 모호했던 루마니아도 1918년 12월 1일 루마니아민족평의회 명의
로 트란실바니아를 헝가리로부터 분리하여 루마니아 귀속시킨다고
선언하면서, 오스트리아-헝가리 제국은 해체되고 체코슬로바키아,
유고슬라비아가 탄생하였다. 또한 오랫동안 헝가리의 영토였던 트
란실바니아가 루마니아로 귀속되어 오늘에까지 이르게 되었다.

4. 결론 : 동유럽 민족국가 성립 운동의 성공 요인

제1차 세계대전의 종료로 구시대를 대표하던 오스트리아-헝가
리 제국, 오스만 투르크 제국, 구 러시아 제국이 해체되면서 유럽에
는 이 제국들을 계승한 후속 국가들이 탄생하였다. 전쟁에서 가장
큰 피해를 본 제국은 단연 오스트리아-헝가리 제국이다. 유구한
역사를 가진 오스트리아-헝가리 제국은 오스트리아, 헝가리, 체코
슬로바키아, 유고슬라비아, (대)루마니아 등으로 탄생하여 유럽 중
앙부의 지도는 더욱더 복잡하게 세분화되었다.

오스트리아-헝가리 제국의 멸망과 해체, 그리고 이후에 이어지
는 민족국가들의 성립은 오스트리아 헝가리 제국 스스로가 가지고
있던 모순의 총체적 폭발이라는 근본적 원인과 동시에 제국을 구성
하던 각 민족들의 민족국가 성립 운동에 기인한 바 크다. 물론 오스
트리아 헝가리 제국 내에서 살고 있던 소수민족 출신의 인민들이
활발하게 민족국가 성립 운동을 시도했던 것은 아니다. 오히려 제
국의 외부에서 해외에 망명하여 민족국가 수립 운동을 지도했던

1918년 제1차 세계대전의 종료 이후 1989년까지의 동유럽

해외 망명 운동가들의 역량이 역할에 기인한 바 크다. 이러한 운동
의 방식은 동유럽 국가들의 민족국가 수립에만 나타나는 것은 아니
다. 일제 통치하에 있던 한반도의 경우에도 제1차 세계대전 이후
국내에서의 독립운동과 더불어 국외에서의 독립운동이 더욱 활발
하게 전개되고, 해외에서 벌어진 애국지사들의 독립운동이 결국 식
민지 조선의 해방과 대한민국의 성립을 가져오게 한 주요 원인이라
고 할 수 있다. 이러한 양상은 또한 피압박민족의 독립 쟁취가 세계
사적 사태와 연결되어 있음을 명확히 보여준다. 따라서 동유럽의
민족운동과 식민지 조선의 독립운동은 그 양상과 규모 영향력에
있어서는 상이하지만, 운동의 지향목표와 층위에 있어서는 동일하
다고 볼 수 있다. 식민지 조선의 독립운동가들은 동유럽의 독립운

동가들과 마찬가지로 세계 최강의 군사력과 경제력을 보유한 세계에서 가장 영향력이 있는 미국 조야의 정치가들로부터 독립에 대한 지원을 얻고자 노력했던 점은 이러한 조선과 동유럽의 민족운동지도자들이 동일한 인식의 선상에 있었음을 잘 보여준다. 특히 동유럽과 조선의 독립운동가들이 미국에 거주하는 자국의 동포들을 독립운동에 활용하고자 그들의 지원과 지지를 얻어내려고 노력했던 점은 약소국 민족운동의 지도자들이 택할 수 있는 거의 유일한 방법이었다는 점에서 동병상련이라고도 할 수 있다.

　동유럽의 독립운동가들은 제1차 세계대전에서 오스트리아-헝가리 제국이 패배하고 해체되는 과정에서 성공적인 해방과 독립운동을 전개하여 체코슬로바키아, 유고슬라비아라는 두 개의 신생국가를 탄생시켰다. 또한 전쟁 말기에 참여한 루마니아는 국제정세와 강대국 간의 세력관계를 잘 이용하여 트란실바니아를 할양받음으로써 동유럽의 강자로 부상하게 되었다. 오스트리아-헝가리 제국이 해체되어 탄생한 신생 체코슬로바키아와 유고슬라비아의 건국은 민족해방운동, 독립운동 지도자들의 끈질긴 노력과 국제정세, 주변 강대국들의 도움으로 이루어진 총체적인 결과였다. 그중에서도 체코슬로바키아의 초대 대통령이자 동유럽 민족해방운동의 지도자인 마사리크의 노력과 역할은 간과할 수 없는 중요성을 지닌다. 마사리크는 동유럽이 처한 국제적 환경, 오스트리아-헝가리 제국의 근시안적인 대외정책, 세계의 강자로 부상한 미국의 역할에 정통한 정치가로서 제1차 세계대전 이후 동유럽 질서의 성립을 주도적으로 이끌어간 지도자라고 할 수 있다. 마사리크는 런던대학의 교수를 역임하며 습득한 지식과 국제 정세에 대한 이해를 바탕으로 오스트리아-헝가리 제국의 모순점과 상황을 정확히 이해하여, 이 시기가 민족해방 운동의 적기임을 간파하였다. 또한 독립운동에서 군사행동의 중요성을 인식하여 체코군단을 직접 방문하여 연합군에 기여하도록 하였다. 이와 더불어 마사리크는 오스트리아-헝가리 제국 내에서 지리멸렬 상태였던 독립운동 세력들을 추동하여 국내외적으로 효과적인 오스트리아-헝가리 제국에 대항해 효과적으로 독립투쟁을 할 수 있도록 조력하였다. 또한 마사리크는 민주주의에 대한 강한 신념과 인간애에 대한 깊은 이해를 바탕으로 '민주평화론'의 선구자가 되었다. 이러한 마사리크의 면모는 버나드 쇼가 "만약 유럽합중국이 생긴다면 누가 유럽의 대통령이 되어야 하는가? 단연코 마사리크다"라고 언급한 점에서도 잘 드러난다.

제1차 세계대전과 오스트리아-헝가리 제국의 해체는 서론에서도 잠시 언급하였듯이 전 세계적인 영향을 미쳤다. 아시아에서는 일본의 식민지 상태에 있었던 한국과 중국에서 대규모 반일 항쟁이 시작되었으며, 이에 놀란 일본 제국은 오스트리아-헝가리 제국의 패배와 해체에 대한 원인을 연구하고, 제국의 해체에 따른 신생 독립국가들의 탄생 과정을 연구하여 동아시아 침략과 식민정책의 방향 전환을 시도한다.

결론적으로 오스트리아-헝가리 제국의 해체는 오스트리아-헝가리 제국 스스로가 가지고 있던 보수적이며 시대착오적인 시대인식, 제국 내 소수민족의 의견을 무시한 채 그들에 대한 탄압과 배제로 일관했던 민족정책, 다기한 민족들의 이해와 요구를 수용하고 이를 정책에 반영하려는 의지가 박약했던 정치가들의 태도에 기인한다고 할 수 있다. 따라서 이러한 오스트리아-헝가리 제국의 모순점과 약점을 잘 파악하고 있었던 소수민족 독립운동 지도자들의 정세 판단과 노력에 힘입어 동유럽 독립 국가들이 성립할 수 있었던 것이다. 또한 비록 해외에서의 독립운동이 실효를 거두지는 못했지만 미국을 비롯한 전승국들에게 자신의 입장을 알리고 그들로부터 지지를 끌어내기 위해 노력했던 점은 매우 중요한 시사점을 준다.

제1차 세계대전을 종결짓는 파리강화회담에서 동유럽 민족들의 대표들은 끊임없이 전승국들에 대한 로비를 펼치며 자신들에 대한 지지를 호소했다. 이러한 독립운동 지도자들의 노력과 이들에게 유리하게 조성된 국제적 환경을 잘 활용한 덕분에 이들은 독립국가의 꿈을 이룩할 수 있었던 것이다.

제1차 세계대전의 패배에서 촉발된 동유럽 국가들의 민족독립운동과 국가 건설의 예를 살펴보며 당시 식민지 조선이 처했던 국제적 상황에 대해 보다 심층적인 이해가 필요하다는 인식에 이르게 되었다. 또한 미국에서 활동한 동유럽 출신의 독립운동 지도자들과 조선의 독립운동가들의 교류나 활동에 대한 연구가 더 필요함을 인식하고 차후의 연구과제로 남겨두고자 한다.

야씨 오스카르(Jszi Oszkr)의
중부유럽 통합 구상

1. 서론 : 중부유럽에 대한 이해와 인식, '통합'적 사고의 기원

유럽을 지역적으로 구분하는 것은 역사적이며 관습적이다. 실제로 유럽 지도를 보면 동부, 서부, 남부, 북부, 중부라는 지리적 구분은 별로 의미가 없다. 바라보는 방향과 위치에 따라 유럽의 '위치'가 달라지는 것이다. 따라서 유럽이라는 명사 앞에 지리적 위치를 나타내는 서술어를 붙이면 정치적인 개념이 된다. 중(앙)부 유럽이라는 용어는 역사적으로 복잡한 배경을 갖고 있는데, 그 이유는 이곳이 지리적으로 게르만인과 슬라브인, 발칸의 슬라브인과 헝가리인이 공존하던 생활공간이기 때문이다.

일반적으로 중부유럽은 알프스산맥의 이남, 알프스산맥이 동쪽으로 확장한 카르파티아산맥의 내륙분지, 다뉴브강을 중심으로 하여 아드리아 해의 동쪽, 흑해의 서쪽을 포함하는 광범위한 지역을 의미한다. 좀 더 구체적으로는 과거 동유럽이라고 불리는 지역에 독일과 오스트리아를 포함하여 부르기도 한다. 물론 독일과 오스트리아에서는 중부유럽(Mittel Europa)이라는 용어가 갖는 역사적, 정치

적 함의 때문에 다소 거리감이 있는 용어이다. 따라서 최근에는 중
부유럽을 소위 '비세그라드(Visegrád) 4'의 구성국가인 체코, 슬로바
키아, 헝가리, 폴란드 네 나라로 한정하여 부르는 경향이 강하다.
즉 1989년의 체제전환시기 이전에는 사회주의 체제를 유지했으면
서도, 1989년부터 사회주의로부터 시장자본주의로의 체제전환을
통하여 서유럽에 가장 근접해 있는 네 나라를 지칭하는 것이다.

이 지역 사람들은 자신들이 살고 있는 지역을 '중부유럽'이라는
용어로 사용하기를 선호한다. 또한 중부유럽이라 불리는 '비세그라
드 4국'의 특징은 종교적으로 구교 신자가 다수인 폴란드, 헝가리와
신교 신자가 다수인 체코, 슬로바키아로 구분되는데 공히 기독교
문화가 지배적인 곳이다. 과거에는 정교와 이슬람을 신봉하는 루마
니아, 불가리아, 구(舊)유고슬라비아, 알바니아 등을 포함하여 '동유
럽'으로 호칭하였으나, 이 국가들을 포함하는 동유럽은 사회주의 유
럽을 의미하는 것이었다. 따라서 중부유럽, 동유럽이라는 호칭이
갖는 의미는 정치적이며, 역사적 상황에 따라 변화되어 왔다고 해도
과언이 아니다.

헝가리, 폴란드, 체코, 슬로바키아인은 자신들이 유럽의 중앙에
존재하며 유럽의 문화인 기독교로부터 이탈한 적이 없었다고 생각
한다. 유럽 정체성의 본바탕인 기독교는 중동에서 기원하여 소아시
아와 발칸과 남부, 동부와 중부유럽을 거쳐 서유럽에 정착·발전하
였다는 것이 이들의 인식이다. 현재의 지리적 기준으로 보면 기독
교는 자신들의 생존공간인 발칸반도를 포함하는 중부유럽에서 성
장하고 발전하였기 때문이다. 따라서 중부유럽인들은 자신들이 기
독교 문화에서 벗어난 적이 없고, 오히려 기독교가 동방의 침략으로

부터 위기에 놓여 있을 때 기독교 세계를 구원한 수호자라는 자기
이해를 갖고 있다. 이들은 자신들에게는 애당초부터 유럽을 지역적
으로 구분하는 분할적 사고는 존재하지도 않았다고 주장한다. 이들
의 주장은 유럽을 지리적으로 구분하는 것은 제국주의의 산물이며,
강대국이 힘의 논리를 적용하여 강제적으로 구획한 것에 지나지
않는 것이다. 따라서 유럽의 평화를 유지하고 유럽의 갈등과 문제
들을 해결하기 위해서는 끊임없이 분열하고자 하는 유럽적 자기
속성을 끊임없이 통합하고자 하는 노력으로 해결하여야 한다는 것
이며, 바로 '중부유럽인'인 자신들이 그 통합을 이뤄낼 수 있는 적격
자라고 생각한다. 이들이 언급하는 중부유럽은 기독교를 받아들인
유럽 기독교 문화의 중심지로서 독일, 오스트리아, 폴란드, 체코,
슬로바키아, 헝가리를 지칭한다. 따라서 이 지역을 통합하여 하나
의 '이해 공간'으로 만들자는 사고는 역사적 근거가 있다고 볼 수
있다. 물론 이러한 사고가 히틀러에 이르러 '생활공간(Lebensraum)'
의 개념으로 정립되었고, 세계전쟁의 단초가 되었음도 간과해서는
안 되는 사실이다. 단정적으로 말하기는 어렵지만 1989년의 사회주
의로부터의 체제전환을 통하여 자본주의 세계로 편입된 중부유럽
국가들이 '유럽연합'에 지극히 열광하며 적극적인 지지의사를 표명
했던 행태도 이와 같은 사고에 기인한 바가 크다고 할 수 있다. 이들
이 보기에는 작금의 브렉시트로 대변되는 '분리주의적 움직임'은 애
당초 통합적인 유럽에 관심이 없었던 '이기심으로 가득 찬 강대국의
이기적, 제국주의적 동기'에서 기인한 행태로서, 강대국들이 유럽의
통합에는 관심이 없다는 점을 보여준 전형적인 사건이라는 것이다.
강대국들은 언제든지 자신의 이해관계에 따라 유럽의 통합을 파괴

하고, 공존의 원칙을 무시할 수 있었기 때문에 진정으로 통합된 유럽을 추구할 수 있는 자격은 독일과 오스트리아를 포함하는 중부유럽인에게만 있다는 것이다. 이러한 사고가 진정으로 평화와 번영을 추구하게 하는 트랜스내셔널적 사고라는 것이다. 물론 이러한 주장이나 인식이 갑자기 나타난 것은 아니다. 이러한 중부유럽인의 인식 혹은 통합적 유럽을 지향하는 사고는 제1차 세계대전이라는 미증유의 사건을 겪으면서 구체적으로 다양한 유형으로 등장한다. 특히 제1차 세계대전에서 패배하여 유럽의 군소국으로 전락한 헝가리에서 이러한 사고가 종종 나타난다. 헝가리는 중부유럽의 국가 중에서도 중앙에 자리하고 있으며, 유럽 최대의 하천 중의 하나인 다뉴브강이 국토를 동에서 서로, 북에서 남으로 관통하고 있다. 따라서 헝가리인은 전통적으로 다뉴브강 유역을 포함하는 중부유럽이 자신들의 생존을 보장하는 공간이며, 이 공간을 평화롭고 안정적으로 유지해야 하는 것이 헝가리의 존립을 결정짓는 중요한 조건 중의 하나라고 사고하는 경향이 있다.

헝가리인은 이러한 관점에서 역사적으로 자신들만 홀로 존재하는 특수한 길 혹은 방법이란 존재하지 않으며, 역사가 그와 같은 방식으로 전개되는 것을 경계해야 한다고 주장한다. 애당초 비유럽 지역에서 유럽으로 이주해온 자신의 역사가 그것을 허용하지 않는다는 것이다. 헝가리인의 의식 속에는 끊임없이 주변 국가들과 연합하며 '공존의 시스템'을 만들어야 한다는 당위적 사고가 존재한다. 이러한 '공존의 시스템'에 대한 다양한 사고의 결과 중의 하나가 '다뉴브 연방'이다. '다뉴브 연방'은 대부분의 중부유럽 국가들이 다뉴브강 연안에 있다는 점에서(폴란드 제외) 이 지역의 통합론으로 적

실성을 인정받았다. '다뉴브 연방'은 이후 좀 더 확대된 '중부유럽 통합국'이라는 사고로 발전하지만, 거의 이상에 가까운 사상이었던 것이 사실이기 때문에 중부유럽의 지식인 사회에서는 그리 진지하게 받아들여지지 않았다. 이런 이유 때문에 다뉴브강 연안의 국가들이 연합하여 하나의 공동체를 형성하는 것이 더 현실적이라고 간주되기도 하였다.

'다뉴브 연방'을 포함하는 '중부유럽 연방'에 대한 사고는 체코의 마사리크(Masaryk)나 루마니아의 포포비치(Popovici), 헝가리의 정치가이자 사상가인 야씨 오스카르에게서 발견된다. 체코의 마사리크는 독립된 소규모 슬라브 국가들로 구성되는 '신유럽'을 건설할 것을 제안하였는데, 마사리크의 제안은 제1차 세계대전이 끝나고 체코슬로바키아, 유고슬라비아, 루마니아로 구성되는 '소협상국' 동맹으로 실현되었다. 루마니아의 포포비치는 오스트리아-헝가리 제국을 민족에 따라 16개의 정치 문화적 자치지역으로 나누고, 이를 통합한 '대오스트리아 합중국'을 제안했다. 그러나 이 획기적인 제안은 헝가리의 반대와 페르디난트의 사망으로 실현되지 못하였다. 헝가리의 야씨 오스카르는 간전기, 특히 1929년부터 1933년 사이에 '다뉴브 연방'을 주창하였다. 야씨 오스카르는 쿠덴호베 칼레르기와 같은 '유럽 연합'의 사상가 및 중부유럽의 사상가들과 교류하며 '다뉴브 연방'에 대한 사고를 발전시켰다. 뿐만 아니라 중부유럽의 여러 지역을 답사하며 유럽의 미래에 대한 생각들을 책으로 발간하였다.

이 글에서는 헝가리의 야씨 오스카르가 구상한 '다뉴브 연방'에 대해 소개하고자 한다. '다뉴브 연방'에 관한 사고가 나오게 된 시대적 배경, 이에 대한 구체적인 방안들을 그의 저작을 통하여 추적해 보고자 한다. 이 글에서는 야씨 오스카르가 제시한 '다뉴브 연방'에 대한 현실성 여부를 평가하기보다는 그러한 이론이 제시되게 된 내부 논리를 검토해보고, '다뉴브 연방'에 관한 사고의 변화와 발전 과정을 추적해 보고자 한다.

2. 제1차 세계대전 전후 시기 및 간전기의 '다뉴브 연방안'

야씨 오스카르는 1875년 헝가리의 너지카로이(Nagykároly)라는 소도시에서 출생하였다. 이후 부다페스트대학교에서 철학과 정치학으로 박사학위를 취득하여 1912년부터 콜로쥐바르대학교에서 역사학 교수로 재직하였다. 그는 오스트리아-헝가리 제국의 일원으로 존재하는 헝가리 사회의 현실을 날카롭게 비판하던 학자였다. 특히 헝가리 정부의 소수민족 정책에 대해 비판하며, 오스트리아-헝가리 제국을 구성하는 민족에게 동등한 정치적 권리 부여 및 소작농에 대한 기초교육의 확대 등을 주장하였다. 이러한 야씨 오스카르의 기본적 사상은 자유주의적, 민주주의적인 것이었으며, 이로 인해 당시 보수적인 경향이 강했던 헝가리의 엘리트 그룹 중 소수파에 속해 있었다. 물론 야씨 오스카르가 속해 있는 자유주의적 소수 그룹도 공통의 사상이나 강령에 의해 움직이는 가시화된 그룹은 아니었고, 이질적이고 다양한 생각을 가진 지식인 집단이었다. 따라서 이 그룹 내에서도 야씨 오스카르의 자유주의적이고 민주주의적인 사상에 동의하는 지식인들은 많지 않았다. 오히려 그의 생각이 너무 급진적이어서 헝가리의 현실에는 부합하지 않는다고 보는 측이 더 많았다. 어찌 되었던 야씨 오스카르는 자유주의적 지식인 그룹 중에서도 아주 혁신적인 그룹에 속했으며, 특히 소수민족 문제에 대해 깊은 안목과 식견을 가지고 있었다는 점은 특기할 만한 사실이다. 이러한 사상적 배경 속에서 그의 소수민족 대한 입장은 오스트리아-헝가리 제국이 민족 문제로 인해 점점 위기의 수위가 높아지던 1904~1905년경쯤 헝가리의 문제들을 해결하기 위해서는 필연적으로 '사회적인 문제'와 더불어 '(소수)민족 문제'를 연결시켜 해결해야 한다는 사상을 갖게 하는 원인이 되었다.

야씨 오스카르는 헝가리 내에서의 개혁 운동은 '민족 문제와 민족주의'적 정서에 유의하여 진행해야 하며, 특히 이러한 개혁의 방향이 헝가리인뿐만 아니라, 헝가리를 구성하는 소수민족 인민의 감정을 사로잡을 수 있도록 해야 한다고 주장했다. 그는 사회주의자들이 대중들을 선동하는데 민족주의를 이용하는 것을 보고, 이와 같은 사회주의자들의 활동에 대항하기 위하여 자신만의 '민주주의적 민족의식' 혹은 '민주주의적 민족주의'의 개념을 제창한다. 물론 그는 여러 민족들이 혼종적으로 구성되어 있는 오스트리아-헝가리 제국에서 헝가리 민족이 지배적인 역할을 계속해야 한다고 믿고 있었다. 그렇지만 그것이 곧 당시 헝가리 사회의 지배적인 경향이었던 '헝가리 민족주의'적 사고, 혹은 '헝가리 민족의식'을 의미하는 것은 아니었고, 그러한 사상을 주장하던 극우 민족주의자들과는 거리를 두었다. 특히 극우 민족주의의 폭력성과 과격성에 대해 비판하며, 이러한 '광적인 헝가리 민족주의'가 헝가리를 곤경에 빠지게할 협애한 사상이라고 보았다. 야씨 오스카르는 헝가리의 독특성, 특수성을 강조하는 민족주의적 사고는 오스트리아-헝가리 제국의 최대의 딜레마가 될 것이라고 보았으며, 헝가리의 '보수화'가 오스트리아-헝가리 제국을 해체하게 된 원인이라고 생각하였다. 따라서 제국의 해체로 인하여 헝가리가 필연적으로 당면하게 된 문제의 해결을 위해서는 헝가리 민족 이외의 타민족들을 자극할 수밖에 없는 '헝가리 중심주의', 혹은 '헝가리화'보다는 헝가리와 주변국, 즉 다뉴브 연안의 민족들이 연합하여 '연합 혹은 연방' 성격의 공동체가 타당하다고 보았던 것이다.

야씨 오스카르의 이러한 자신의 사상을 여러 방법으로 표명하였다. 그는 학술적으로나 실제로나 오스트리아-헝가리 제국을 구성하고 있는 소수민족들과 헝가리가 화해하고 공존하는 방법을 찾아야 한다고 주장하며, 이에 대한 세밀한 연구에 집중하였다. 그는 논문과 저서를 통하여 다양한 정책들을 제시하였는데, 1912년에 저술한 자신의 논문 '민족 국가의 재수립과 민족 문제'에서 그의 기본적인 입장을 밝히고 있다. 그는 이 논문에서 오스트리아-헝가리 제국 내에서 분출되고 있는 소수민족들의 분리주의, 특히 자신의 민족국가를 설립하겠다는 욕구는 제어할 수 없는 에너지를 가지고 분출되고 있으며, 이 문제에 대해 헝가리 정부, 정당, 정치가들은 사실 그대로 편견 없이 직시하고 이해해야 하며 그들의 이해와 요구에 합당하도록 이 문제를 다루어야 한다고 보았다. 그는 이 책에서 분리 독립운동의 요구와 열기는 일시적인 것이 아니며, 그 원인의 제공자가 헝가리이기 때문에 헝가리 정치세력의 전향적인 태도 변화만이 제국 내 소수 민족들이 추진하고 있는 분리 독립운동의 혁명적인 열기를 진정시킬 수 있다고 주장하고 있다. 이렇게 해야만 오스트리아-헝가리 제국의 해체와 분열이 가져올 파국을 막을 수 있다는 것이 그의 생각이었던 것이다. 이러한 그의 인식은 매우 타당하고 현실적인 것으로서 당시 비판적 지식인들에게는 매우 의미있게 받아들여졌지만, 헝가리 정부나 여타 정치인들에게는 소리 없는 울림일 뿐이었다. 이 저술의 가장 특징적이면서도 논란의 여지가 많은 부분은 바로 헝가리의 장래에 대한 그의 관점 때문이다. 야씨 오스카르는 헝가리의 장래에 대하여 사고하며 궁극적으로 헝가리는 소수민족의 통합을 통한 연(방)합국형태로 나가야 한다고 생각했고, 소수민족의 연방이 효과적으로 이루어지기 위해서는 미래의 연(방)합국을 구성하는 각 소수민족의 민족문화를 발전시킨다는 비전이 있어야 각 소수민족들의 동의를 얻을 수 있다고 주장하였던 것이다. 이러한 과정을 거쳐 평화적이고 합리적인 방법으로 연방을 구성하게 되면, 이러한 연방이 미래의 '유럽 연합국(European United States)'으로 발전할 수 있다고 보는 것이다.

그의 이러한 사상이 잘 드러나 있는 '민족 국가의 재수립과 민족 문제'는 원래 이중의 목적을 가지고 저술되었다. 먼저 헝가리 소수민족 문제에 대해 그가 원하는 방향으로 유럽의 여론을 유도하려는 목적이 있었고, 다른 한편으로는 헝가리의 정치적 엘리트들에게 오스트리아 헝가리 제국의 미래에 대한 하나의 대안을 제공하려고 했던 것이었다. 그러나 이 책은 유럽의 여론에는 그리 큰 영향을 미치지 못한 반면에, 국내 엘리트와 소수민족을 동시에 분노하게 만들었다. 헝가리의 유명한 작가인 어디 언드레는 '민족 국가의 재수립과 민족 문제'가 대단한 작품이라고 칭찬했지만, 헝가리의 유력 정치인이자 후일 대통령이 되는 카로이 미하이(Károlyi Mihály)는 그의 인식, 특히 역사에 대한 인식이 시대에 뒤떨어진 낡은 것이라고 비판하였다. 동시에 '현재의 심각한 문제에 대한 너무나 학술적인 책'이라고는 비판도 지속적으로 받았다. 그는 기본적으로 영국식 자유주의에 충실하면서 개인의 권리를 중요시 하고, 집단 권리에 대해서는 무관심한 태도를 보였다. 따라서 그의 사상이 '통합과 포용을 통한 연방의 수립'이라는 획기적이고 진보적인 것임에는 틀림이 없었지만, 그의 사상을 뒷받침한 이론이 너무 구식이었기 때문에 헝가리 대중에게는 물론 소수민족의 지도자들에게 조차도 지지를 얻는데 실패하였던 것이다.

야씨 오스카르는 인민 대중의 '시민화', 낙후한 경제의 발전, 산업화와 개인 권리의 확산을 통하여 소수민족의 문제를 자연스럽게 해결할 것이라고 믿고 있었는데, 이러한 사상은 헝가리 내의 소수민족 지식인들에게는 그것이 곧 '헝가리화'를 의미하는 것으로 받아들여졌기 때문에 받아들여지지 않았다. 또한 소수민족의 지도자들은 '민주주의'라는 명분 아래 각 소수민족 고유의 '민족 정체성'을 '민주주의'에 종속시켰다고 비난하였던 것이다. 그의 '민족 국가의 재수립과 민족 문제'가 헝가리 대중과 소수민족 양측 모두에게 영향을 못 미친 이유는 사실 양자 상호 간의 불신에서 초래된 것이었다. 헝가리 여론은 '민주주의적 권리'가 확산하면 그것이 곧 헝가리의 '영토보존'을 위협할 것이라고 판단하였고, 헝가리의 진보 그룹은 야씨 오스카르의 소수민족 문제에 대한 해결책이 '작위적'이라고 비판했으며, 소수민족 지도자들은 헝가리 정치세력을 전혀 신뢰하지 못하고 있었다. 간전기에도 야씨 오스카르의 이 저술은 헝가리 지식인 사이에서조차 부정적인 평가를 받았다. 그 이유는 이 책의 주장이 당시 정치세력과 사회적인 상황을 무시하였고, 소수민족 문제

를 해결하기 보다는 오히려 민족 문제를 악화시켰을 것이고, '연합
국 계획'이 실현되었다면 그것은 궁극적으로 헝가리 제국의 붕괴로
이루어질 수밖에 없기 때문이라는 것이었다.

이러한 반대와 비난에도 불구하고 야씨 오스카르는 자신의 사상
을 더욱더 정치하게 발전시켜 1918년 10월에 발표한 저서 '제국의
미래-이중 제국의 붕괴와 다뉴브 연합국'에 보다 구체적으로 설명
하고 있다. '제국의 미래-이중 제국의 붕괴와 다뉴브 연합국'에서
제시된 '다뉴브연방-유럽연합국'은 이후 1920년 체결되는 트리아농
조약에 따른 오스트리아-헝가리 제국의 분리와 이에 대응하여 새
롭게 구성될 국가 혹은 연합의 청사진으로서, '베르사유 체제'에 대
한 이론적 대안으로도 볼 수 있다. 그러나 이 책은 좋은 의도로 쓰이
긴 했으나, 맹목적 이상주의의 표현이라는 혹평을 받았다. 그 자신
도 그러한 점이 있음을 솔직히 시인하고 있다. 그렇지만 그는 자신
이 주장하는 다뉴브 연합국이 이상적이고 현실감이 결여된 것이지
만, 그것을 추구해야 하는 당위적 목표가 유럽의 미래에 대한 청사
진이었음을 이 책의 서문에서 밝히고 있다.

야씨 오스카르는 이 책이 출판되기 전인 1916년까지만 해도 그는
프리드리히 나우만에 의해 주장된 '중부유럽' 기획을 지지했었다.
그는 당시 유럽의 위협이라고 간주되었던 러시아 차리즘의 확산을
막으려면, 독일을 중심으로 하는 연합 혹은 공동운명체가 필요하다
고 보고, 그것의 실현이 '중부유럽'을 통해 가능하다고 보았다. 그러
나 그는 이 책에서 이제 전쟁이 끝나고 국제적인 상황이 바뀌면서,
오히려 '다뉴브 연합국'이 실현될 수 있는 가능성이 커졌다고 주장
하면서, 이제 '유럽의 통합'이 더 이상 유토피아가 아니라고 주장한

다. 이러한 생각은 오늘날에도 과도하지만, 그 당시에는 특히 현실감을 잃은 것이라고 평가받았다.

 이 책에서 야씨 오스카르가 제시하고 있는 '연방'은 유럽의 역사적 경험으로 볼 때 매우 비현실적인 계획안이지만, 그의 사상에서 중요한 위치를 차지하고 있다. 그는 다뉴브강 연안에 존재하는 민족들에 의해 제기되는 '민족 문제'는 민주주의적 형태의 연합국가만으로 해결할 수 있다고 생각하게 되는데, 헝가리가 소수민족들에게 소수민족 자신들의 권리와 지위를 보장하고, 이들과 유기적으로 협력하면 이 지역에서 발생하게 될 향후의 충돌과 갈등을 피할 수 있다고 주장하고 있다. 뿐만 아니라 이러한 연합국은 단위 국가 하나하나가 소유할 수 없는 국제적 중요성을 또한 얻게 될 거라고 믿고 있었다. 그러나 그는 이 단계에서 아직 헝가리의 영토를 보존하려는 사고에서 벗어나지 못한다. 불행하게도 제1차 세계대전 이후 헝가리가 전전(戰前)의 영토를 상실할 것이 분명한 상황에서 헝가리의 영토를 보존한다는 생각은 너무나 현실과 동떨어진 인식이었다. 헝가리의 영토를 보존하기 위해서는 필연적으로 오스트리아-헝가리 제국 시대의 시스템이 유지되어야 하는데, 패전으로 인하여 그것은 불가능하였다. 이러한 인식이 그가 오스트리아-헝가리 제국을 구성하는 제국의 소수 민족에 대하여 민족 문제 해결에 대하여 비논리적인 대안을 제시하게 되는 이유이다. 예를 들면 제국의 민족들 중에서 5개의 민족만 국가를 세울 수 있는 힘이 있다거나, 세르비아와 크로아티아 민족을 하나의 민족처럼 다루어야 한다는 것이 대표적으로 잘못된 인식이다. 그는 이 논문에서 오스트리아 헝가리 제국의 붕괴를 이미 예측하고 있지만, 헝가리의 붕괴까지는 받아들이지 못하고 있었던 것이다. 이 논문에서 나타나는 개념상의 모순은 오스트리아 헝가리 제국의 현실에 대한 오해 혹은 잘못된 믿음에서 유래한다고 볼 수 있으며, 현실을 무시한 지극히 낙관적인 인식이라고 할 수 있는 것이다. 그러나 야씨 오스카르의 사상은 당시 절망적인 상태에 놓여 있던 헝가리 사회에서 그의 존재감을 드러내 주는 요인이 된 것도 사실이다. 제1차 세계대전에서 패한 뒤 새로 정권을 장악한 카로이 미하이 정부는 1918년 10월 31일 야씨 오스카르를 외무위원장과 민족 문제를 담당한 무임소 장관으로 임명했다. 그는 얼마동안은 헝가리 내의 소수민족들과 헝가리 민족이 화해가 가능하다고 믿고 화해를 위한 제반 정책을 수립하기 위해서 노력하였다. 그러나 이미 헝가리에 대해서 마음이 떠나 있었던 소수민족들에게는 그리 큰 의미가 없는 것이었다. 그의 정책이 실현되기 위해서는 그 대상이 되는 소수민족의 호의적인 반응이 필수적이지만, 당시의 오스트리아와 헝가리를 제외한 제국의 구성 민족들은 이미 자신의 민족국가를 건설하겠다는 희망을 갖고 그것을 위해 노력하고 있었기 때문이었다. 그들은 야씨 오스카르의 정책이 자신들을 회유하기 위한 것이라고 판단하였고, 그의 정책제안을 적극적으로 반대하였다. 이와 같은 상황을 목도한 야씨 오스카르는 자신의 연방안이 받아들여질 가능성이 희박함을 깨닫고 즉시 장관직을 사임하고 얼마 후 헝가리를 떠난다. 그는 헝가리를 떠난 이후에도 외부에서 헝가리 문제에 대한 자신의 입장을 밝힌다. 그는 많은 글을 통하여 자신의 의견을 발표하는데, 대부분 헝가리에 있던 지식인들과는 다른 의견이었다. 야씨 오스카르가 1919년 헝가리를 떠나 이주한 비엔나에서 1920년 저술한 '헝가리의 고통 − 헝가리의 부활,

두 혁명의 의미, 중요성과 교훈'란 책에서 당시 패전 헝가리에서 '실지회복주의자'들에 의해 주창되던 지배적인 패전책임론에 대해 강력하게 논박한다. 야씨 오스카르는 '실지회복주의자'들의 주장과 선전을 무모하고 위험한 것으로 보았다. '실지회복주의'는 이루어질 수도 없는 공허한 환상이며 신기루에 불과하다는 것이 야씨 오스카르의 생각이었다. 이 점이 야씨 오스카르와 당대 헝가리 지식인을 구분 짓게 하는 중요한 차이이다.

　야씨 오스카르는 이 '헝가리의 고통 – 헝가리의 부활, 두 혁명의 의미, 중요성과 교훈'에서 궁극적으로는 오스트리아 – 헝가리 제국의 붕괴, 헝가리의 몰락이 앙탕트 세력의 제국주의적 정책 때문이었다고 주장하고 있다. 더불어 호르티의 통치체제에 대해서도 강력한 비판을 제기하는데, 특히 호르티 정부의 '실지회복주의(Revizio 수정론자)' 정책에 대해 비판의 화살을 집중한다. 그는 '실지회복'은 거짓말이며, 실현 불가능하다고 보았다. 그러나 이 시기 헝가리의 극단주의자들과 민족주의자들은 전쟁에서 빼앗긴 영토는 전쟁으로 다시 수복해야 한다며, 새로운 세계전쟁을 희망하는 자세를 보이기도 하였다. 야씨 오스카르는 이와 같은 사상, 특히 헝가리를 전전의 오스트리아 – 헝가리 제국의 상황으로 돌려놓아야 한다는 주장은 앙탕트 세력뿐만 아니라 헝가리 내의 모든 소수민족들도 반대하고 있고, 피압박민족들이 '민족국가'를 수립하고자 하는 세계사적 흐름에도 역행하기 때문에 지극히 위험하다고 보았다. 따라서 야씨 오스카르는 제1차 세계대전 이전의 완벽한 국토 보존 대신에 헝가리 내 소수민족들이 거주하는 경계선을 바탕으로 영토를 재편해야 한다고 주장하였다. 또한 이러한 과정 속에서 소외되기 쉬운 헝가리 소수민족 즉, 헝가리의 국경을 넘어 슬로바키아, 루마니아, 세르비아 등지에 사는 '헝가리 소수민족'의 권리를 보호해야 한다고 주장하였다. 그는 이와 같은 일은 헝가리 혼자서 수행하거나 해결할 수 있는 일이 아니며, 범유럽적인 협력하에 이러한 일이 가능하다고 보았다. 야씨 오스카르는 제1차 세계대전이라는 미증유의 사건을 경험한 유럽의 국가들은 자신이 제시하는 이와 같은 평화적 '해결책'에 대하여 호응하고, 이러한 자신의 생각이 실현되면, 전 유럽 국가들의 민주주의적 협력이 반드시 일어날 거라고 낙관적으로 생각을 하고 있었다. 그의 사상은 이상적이기는 하지만 논리적이고 합리적인 면을 보인다. 그의 사상은 이상적이기는 하지만 논리적이고 합리적인 면을 보인다. 또한 유럽의 평화적 공존과 그를 위한 구체적인 협력의 방안이 제시되고 있다는 점에서 통합 유럽적 사고의 한 유형을 보여준다고 할 수 있다. 이러한 야씨 오스카르의 의견은 당시 헝가리에서의 지배적이었던 민족주의적, 냉소주의적, 열광주의적 의견과 다른 특이한 입장이었다고 할 수 있는 것이다. 그러나 그의 희망과는 다르게 유럽의 지도자들은 야씨 오스카르가 꿈꾸었던 경로로 나서지 않았으며, 카로이 대통령은 오히려 야씨 오스카르와의 공동협력을 파기하고 독자적인 길로 나가게 되었다. 이러한 상황에서 그는 더 이상 유럽에서 자신의 희망과 이상을 관철시킬 수 없음을 깨닫고 1925년 미국으로 이주한다.

야씨 오스카르는 미국 시카고 대학의 교수로 취임하면서 오스트리아-헝가리 제국의 역사에 대한 책을 써달라는 요청을 받는다. 그래서 저술된 책이 그의 명저인 '합스부르크 제국의 붕괴'이다. 이 책에서 야씨 오스카르는 오스트리아-헝가리 제국이 제1차 세계대전 때문에 붕괴된 것이 아니라, '오랫동안 지속된 오스트리아-헝가리 제국의 붕괴 과정의 정점'이었다고 본다. 즉 오스트리아-헝가리 제국이 무너진 이유는 단순히 제1차 세계대전에서 패배하였기 때문이 아니고, 오스트리아-헝가리 제국의 모순성에서 비롯되었다는 것이다. 즉, 제국이 성립되었던 사실 자체가 모순적이었기 때문에, 이후 연속되는 갈등은 당연하다는 것이다. 이 견해는 애당초 오스트리아-헝가리 제국이 '2중 군주국' 형태로 성립되면 안 되는 것이었는데, 헝가리와 오스트리아 양국이 가장 시대착오적인 선택을 했다는 전제에 기반하고 있다. 그가 보기에는 1867년의 '대타협'은 오스트리아와 헝가리 두 국가만을 위한 것이 아니라, 제국 내의 모든 민족들을 아우르는 '연방국' 형태로 성립하자는 의견에 대한 '대타협'이 되었어야 했다는 것이다. 이러한 그의 견해는 헝가리 보수주의자들에게는 절대로 수용될 수 없는 위험한 사상이었다. 만약 야씨 오스카르가 계속해서 헝가리에서 살았더라면 출판되기 어려웠을 책이다.

야씨 오스카르는 이 책에서 합스부르크 제국의 800년 역사를 일별하며 합스부르크 제국을 구성하는 구성 지체들을 협조하게 하는 구심력의 요소, 그리고 그들을 탈퇴하게 하는 원심력의 요소를 살펴보는데, 모든 구심력의 요소가 나중에 원심력의 요소가 되었다고 강조하고 있다. 특히 모든 원심력의 요소는 민족상의 문제와 연결되었다고 주장한다. 책의 후반부는 이러한 민족 운동들을 세부적인 내용들을 검토한다. 야씨 오스카르는 이 책을 쓰기 이전에는 소수민족들의 '민족 운동'을 합리적이고 필연적인 것으로 이해하고 있었는데, 이 책에서는 그 입장을 수정하여 민족주의 운동의 비합리성을 인정하게 된다. 그렇지만 그는 이 책에서도 이탈리아를 제외하고 다른 민족의 경우 이러한 분리주의 시도들은 '다뉴브 연방 혹은 연합국'의 형성으로 피할 수 있었을 거라고 믿고 있다. 그리고 이러한 연방 혹은 연합의 사상을 대중에게 전파하기 위하여 '시민 교육의 중요성'을 또한 강조하고 있다. 이러한 그의 사상은 현대의 '유럽연합'의 주요 정책과 거의 다름이 없다. 아쉬운 점은 그의 사상이 너무나 시대를 앞서 갔다는 점이다. 야씨 오스카르는 이 책의 마지막 장에서 트리아농 조약 후의 국제적 상황 향후 미래의 과제에 대해 설명하고 있다. 우선 그는 책의 첫 머리에서 전후 영토 조정과 관련한 전승국의 태도 즉, 소수 민족들의 권리를 무시하고, 그들의 입장을 반영하지 않은 점에서, 전승국들이 구 합스부르크 제국과 비슷한 경로를 따라가고 있다고 비판한다. 따라서 전승국들이 이러한 자세를 지속하는 한 새로운 '세계전쟁'이 불가피하다고 예측하고 있다. 불행하게도 그의 예측은 정확히 들어맞고 말았지만, 당시 그의 주장에 주목하는 이는 아무도 없었다.

　야씨 오스카르는 새로운 '전쟁'을 막기 위해 다음과 같은 대책이 필요하다고 본다. 먼저 국경을 민족의 경계선으로 수정하는 것, 소수민족의 권리 보호, 자치정부의 형성, 국제 경제와 문화관계의 향상, 그리고 시민교육이 그것이다. 이러한 그의 주장은 현대에 와서 국경문제를 제외하고는 대부분 현실화되었다. 그의 중부유럽에 대한 사고는 이후 다소 변화하는 경향을 보인다. 이미 이때에는 체코슬로바키아를 중심으로 하는 '다뉴브경제권'에 대한 사상도 제시되고 있었는데, 이는 다분히 독일의 영향력을 염두에 둔 것이었다. 제1차 세계대전 이후 탄생한 7개의 신생독립국가들은 체코슬로바키아를 제외하고, 경제를 회복시키기 위하여 모두 외국의 차관에 의존해야만 하는 상황이었다. 특히 1929년에 시작된 대공황은 신생 독립국가들의 상황을 더욱 악화시켰다. 이러한 상황에서 다뉴브 지역을 경제적으로 통합하여 활로를 모색해 보려는 움직임은 당연한 것이었다. 체코슬로바키아의 베네시 외무장관은 현실주의에 입각하여 오스트리아, 체코슬로바키아, 헝가리를 연결하는 관세 동맹에 기반을 둔 '다뉴브 경제권'을 상정하였는데, 유고슬라비아와 루마니아는 제외되었다.

야씨 오스카르는 1934년 중부유럽을 여행하며 이러한 상황을 목도하며, 향후 이 지역의 문제가 독일의 결정 여하에 달려있지만, 결국 독일도 이 지역의 민족 문제를 해결할 수 없을 것이라고 보았다. 그는 새롭게 무서운 기세로 부상하는 독일의 영향력을 확인하고, 그 와중에서 헝가리를 포함한 작은 국가들이 할 수 있는 일이 많지 않다는 점을 이해하였다. 그는 미국으로 돌아와 중부유럽에서의 자신의 경험을 '다뉴브에서의 전쟁 균'이란 제목의 연재 기사로 썼다. 이 책에서 그는 오스트리아-헝가리 제국의 해체 이후 새로 성립된 신생국가들 중 체코슬로바키아는 다른 국가들에 비해 훨씬 발전되어 있으나, 민족 문제를 해결할 수 없었다는 것이 문제적이라고 지적하고 있다. 뿐만 아니라 루마니아와 유고슬라비아에 대해서도 매우 부정적인 의견을 피력하였는데, 특히 유고슬라비아와 루마니아의 새 지도자들이 세계정세에 대해 '지적인 한계'를 드러내고 있다고 보았다. 또한 헝가리 정부에 대해서도 비판적인 입장을 드러내는데, 헝가리 정부가 주변 국가들과 협상을 하거나 협력을 할 준비가 되어 있지 않고, 의사결정 과정이나 여론의 수렴 등에서 민주적이지 못하다고 비판하고 있다. 그는 이 책에서 헝가리의 경제적, 사회적인 문제들은 단지 국경을 수정하여 옛 영토를 회복하는 것만으로는 해결할 수 없다고 분명히 주장하고 있으며, 이 문제들이 해결되지 않으면 소비에트 세력이 그 문제를 해결할 거라고 예견하였다.

야씨 오스카르는 2년 후인 1936년 '평화로운 수정주의'라는 글에서 헝가리 정부의 정책을 한층 더 날카롭게 비판하였다. 즉, 그는 '평화로운 수정주의'의 모토가 매우 위험하며, 대중들을 호도하고 있다고 비판하였다. 이에 대한 대안으로 '민족들의 연합적인 자치권'이 필요하다고 그는 다시 한번 강조하였다. 그가 보기에 호르티 체제는 자신의 권력을 공고히 하는 관점에서만 민족 문제와 국제문제에 대응하고 있으며, 이러한 정치적 목적하에 '평화로운 수정주의'를 선전하고 있다고 것이다. 이러한 비현실적이고 자기도취적인 '평화로운 수정주의'는 신기루에 불과하고, 헝가리 혹은 실지회복주의자들이 원하는 '국토의 수정'은 새로운 '세계전쟁'을 거쳐서만 가능하다고 경고하고 있다. 현재 유럽 혹은 중부유럽에서 나타나는 문제들은 단순히 국경의 수정으로만 해결될 수 없고, 다뉴브 민족들의 경제, 사회구조의 기본적인 변화가 이루어져야 그것을 해결할 수 있다고 그는 예지적으로 예견하고 있는 것이다.

3. 제2차 세계대전 전후 시기의 '다뉴브 연방안'

다뉴브 연안 국가들의 연합(방)국의 사상은 야씨 오스카르의 이후의 논문에서도 연속적으로 나타났다. 예를 들어 그는 1939년 한 강의에서 중유럽의 현재 문제들은 '불운하며 인위적인' 평화조약에서 유래되었으며, 이 지역의 지도자들은 이 너그럽지 못한 구조를 유지하려고 한다. 나치 독일이 주창한 독일과 다뉴브 연안 국가들의 '대경제권(Grossraumwirtschaft)' 개념도 또한 협력을 기본으로 하기보다는 강압을 기본으로 하고 있다고 비판하고 있다. 1941년에 들어서 야씨 오스카르는 다뉴브강 연안 국가들의 미래에 대한 훨씬 세련된 의견을 표명한다. 먼저 '다뉴비아'(다뉴브 연합국)의 의미를 보다 확장하여 발칸반도의 국가들도 '다뉴비아'의 영역에 포함시키고, 보다 민주적이며 자유로운 '민주주의 연합국'이 필요하다고 주장하였다. 왜냐하면 현재의 세계정세로는 제2차 세계대전에서 전체주의적 국가들이 승리하면 독일과 러시아가 '다뉴비아'를 분할 점령할 것이고, 연합국 세력이 승리하면 전쟁 전의 국경을 회복시키거나, 합스부르크 지배 하의 연합국을 만들려고 할 것이기 때문이라는 것이다. 야씨 오스카르는 어느 경우든 권위주의적 구조의 국가가 성립될 것이기 때문에 이러한 권위주의적 구조 대신 '민주주의적 연합국'이 필요하며, 이 '민주주의 유럽 연합국'의 형성은 미국의 도움, 그리고 민주주의적으로 변모한 독일의 협력이 필요하다고 제안하였다.

이러한 야씨 오스카르의 의견은 역시 헝가리 대중의 의견과 정반대였다. 그는 제2차 세계대전 기간 중에도 여러 편의 언론 기고를 통해 자신의 의견을 밝혔으나, 시종일관 동일한 입장을 유지하였고, '다뉴브 연합국'에 대한 새로운 의견을 제시하지는 않았다. 그는 자신의 주장을 관철시키기 위하여 미국에서 사는 헝가리 교포들의 지지를 받기 위해 노력했으며, 다른 나라에서 온 이민자들과 협조하기도 하였다.

야씨 오스카르의 사상적 배경은 자유주의적이지만, 기본적으로 헝가리의 민족이 유럽에서 생존해야 한다는 당위성 하에 그의 사고를 발전시켰다. 야씨 오스카르는 '다뉴브 연안' 지역이 장차 유럽의 화약고가 되거나, 또는 유럽의 평화를 견인하는 전초기지가 되거나 둘 중 하나의 역할을 하게 될 것이라고 보았다. 따라서 '평화로운 통합이 아니면 제3차 세계대전'이 유럽의 미래라고 보았으며, '유럽 통합'이 이루어진다면 실지회복주의 운동은 그 중요성을 상실하고 소멸할 것이라고 주장하였다. 야씨 오스카르는 이와 같은 평화로운 통합이 이루어진다면 소비에트 세력도 이에 반대할 이유가 없다고 보았다.

야씨 오스카르는 시종일관 선의에 입각한 '다뉴브 연방'을 통한 통합 유럽의 탄생에 대한 희망을 버리지 않았다. 다만 소련에 대한 그의 생각은 1947년 중유럽 지역을 여행하고는 상당히 바뀌게 되었다. 특히 체코슬로바키아에서의 헝가리 소수민족 추방과 점점 강해지는 공산주의자들의 전체주의적 통치는 그의 희망을 앗아가는 결정적인 계기가 되었다. 물론 그는 비록 소련의 영향력이 강하기는 하지만 동유럽 공산주의 국가들 내에서도 헝가리는 어느 정도의 정치적, 문화적 독립성을 확보할 수 있을 거라고 믿고 있었다. 왜냐하면 그는 장기적으로 중부유럽에서는 '소비에트화'가 실패할 것이라고 보았으며, 궁극적으로는 이 지역에 미국식의 민주주의가 도입될 수 있을 것이라는 희망을 가지고 있었기 때문이다. 그러나 이러한 희망은 냉전이 격화되기 시작하며 허망한 것으로 판명이 났고,

야씨 오스카르도 더 이상 '다뉴브 연방', 통합 유럽이라는 언급을 하지 않았다. 야씨 오스카르는 1953년 한 신문에 기고하여 '다뉴브 연합국'은 실패 했으며, 그 생각이 이상적이었음을 토로하였다. 그는 이 기고문에서 '다뉴브 연합국'이 가능했던 시기는 역설적으로 제1차 세계대전이 끝나고 이 지역이 혼란스러웠던 1918~1919년이 적기였다고 언급하고 있다. 그리고 마지막으로 다시 한번 미국의 적극적인 관여를 주장하고 있었지만, 냉전의 격화와 더불어 그의 주장은 공허한 것이 되고 말았다.

4. 결론

야씨 오스카르의 '다뉴브 연방' 사상은 시기적으로 많이 변화되었지만, 원칙에서는 일관성을 보여주고 있다. 그는 오스트리아 헝가리 제국이 붕괴하는 현실을 목도하며, 전후 헝가리의 운명이 어떻게 될 것인가에 대해 고민하였고, 다뉴브강 연안의 국가들이 평화롭게 연방을 구성하여 공존하는 것 이외에는 이 지역의 안정과 평화를 유지할 수 있는 방법이 없다고 보았다. 그의 '다뉴브 연방'에 대한 사고는 이상주의에 가까웠지만, 헝가리를 포함한 중부유럽이 다가올 전쟁의 촉매제가 되지 않기 위해서는 모두를 친구로 만듦으로써 적을 없애는 전략이 필요하다고 본 것이고, 그것의 구체적인 현 실태가 '다뉴브 연방'이라고 생각했던 것이다. 그의 이러한 사상은 당시에는 이상주의적이고, 비현실적인 것이었지만 통합 유럽의 사상과 맞닿아 있음은 특기할 만한 일이다. 물론 야씨 오스카르는 오스트리아 헝가리 제국의 해체에서 비롯된 다뉴브 연안 국가들의 위기를 잘못 이해한 측면도 있었다. 그는 오스트리아 헝가리 제국 내의 소수민족 분리 독립주의의 강도를 이해하지 못하였고, 오스트리아 헝가리 제국의 붕괴와 직접적으로 관련 있는 오스트리아 헝가리 제국의 후속국의 책임에 대해 깊이 인식하지 못하고 있었다. 또한 전후 정권을 장악한 카로이 정부의 실정에 대해서는 침묵하고 오히려 이중 제국 시대의 소수민족 정책이 미비했던 데에서 제국의 해체 원인을 찾고 있었다. 이러한 그의 관점은 타당한 면이 있기는 하지만 보편적인 의견은 아니었다. 이러한 이유 때문에 야씨 오스카르가 현실적이지 못하고 이상적이었으며 사상이 자주 바뀌었다는 평가를 받는 것은 당연하다. 그의 장기적 목표는 초국가적인 통합이라는 원대한 것이었지만, 단기적인 목표는 시기와 상황에 따라 너무 자주 변하였던 것이다. 또한 그는 사고와 행동에서 모순적인 면면을 보여주기도 하였다. 헝가리가 전쟁에서 패하기 전인 1918년 이전에는 헝가리의 민주화, 그리고 소수민족과 대중들의 사회적 요구를 만족시키려고 했지만 소수민족 자치권에는 동의하지 않았다. 그는 1918년 장관으로 취임하고, 자신의 정책이 실패하는 것을 경험하고 나서야 소수민족의 자치권에 대한 생각을 받아들이게 되었다. 1920년대 초반부터 민족 국경의 수정보다는 중유럽 국가들의 민주화를 더 중요한 주제로 삼기 시작했으며 민주화를 통해서 소수민족 권리 향상을 희망하고 있었다. 뿐만 아니라 오스트리아 헝가리 제국의 해체 이후에는 '연방'의 경계에 대해서도 훨씬 느슨하게 정의하였다. 그러나 가장 큰 오판은 자신의 '다뉴브 연방'의 필요성과 중요성을 강대국들이 이해할 것이라고 믿고 있었다는 점이다.

또한 다뉴브강 연안 지역의 가장 큰 비극으로 오스트리아 헝가리 제국의 붕괴를 상정하지 않고, 이 지역에서 민주주의가 성장, 발전하지 못한 점을 들었다는 점은 상황을 잘못 이해한 것이라고 밖에 볼 수 없다. 야씨 오스카르의 사상은 대부분 그 시대에는 받아들여지지 못한 것으로서 선구적이었다는 평가를 내릴 수밖에 없다. 그러나 비록 그가 생존했던 당대에는 실패했지만 야씨 오스카르가 생각했던 '다뉴브 연방안'은 후일 유럽연합을 구상하는데 하나의 아이디어로 수용되기도 했고, 현재에는 '비세그라드 4'라는 중부유럽 경제공동체로 현실화되었으니, 그리 실패했다고만 볼 일도 아니다.

시대를 앞서간 야씨 오스카르의 사상은 당대에는 큰 평가를 받지 못했지만, 현존하는 체제로 존재하고 있으며, 향후 유럽의 미래를 논의하는 데에도 끊임없이 인용될 가치가 있는 의미 있는 사상이라고 할 수 있는 것이다.

헝가리 파시즘의 전개와 청산
1919~1945

1. 서론

한 국가나 한 시대가 역사적 변화를 경험하고 있는 전환기에는 과거청산의 문제가 주요 의제로 부상한다. 특히 급진적인 사회체제의 전환이나 영토의 변경이 수반되는 혁명적인 상황에서는 이전 체제에 대한 비판과 부정, 그리고 그의 극복을 통해 새로운 집권세력이 정당성을 확보하려 한다는 점을 역사는 잘 보여주고 있다. 이러한 관점에서 과거청산의 문제가 중요한 이슈가 되는 시대나 국가는 역사적 전환기에 있다고 해도 틀린 말은 아닐 것이다.

이 글에서는 드물게도 이러한 전환기를 여러 차례 경험한 헝가리의 사례를 검토해 보면서, 헝가리의 역사적 전환기에서 과거청산의 양상이 어떻게 나타나고 있는지를 살펴보고자 한다. 물론 이 글에서는 헝가리의 역사적 전환기에 나타났던 모든 과거청산의 작업을 논의하지는 않는다. 헝가리에서 과거청산의 개념을 확장하여 사용하면, 헝가리가 오스트리아로부터 독립을 쟁취하고자 전쟁을 벌였던 1848년부터 1849년까지의 기간도 연구대상에 포함시켜야 하는

데, 이는 자칫 당대 이전의 과거 역사를 모두 '어두운 과거사' 혹은 청산해야 할 과거사로 일반화하는 오류를 범할 수 있기 때문이다. 따라서 이 글에서는 제1차 세계대전 이후의 공산주의자들에 의한 부르주아 과거청산과 이후 바로 이어진 우익에 의한 공산주의 과거청산, 제2차 세계대전 이후 다시 정권을 장악한 공산주의자들에 의한 파시스트 과거청산을 다룬다.

2. 전사(前史) : 공산당의 적색테러, 극우파의 백색테러

헝가리의 전환기는 세계대전과 함께 왔다. 제1차 세계대전의 종료와 더불어 오스트리아-헝가리 제국이 해체되었고, 그 여파로 인하여 헝가리에서는 소비에트 정권이 성립되었다. 소비에트 정권은 급진적인 개혁정책으로 귀족 및 부르주아 계급의 재산을 몰수하고, 토지를 국유화하는 등의 정책을 취하였다.

1919년 3월 25일과 30일 사이에 공산당 혁명정부는 헝가리 사회의 근본적인 혁신을 가져올 일련의 법령을 발표했다. 의회는 은행과 보험회사, 광산과 운동 체계의 국유화를 선언했다. 또한 공장을 "노동자 의회"에 넘겼다. 그들은 모든 사립, 종교학교를 공립화 시켰으며(이 당시 로마 가톨릭교회가 헝가리의 초·중등학교의 60% 이상을 소유하고 있었다), 기존의 법정 체계를 폐지하고 "인민 재판소"로 대체했다. 의회는 또한 군부를 전 헝가리 공산당 붉은 군대라는 이름 아래 재조직하고, 헝가리 붉은 경비대를 조직하여 국내 질서를 유지하기 위한 임무를 맡을 공산당 통제하의 군 체계를 신설하였다. 여기에 더하여 공산당이 장악한 의회는 1919년 4월 3일 헝가리 역사상 가장 급진적인 조치 중의 하나인 토지소유제도의 사유화를 포기하는 정책을 채택하게 된다. 공산당은 개인이 가진 모든 토지의 사적 소유를 폐지하고, 협동농장 형태의 대규모 토지 개혁 프로그램을 단행했다. 모든 중, 대규모의 토지와 자산들이 국가에 의해 소유자들에 대한 보상 없이 몰수되었다. 그러나 이 토지 개혁 프로그램에는 특이점이 있었는데, 농부들은 사적 소유 토지를 받을 수 없는 대신 공동 소유의 집단 농장으로 토지 소유권을 변형하는 것이었다. 그러나 의외로 이 법령에 대해 별반 큰 저항은 없었다. 기득권층과 우파정치인들 모두 수도인 부다페스트를 탈출했거나, 붉은 경비대에 의해 침묵을 강요당하고 있었기 때문이었다. 교회와 대 토지 소유주들도 불평이 있었지만, 그들은 자신들의 토지 몰수를 저지할 어떠한 정치적 권력도 없었고, 소작농들은 여전히 자신들이 토지를 분배받을 수 없는 것에 대해 분개했지만, 군사적 물리력 앞에 꼼짝할 수 없었다. 반면에 수만은 공장 노동자들은 이러한 변화에 환호했다. 이러한 헝가리의 급격한 정치제도의 변화에 대하여 헝가리와 국경을 마주하고 있던 국가들과 그 외의 연합국들은 경악하지 않을 수 없었다. 헝가리 사회주의-공산주의 정권 연합이 권력을 잡았을 당시 미국과 영국, 프랑스, 그리고 다른 국가들은 소련의 공산당 정권을 군사력으로 진압하려는 시도를 진행하고 있었다. 그런데 지금 갑자기 마르크스 레닌 국가가 유럽 한복판에 성립하게 된 것이다. 미국과 영국을 비롯한 연합국 대부분은 헝가리가 오스트리아나 독일로 공산 세력을 확장하지는 않을까 우려했고, 헝가리의 공산정부를 승인하기를 주저하였다. 이때 소련만이 유일하게 외교적으로 헝가리의 새 공산당 정부를 인정함으로써, 헝가리의 공산당의 든든한 배경이 되었다. 이러한 상황에서 루마니아는 프랑스의 묵인하에 4월 중순 트란실바니아 지역 영토를 확보하고자 헝가리 남부를 침입해 들어왔다. 헝가리가 프랑스의 침략을 저지하는 데 실패하자, 루마니아는 전력을 다해 헝가리 동부 티서강 유역까지 군사력을 집중해 진군해 나갔다. 5월 중에 공산당은 붉은 군대를 슬로바키아와 루테니아 지역에 배치하여 헝가리와 소련 간 연결 통로를 확보하였다. 의회는 소련이 헝가리를 도와 루마니아를 격파시킬 수 있는 군대를 보내 줄 것으로 기대하였지만, 레닌 정권은 그런 원조를 제공할 수 없을 정도로 연합국의 공세로부터 자신들의 영토를 지키는 데 온 전력을 다하고 있는 형편이었다.

　헝가리 붉은 군대는 체코군으로 새롭게 결성된 군 병력과 슬로바키아에서 진전 없는 전투를 할 수밖에 없었다. 1919년 6월 3일, 반공산주의 인사들은 공산당이 루마니아가 침입하기 전 포기했던 헝가리 동남부 지역에 위치한 도시 세게드(Szeged)에서 반정부 연합을 형성하였다. 전 헝가리 대통령이었던 카로이 미하이가 반정부군의 지휘를 맡았다. 정치적 온건파인 텔레키 팔이 외무부 장관이었다. 페렌츠 요제프 황제 시절 해군장성이었던 호르티 미클로시(Horthy Miklós, 1868~1957)제독이 우파 운동가 굠뵈쉬 줄러(Gömbös Gyula)에 의해 징집된 '국민부대'를 이끌게 되었다. 6월을 지나면서 공산당은 국내외적으로 불리한 상황에 놓이게 되었다. 붉은 군대는 슬로바이카에서 체코 군에게 패하고, 동부 헝가리지역에서도 루마니아군과 싸워 승리하지 못하고 있어 군대의 신뢰성이 크게 훼손되었다. 연료와 식량 부족은 군대를 지치게 만들었고, 소작농들이 집단 농장

제도에 반대했기 때문에 지방에서 공산주의는 인기를 잃었다. 점차 대중의 무질서가 심화되고 정부에 반대하는 움직임이 공공연해지자 공산당이 장악한 의회는 대중을 제압하기 위해 경찰과 더불어 '붉은 경비대'를 투입했다. 붉은 경비대는 재판이나 정당한 사법적 절차 없이 독단적으로 국민들을 수감시키고 고문을 자행하였다. 붉은 경비대의 이러한 무자비한 활동은 '적색 테러'라는 명칭으로 불리게 되었다.

6월 말 무렵, 루마니아군은 헝가리 국경을 돌파하고 티서지역을 건너 부다페스트에 이르렀다. 연합국은 루마니아가 헝가리의 전 지역을 점거하게 되는 것을 우려하여 공산당이 정권을 포기한다는 조건하에 중재에 나설 것을 제안했다. 초기에 공산당이 장악한 의회는 이 제안을 거부했지만, 전적으로 공산정권에 의해 의회가 운영되는 것에 대해 불만을 품고 있던 사회민주당이 공산당과의 연정을 포기하자, 의회도 이러한 조건을 수락할 수밖에 없었다. 결국 공산당이 주류였던 의회는 1919년 8월 1일 해산되었고, 의회의 공산당 지도부들은 망명길에 올랐다. 따라서 이때부터 헝가리에 소비에트 공화국은 존재하지 않게 되었고, 루마니아 군대는 1919년 8월 3일 아무저항 없이 부다페스트에 진군하여, 1919년 10월 부다페스트를 점령했다.

헝가리는 공산당 정권 붕괴 이후 1년이 넘는 기간 동안 정치적 혼란과 무질서를 경험해야만 했다. 이 시기는 '백색테러'의 시기라 불린다. '백색'란 용어는 반공산주의자들을 의미하는 용어로서 공산당 통치 기간에 피해를 입은 사람들이 주축이었다. 공산당이 정권을 잃은 후 약 1년 동안 5000명 이상이 목숨을 잃었으며, 수천 명이

재판 없이 수감되었다. 공산당이거나, 급진 사회주의자라고 알려졌거나, 의심받았던 사람들은 당시 일반 대중이 공산당이라고 여겼던 유대인들과 함께 공권력에 체포되고 수감되거나 우파경비대에 의해 살해되었다. 이러한 상황을 종합해 볼 때, '적색테러'와 '백색테러' 두 종류의 테러는 이데올로기적 정향에 의해 성립된 국가가 필연적으로 직면하게 '처리'과 '청산'의 과정을 보여주고 있다고 할 수 있다. 헝가리 사회를 양분하였던 이러한 행태는 이십 년 후 제2차 세계대전 기간의 파시즘의 형태로 표면화되었고, 제2차 세계대전 이후에는 공산주의 비밀경찰이란 모습으로 나타나기도 한 것이었을 것이다.

3. 파시즘의 전개와 양상

1차 세계대전 이후 1920년대의 10년 동안 베틀렌 이쉬트반의 영도하에 지속적인 회복세를 보이던 헝가리 경제에 찬물을 끼얹는 세계대공황이 1931년에 헝가리에 밀어닥쳤다. 물론 이 공황은 1929년 10월 미국의 주식시장의 붕괴로 인해 유발된 세계적인 경제 침체에서 비롯된 것이었다. 세계대공황의 특징은 대량 실업과 은행과 회사들의 폐업, 농산물 가격의 하락 등이었다. 이 세계공황이 많은 헝가리인들을 더 나은 시대의 도래를 약속하는 극우파 운동으로 몰아가는 원인이 되었다.

세계공황은 헝가리 전체에 큰 영향을 미쳤다. 하룻밤 사이에 헝가리 국내의 15%의 공장이 문을 닫았고, 30%의 노동자들이 일자리

를 잃었다. 공직과 자영업에 종사하던 자들도 엄청난 임금 삭감을
감수하여야 했다. 농업도 가격 하락과 과잉 수요 감소로 인한 잉여
물로 휘청일 수밖에 없었다. 은행의 채무를 갚지 못한 6만 명 이상
의 농부들은 토지 소유권을 포기해야만 했다. 거의 50만 명에 달하
는 농업 노동자들이 일자리를 찾을 수 없었고, 헝가리의 최대 은행
인 헝가리 일반 신용 은행도 겨우 파산을 면할 수 있을 뿐이었다.
여기에 더하여 헝가리는 막대한 외채로 고통받고 있었다. 지금까지
헝가리의 경제에 윤활유 역할을 하던 외채가 이제는 국가 경제의
목을 조르는 상황을 연출하게 된 것이다. 결국 헝가리 전역에 걸쳐
동요가 일어났다. 실직 또는 실업상태에 있던 농업 종사자들이 폭
동을 일으켰고 경찰력은 이에 가혹한 진압으로 대응했다. 그리고
십여 년간 지속되던 경찰력의 안정성은 붕괴되고 말았다. 이러한
상황에서 집권당의 핵심 구성원을 이루고 있던 부유한 지주들과
중산 농민당이 그들만의 정치적 조직인 '독립 소지주당'을 창당하고
집권 '연합당'을 뛰쳐나왔는데, 이러한 정치적 움직임은 틸디 졸탄
(Tildy Zoltán)에 의해 주도 되었다. '연합당'은 가까스로 1931년 6월
선거에서 의회 석권에 성공하지만, 수상인 베틀렌 이슈트반(Bethlen
István)은 두 달 후 수상 직을 그만 두고 카로이 줄러(Károlyi Gyula)가
수상 직을 승계하였다.

  카로이(Károlyi) 정부는 공황의 여파를 잠재울 수 없었고, 당 내에
서 연합 당간 분열을 중개할 능력도 되지 않았다. 그 결과 호르티는
1932년 9월 카로이를 굄뵈쉬(Gömbös Gyula)로 교체하였다. 굄뵈쉬
는 헝가리의 유명한 우파 정치가로서 명성을 날리고 있었다. 굄뵈
쉬는 공공연하게 1922년 이탈리아의 정권을 잡게 된 파시스트 정치

인인 베니토 무솔리니와 1933년 독일의 정권을 잡게 된 아돌프 히틀러에 대한 존경심을 공공연히 밝혔던 인물이었다. 당연하게도 굄뵈쉬는 형가리가 두 파시스트 제국과 연합하기를 원했고, 이를 위한 실질적인 실행 계획을 준비하고 있었다. 그는 3년간의 수상 재임 기간 동안 형가리가 이탈리아와 독일과 긴밀한 관계를 유지하는데 성공했다. 그는 독일에게 형가리 상품에 대해 시장을 개방하도록 설득했고, 독일정부로부터 차관을 얻는데 성공했다. 하지만 굄뵈쉬의 이러한 외교적 노력의 진의에는 이탈리아와 독일의 파시스트 영향력을 이용해 형가리의 잃어버린 국토를 회복하려는 의도가 숨겨 있었다.

형가리에서의 파시즘의 출현의 전조는 1920년대로 거슬러 올라간다. 제1차 세계대전에서 패배한 후 트리아농 조약에 의해 국토가 조각난 형가리는 실지회복주의에 의한 우경화 경향이 강했고, 베틀렌 이쉬트반의 통합정치가 끝나는 1929년에는 이미 파시즘적 양상을 보이는 극우파적 정서가 형가리 사회를 지배하고 있었다. 실지회복주의의 기조가 강화되면서 형가리는 유럽 독재자들의 정부에 자국의 영토를 수정하고자 하는 요구에 대한 지지를 요청하게 되었다. 이에 대하여 이탈리아의 무솔리니는 형가리의 입장을 지지하였고, 히틀러 또한 형가리의 입장에 우호적인 입장을 밝혔다. 이러한 상황이 형가리가 독일편에 서게 되는 결정적인 이유가 되었으며, 추후 전쟁의 결과에 다른 책임도 이에 상응하게 감내해야만 하였다. 이러한 상황에서 독일과 이탈리아라는 파시스트국가에 의해 발발한 제2차 세계대전은 형가리의 소망을 실현할 수 있는 기회로 받아들여졌다. 주지하다시피 제2차 세계대전은 제1차 세계대전이 해결하지 못한 채 남겨둔 분쟁이 20년 동안의 불안한 잠복기를 거쳐 다시 폭발한 제1차 세계대전의 연장이었다. 제2차 세계대전은 1929 년의 경제공황을 타개하기 위한, 기본적으로 자본주의적 모순대립의 격화에서 야기된 제국주의 전쟁으로서, 주축국인 독일, 이탈리아, 일본은 자본주의 발전에서 뒤져있던 국가들로서 국제적·국내적 제 조건이 다른 선진자본주의 제국과의 경쟁에서 불리한 입장에 있던 나라였었다. 이들 제국은 1929년의 세계공황을 군수산업의 확장, 독재정권에 의한 국내민주세력의 억압, 세계약소국가의 침략의 명분으로 사용하여 그들의 국력을 신장시킨 나라들이었는데, 이러한 배경에서 본다면 독일, 이탈리아, 일본에서의 파시즘의 출현은 다분히 예측 가능한 현상이었다.

파시즘은 보수적 민족주의 이데올로기와 사회적 급진주의 사이에서 조화를 모색했으며, 그렇게 함으로써 주로 나쁜 의미에서이지만 철저한 혁명운동이 되었다. 파시즘은 합리주의, 자유주의, 민주주의, 법치주의, 기본적 인권 및 국제협력과 평화에 관한 모든 노력을 거부했으며, 그 대신 본능과 국가에 대한 개인의 종속, 위로부터 임명된 지도자들에 대한 맹목적이고 흔들리지 않는 복종들을 강조했다. 또한 개인이나 종족은 원래가 불평등하며, 따라서 강한 자가 약한 자를 지배하는 것은 당연한 일이라고 주장했다. 파시즘은 엄격하고 잔인한 정책들을 추진하여 경쟁상대가 되는 정치적·종교적·사회적 조직들을 억압하거나 제거하려 했지만, 다른 한편으로는 사회의 부적격자와 낙오자들을 운동에 끌어들임으로써 부분적으로 계급적 차이를 없애기도 했다. 그러나 파시즘적 사회운영의 기조는 정상적인 사법절차를 무시하고, 법을 뛰어넘는 권한을 휘두르며 잔

학 행위를 저지르는 무단독재였다. 헝가리에서 파시즘의 출현은 이
러한 배경과 역사를 가진 독일과 유사한 방식으로 진행되었다. 파
시즘의 청산은 공산주의정권이 들어서면서 소련과 유사한 방식으
로 진행되었는데, 이는 대부분의 동유럽 국가들과 마찬가지로 소련
의 지도와 영향을 받으며 진행되었다.

　나치 독일은 제2차 세계대전을 효율적으로 수행하기 위한 협력자
로서 헝가리가 필요한 존재였으며, 헝가리는 실지회복을 위한 후원
자로서의 독일이 절대적으로 필요했던 것이다. 나치의 후원을 받으
며 독일식 파시즘을 추구했던 헝가리 파시스트당은 최초로 1920년
대부터 등장하기 시작하였으나, 본격적으로는 1931년에 뵈쇠르메니
(Böszörmény) 의해 창립되었다. 최초 이들의 요구는 국수주의적 관
점에서 헝가리의 재건이었다. 이들은 추후 살러시 페렌츠(Szálasi
Ferenc)의 화살십자당(Nyilaskeresztes, 그들은 스스로를 헝가리주의자라
고 부르기도 했다)에 흡수되었다.

　전간기에는 대중들의 지지를 받지 못하던 화살십자당은 제2차
세계대전 기간 중 헝가리 인민대중의 상당한 지지를 받게 되어, 화
살십자당의 활동이 정점에 달했던 1939/4년 당원의 수는 전국적으
로 대략 25만 명 내지 30만 명에 달했고, 1939년 5월의 의회선거에
는 295석의 의석 중 49개의 의석을 차지했다. 이는 많은 제한이 있
었던 당시 헝가리의 다수대표제 선거제도를 고려한다면 정치적 지
각변동이었다. 그러나 제2차 세계대전기간 중에는 화살십자당은 권
력의 중심에서는 배제되어 있었다. 헝가리의 정치적 결정권자는 헝
가리를 독일의 전시경제로 완전히 편입시키고 게슈타포와 SS, 헝가
리 관청의 힘을 빌려 내부의 적과 전쟁을 시작한 독일 점령군이었

다. 독일점령군은 1944년 6월까지 부다페스트를 제외한 전 헝가리
로부터 모두 43만 7천 명의 유대인들을 아우슈비츠로 압송시켰다.

화살십자당 당수인 살러시는 호르티가 모스크바에서 극비리에
종전협상을 진행했다는 사실이 알려진 10월 이후 SS의 도움을 받아
쿠테타로 권력을 장악했다. 살러시는 '민족의 지도자'로서 독일편에
서서 전쟁을 계속했고, 구여당의 우파를 포함하는 모든 우익정당의
정치가들로 짜여진 연립내각을 구성했다. 소련 붉은 군대가 동남쪽
으로부터 헝가리를 점령하고 있던 1944년 성탄 직전 화살십자당원
들은 헝가리에 국가사회주의식 지배체제를 건설하고자 했으며, 이
는 부다페스트에 거주했던 유대인들에게는 게토화, 화살십자당원
들에 의한 테러, 강제 노동을 위한 독일로의 압송을 의미했다. 이러
한 과정에서 악명 높은 '죽음의 행진'이 진행되었고, 이 과정에서
5만 명의 유태인이 희생되었다. 모든 정적들은 탄압받았고, 정치적
으로 중요한 행정부 내의 모든 요직들은 다시금 화살십자당원으로
교체되었다. 그러나 1945년 3월 헝가리 내 독일 방어선이 완전히
붕괴되면서 당과 정부의 수뇌부뿐만 아니라 다른 우익 보수정치가
들 또한 독일로 도피했다.

살러시는 헝가리의 국가주의와 독일의 민주국가사회주의 노선
을 결합하여 "헝가리아니즘"을 창시해낸 인물이다. 살러시는 1937
년 국민주의당을 설립하였지만, 이 단체는 설립 후 바로 헝가리 정
부에 의해 활동을 금지당했다. 살러시는 선동죄 및 기타의 죄목으
로 재판을 받고, 감옥에 수감되었다. 1939년까지 그가 수감되어 있
는 동안 그의 동역자들은 화살십자당을 조직해 헝가리아 민족주의
운동을 이끌었는데, 이 조직은 1930년대 후반 헝가리의 주요 극우

파시스트 단체 중의 하나가 되었다. 다른 하나의 파시스트 조직이 '국민사회헝가리민족당'이었다. 살러시는 제2차 세계대전 후 오스트리아로 피신하였으나, 미군에 의해 체포되어 1946년 헝가리에 송환되었고, 인민법원의 재판을 거쳐 교수형에 처해졌다.

　최종적으로 파시스트들이 수행했던 제2차 세계대전은 결국 헝가리와 독일의 패배로 끝나게 되었다. 제2차 세계대전의 패배로 말미암아 헝가리는 패전국이 되어 전후 파리평화회담에서 제2차 세계대전 시기에 헝가리와 루마니아, 또는 헝가리와 주변 국가들 간에 맺어졌던 모든 조약이 불평등 조약으로 무효화되었다. 따라서 독일의 도움으로 트란실바니아 일부 지역의 회복을 규정했던 제2차 빈 결정(협약)은 자동적으로 폐기되고, 제2차 빈 협약에 의해 헝가리가 차지했던 모든 지역들은 다시 루마니아에 할양되었다. 독일과 함께 주축국으로 전쟁에 참여했던 모든 국가들의 운명이었지만, 특히 피해를 본 것은 헝가리였다. 소협상(Kis entent) 협정시기부터 루마니아에 우호적이었던 프랑스가 앞장서서 루마니아의 입장을 지지했던 점도 간과해서는 안될 사항이다. 파리강화회담의 결과로 헝가리는 역사상 가장 작은 영역의 영토만을 소유한 유럽의 소국으로 전락하고 말았다. 헝가리가 독일편에서 제2차 세계대전에 참전한 것은 그나마 헝가리의 실지회복 요구를 가장 잘 수용해 줄 수 있는 강대국이 독일이었기 때문이다. 헝가리 자체의 제국주의적 목적을 위해 제2차 세계대전에 참전했다는 시각은 좀 무리가 있어 보인다. 특히 헝가리의 제2차 세계대전 참전을 제국주의적 시각으로 보는 프랑스 학계의 시각은 제2차 세계대전의 중대한 책임이 독일 측에 있다고 주장하는 전통적인 프랑스 학계의 경향을 보여 준다고 할 수 있는

데, 이는 다소 편향적인 자세라 보인다. 제2차 세계대전 기간 중
헝가리는 실지회복 문제에 대하여 프랑스의 의견과 협력을 요구하
였으나, 프랑스는 이에 대하여 회신하지 않았고, 영국에 대한 협력
과 의견 요청에 대해서 영국도 역시 마찬가지 입장을 보였다. 즉,
헝가리의 요구와 입장은 연합국 측의 무관심과 냉대로 수용되지
못하였고, 결국 헝가리는 실지회복의 유일한 방법으로서 독일과 협
력하는 길을 모색할 수밖에 없었다는 점이 헝가리의 선택이었던
것이다.

4. 파시스트와 독일인에 대한 청산

독일군의 후퇴와 함께 소련에 의해 해방된 지역에서는 1944년
10월 이후부터 정치적 삶이 새롭게 시작되었다. 제2차 세계대전의
종전협정에 따라 헝가리는 패전국으로서 소련이 의장국인 연합국
감독위원회의 통제 아래 있게 되었다. 종전 협정이 체결되기 전인
1944년 12월 21일 헝가리의 동부 데브레첸에서 헝가리 공산당에
의한 임시제헌의회가 구성되었고, 다음날 모스크바의 승인을 받은
행정부가 선출되었다. 헝가리의 정치적 새 출발을 주도한 그룹은
데브레첸 임시정부보다 몇 일전 세게드에서 결성된 '헝가리 민족독
립전선'이었다. '헝가리 민족독립전선'은 민주시민당, 독립소농민당,
민족농민당, 사회민주당, 헝가리 공산당과 자유노조들로 결성된 공
식 연합체였다.

파시즘과 부역자를 청산하는 것은 연합전선에 가담한 정당들의

이론의 여지가 없는 합의 사항이었었고, 제2차 세계대전을 종료하기 위한 전제조건이었다. 이들의 파시스트 및 나치 독일의 부역자들에 대한 처리문제에 대하여 소련은 지대한 관심을 표명했다. 1945년 헝가리 협상대표단이 소련에 도착하자 몰로토브는 군대의 재조직, 토지개혁과 함께 '파시스트적 요소'의 청산에 대해 특별한 관심을 표명했다. 소련은 애당초 헝가리에서의 파시스트 청산과 나치 독일 부역자 문제를 공산당 정권의 수립과 유지에 연계하려는 의도를 갖고 있었고, 이에 상응하는 조치들이 헝가리에서 이루어지기를 기대했다. 이에 대해 헝가리의 신정부는 소련의 의도를 충실하게 따랐다. 헝가리 신정부는 파시스트 청산과 부역자 처리 문제를 위한 인민위원회, 인민법정 등을 개설하여 과거청산 작업에 몰두하게 되었다.

전후 처리를 위한 인민위원회는 1945년 당시 전국적으로 3,200~3,400개가량 존재했는데, 각 지역의 성격, 구성원의 편차에 따라 각기 상이한 모습으로 청산 작업을 수행하였으며, 이들 위원회의 청산 방식에 대한 구체적인 기준이나 원칙이 정해지지 않은 상태에서 각 위원회의 상황에 따라 과거청산이 진행되었다. 이러한 위원회들의 활동은 다분히 자의적인 기준과 판단에 의해 이루어졌으며, 이들의 활동에 대한 구체적인 기준이 마련된 것은 1945년 3월이었다.

인민법정은 공산주의자들의 주장이 받아들여져 세워진 것이었다. 물론 합법적인 절차를 걸쳐 인민법정의 설치를 법제화하는 방식으로 이루어졌는데, 인민법정의 궁극적인 목적은 법적인 근거도 없이 인민재판이 행해지던 지역의 인민법정을 법적으로 합법화 해주기 위한 것이었다. 헝가리의 주(州), 도시들, 그리고 부다페스트에

설치된 인민법정은 정치적으로는 민간인 배심원에 의해 평결되는
형태였다. 유무죄를 판단하는 배심원의 평결에 대해 투표권이 없는
재판장은 법무장관이 임명한 직업 판사였고, 유무죄에 대한 판결은
5인의 독립전선에 속한 정당대표들에 의해 내려졌다. 1945년 5월
이후부터는 노동조합도 한 명의 대표를 파견했다. 기소는 이른바
'인민검사'에 의해 이루어졌다. 인민법정은 민간인과 경찰과 헌병을
포함하는 군속자들 그리고 외국인들에 대해 재판권을 행사했다. 인
민법정은 죄의 유무에 대한판결뿐만 아니라 직업활동 금지와 벌금
형에서 사형에 이르는 피고의 형량도 결정했다. 항소심은 이른바
인민법정위원회가 담당 했는데, 그 구성은 법무장관이 임명한 재판
장과 5~6인의 독립전선에 속한 당 출신의 법률가들로 짜여진 다수
의 재판부들로 이루어져 있었다.

　인민법정에서는 정치적으로 정의된 '전쟁범죄행위들'과 '반인민
적인 범죄'들이 처벌되었다. 11개 항목의 전쟁범죄행위에는 1939년
헝가리의 제2차 세계대전 참전 이후 주축국의 전쟁수행을 목적으로
한 모든 정치활동과 선전활동들이 포함되어 있었다. 여기에는 불법
적인 폭력과 살인으로부터 전쟁종식을 방해하는 행위들이 속했다.
따라서 전쟁범죄자라 함은 화살십자가당의 권력장악과 정권안정에
도움이 되었던 인물들, 예를 들면 정부 행정관서 그리고 군의 고위
공직자, 독일군에 편성되었던 인물 그리고 공개적으로 전쟁지속을
지지했던 인물들이었다. 책임 있는 자리에 있었던 인물(장관, 국회의
원, 고위관료와 고위장교 등)에게는 사형이 구형되었고, 결정권이 없었
던 인물은 금고형과 징역형에 처하도록 되어 있었다. 덜 명확하게
규정되었던 '반인민적 범죄행위들'로는 7개 항목이 있었는데, 반동

적이고, 친파시스트적 또는 반민주적인 행태와 관련된 것들이었다. 전체적으로 이에 대한 처벌은 전범자들에 대한 것보다 낮았다. 인민의 적으로는 유명파시스트 당원들과 '공직수행의 일환'으로 반민족적이고 친파시스트적인 활동을 한 공무원들로 규정되었다. 반파시스트적인 의사표명을 방해했거나, 공개적으로 반민주주의적인 정책을 요구, 또는 찬양한 인물들 역시 처벌받았다. 그러나 인민법정의 과거청산적 성격은 과거청산 작업이 진행되어 가는 과정에서 이미 그 본질적인 궤도를 벗어나고 있었다. 인민법정에서 규정된 '인민의 적'이라는 개념은 이미 호르티와 살러시 체제의 요인들에게만이 아니라, 분명 인민민주주의에 대해 '적대적인 반 동세력들'에게까지 향해있었다. 인민재판의 진행 과정은 주로 호르티 체제의 인물들과 살러시 체제의 요인들을 제거하는 데 맞추어졌으며 점차로 공산당 정권에 반대하는 인물들에 대한 숙청과 단죄의 장으로 변모해 갔다.

인민법정에서의 내려진 판결의 숫자와 형량, 처벌받은 사람들의 부류 그리고 인민법정의 활동방식에 대해 알려진 기록들은 매우 적을 뿐만 아니라, 부정확하고 일부 모순적 이기까지하다. 그러나 1945년 말에 이르러 극우 진영의 정치 지도층은 거의 말살되었으며, 호르티체제의 정치 엘리트들은 1945년 이후 완전히 소멸되었음이 분명한 사실이라고 할 수 있다.

1945년 중순경부터 파시즘 개념이 희석되고 '반동'과 '민주주의의 적'이라는 개념으로 용어가 대체되었는데, 이것은 상기 조치들이 다른 정치적 목적에 사용되고 있다는 지표였다. 구체적으로 1946년에서 1948년까지 '파시즘과 나치 협력의 청산'이라는 구호 아래 '히틀러의 제5중대'로서 국가배반의 의혹을 집단적으로 받았던 헝가리에 살고 있는 독일인에 대한 탄압과 차별, 헝가리에서의 추방이 행해졌 다. 여기서 출발점이 된 것은 1945년 3월 15일의 토지개혁이었다. 이것은 결정적으로 토지의 사적소유에 대한 구조적인 개혁으로서 봉건적 대토지 소유제도의 종말을 의미할 뿐 아니라, 동시에 극단적 인 '탈나치화'의 결정적 요소를 보여주는 것이었다.

토지개혁의 경우에 최초로 개정안이 발의된 것은 1945년 1월 14 일 농민당에 의해서였다. 농민당의 발의에 대해 공산주당은 나흘 뒤인 1월 18일에 공식적으로 찬성을 표했다. 헝가리 역사상 수십 년 동안 논의되었지만 실현되지 못했던 토지개혁은 다른 정당들에 게도 논란의 여지 없이 받아들여졌다. 농민당의 구상안은 이미 개 혁의 근본적 내용, 즉 귀족의 '영지'에 대해서는 일정 부분 보상이 이루어졌으나, '민족반역자, 화살십자당 지도급 인사, 민족연맹 회 원 그리고 그 밖의 헝가리 '민중의 적들'이 소유한 토지는 그 크기에 관계없이 무상으로 몰수되었다. 토지를 몰수당한 사람들은 독일민 족연맹 회원, 지방단체의 대표자, 정당과 여러 사화단체에 있는 '화 살십자당의 주동자, 국가사회주의자 그리고 파시스트', 그리고 친파 시스트 자위대 대원과 '민족반역자 전쟁범죄자 등 소위 민중의 적으 로 규정된 자였다. 이러한 모호한 범주에는 헝가리 민중에게 해를 끼치면서 독일 파시즘의 이해를 지지한 사람이나 과거의 헝가리 성을 독일 이름으로 바꾼 사람들이 모두 해당되었다. 이로써 이 법 안은 헝가리에 살고 있는 독일계 소수민족을 겨냥하고 있었다는 점이 분명해졌다. 이러한 규정은 이론적으로 화살십자당원에게 적 용되지만, 실제 실행에 있어서는 독일 소수민족에게만 해당되었다.

이렇게 몰수된 재산은 피난하거나 추방된 헝가리 난민들의 거주지 마련에 쓰여졌다. 여기에 더하여 1941년에 실시된 인구조사에서 독일 국적이나 독일어를 모국어라고 인정했거나, 헝가리 이름을 취소했거나 민족연맹 또는 독일 무장단체(SS)의 단원이었던 헝가리 국민들은 독일로 이주할 것을 규정하고 있다. 즉, 독일 부역자들에게는 헝가리로부터의 추방을 명했던 것이다. 이에 따라 상당수의 독일인이 헝가리에서 추방당했다. 이러한 민족정책은 '파시스트적' 또는 '반역적' 독일인들을 단죄한다는 선전목표와는 별 상관이 없었는데, 이것은 독일인의 추방이 토지수용정책의 수단이 되었을 때, 지속적으로 효과적이라고 간주되었다.

토지개혁을 통하여 헝가리 농민들과 전쟁의 후유증으로 인하 헝가리 난민, 그리고 헝가리 국경 밖으로부터 헝가리 영내로 이주해 온 헝가리계 인민에게 분배해 줄 땅이 필요했기 때문에 넓은 토지를 소유한 부유한 독일농부들이 예전의 정치적 입장과는 상관없이 자주 추방되었다. 이 독일인들은 일반적으로 독일 민족연맹에 소속되지 않았을 뿐만 아니라, 독일민족연맹에 대해 회의적이거나 적대적이기도 했다. 민족연맹은 무엇보다도 연맹의 참여를 통해 사회적 상승을 기대하는 빈농이나 비조직 노동자들과 같은 사회적으로 대접받지 못하는 집단으로 구성되었다. 공산주의자들은 그러나 이들 프롤레타리아 계층들을 1946년 이후 강화된 계급입장에 따라 강제 이주로부터 보호하려했다. 그 목적은 한편으로는 그들을 정치적으로 끌어들이고 다른 한편으로는 헝가리의 사회주의 개혁의 잠재적 반대자로서 많은 토지를 지닌 가능한 한 많은 부농들을 파시스트로서 제외시키고 외국으로 추방하려는데 있었다. 이 때문에 오히려 비정치적이거나 심지어 파시스트를 반대하던 헝가리에 거주하던 독일인들이 산업노동자로서 또는 농업노동자로서 추방에서 재외되었던 예전의 민족연맹 가입자들보다 더 많이 이주되었다.

헝가리에서의 과거청산은 세 번에 걸쳐 진행되었다고 할 수 있다. 먼저 제1차 세계대전에서 패한 후 공산당이 정권을 장악한 후 벌였던 적색테러, 이후 공산당의 실각 후 극우파들에 의해 행해졌던 백색테러, 그리고 제2차 세계대전이 종료되고 무정부 상태의 상황에서 공산주의자와 여타 정당에 의해 자행된 파시스트에 대한 청산으로 구분해 볼 수 있다. 헝가리에서 공산주의의 출현은 역사적 사건이었으나, 민중들의 지지를 확보하지 못한 체 단명하였고, 극우파 정권은 호르티의 등장을 가져오게 했다. 결국 이러한 양상은 제2차 세계대전기에 파시즘의 양상으로 나타나게 되었다.

제2차 세계대전기에 나타났던 파시즘은 사법절차를 무시하고, 법을 뛰어넘는 권한을 휘두르며 잔학 행위를 저지르는 무단독재였다. 헝가리에서 파시즘의 출현은 유사한 배경과 역사를 가진 독일과 비슷한 방식으로 진행되었다. 또한 파시즘의 청산은 공산주의정권이 들어서면서 소련의 모습을 모델로 하여 유사한 방식으로 진행되었는데, 즉, 대부분의 동유럽 국가들과 마찬가지로 소련의 지도와 영향을 받으며 진행되었다. 소련은 특히 헝가리 지역에서 거주하고 있던 독일인의 처리 문제에 대하여 많은 관심을 보였다.

그러나 소련의 지대한 관심을 받으며 진행된 독일인 및 독일인 부역자에 대한 처리는 결국 헝가리 국경 밖에서 살고 있던 헝가리인의 본국 정착에 필요한 물적 토대를 형성하기 위한 것으로 변질되었다. 결국 제2차 세계대전 이후 헝가리에서의 과거청산은 파시즘의 청산과 더불어 헝가리 출생 독일인의 강제 독일 이주, 또는 추방으로 종결 되게 되는데, 이러한 청산작업의 기제는 인민권력의 확보라는 공산당의 전술적인 의도가 내포되어 있음이 명백하다. 1919년 헝가리 공산당이 정권을 잡은 후 시도한 최초의 과거청산은 부르주아 질서를 타파하기 위한 혁명적 성격이 강한 것이었고, 공산당의 실각과 더불어 우익에 의해 자행된 과거청산은 공산당의 작업에 대한 보복적 성격의 것이었다. 이후 제2차 세계대전이 끝난 상황에서 공산당의 주도하에 진행된 다시 한번 진행된 과거청산의 작업에서는 역시 과거 우파를 계승하는 파시스트와 독일인 등이 청산의 대상이 되었다. 이러한 일연의 과정은 앞과 뒤를 구분할 수 없는 뫼비우스의 띠와 같은 양상을 보이며 전개되었던 것이다.

1989년 헝가리가 사회주의에서 다시 자본주의로 체제전환을 이루어 내면서, 네 번째 과거청산의 문제가 도마 위에 올랐다. 그러나 새로 집권한 헝가리민주포럼(MDF)은 과거와는 다른 과거청산의 양상을 보여주었다. 즉, '아무것도 청산하지 않은 청산' 방식을 택함으로써, 공산주의 시대에 대한 과거사 청산 작업은 미완의 과제로 남게 되었다. 그러나 그것이 과거사 청산 작업을 포기했다는 것을 의미하지는 않는다. 다만 외부적으로는 큰 진전이 없어 보이지만, 내부적으로 보다 조용한 방식으로 ㅡ테러하우스 건립, 역사연구소 개설 등의ㅡ 그 작업을 진행하고 있는 것이다.

라코시 마챠시(Rákosi Mátyás): 헝가리의 작은 스탈린

1. 서론

동유럽의 공산주의 초기 가장 주목할 만한 현상 중의 하나는 공산당 지도자에 대한 숭배이다. 동유럽은 소련에 의하여 공산화가 이루어졌기 때문에 소련의 위성국가화, 문화의 소련화는 필연적이었다. 공산주의는 본질적으로 국제적인 성격을 갖는다. 따라서 공산주의 혁명으로 수립된 소련이 공산주의 체제와 문화를 확산하는 주역의 역할을 한 것은 당연한 일이었다. 소련의 정치제도와 문화를 이식받은 동유럽 국가들은 자연스럽게 스탈린이 취한 대부분의 정책을 추종하였다. 그러한 정책들 중에서도 가장 두드러진 것이 공산당 지도자에 대한 절대적 숭배였다. 소련의 스탈린 숭배는 동유럽 공산당 지도자들의 타산지석이었다. 동유럽 공산당의 지도자 숭배방식은 대부분 스탈린의 방식을 모방했지만, 동유럽 각 국가 자신들의 문화와 결합하여 독특한 양상을 보여주기도 했다. 동유럽 공산당의 지도자 개인숭배가 어떠한 방식으로 소련의 양상을 답습했으며, 그것을 자신들의 문화와 융합하여 탈바꿈하였는지 확인하는 것은 매우 중요하다.

소련에서 시작된 스탈린 숭배는 동유럽으로 전파되어 동유럽의 독특한 공산주의 정치·문화 환경에 접목되었다. 동유럽 공산당 지도자들은 소련의 모든 것을 따라 한다는 전제하에 개인숭배 방식도 소련식을 추종했기 때문에 스탈린 숭배의 동유럽적 변형이라는 측면에서 독특한 유사점과 차이점이 있다. 물론 동유럽 각국에서 지도자 숭배를 강력하게 추종했다는 사실은 동유럽 국가들이 가장 중요한 면에서 적극적인 소련화를 추진했다는 중요한 징표이다. 동유럽 국가들은 지도자 개인숭배에 있어 소련식 숭배 방식을 답습하기는 했지만, 동유럽 국가들 나름대로 공산당 지도자와 자국의 역사적 전통을 연결하려는 노력을 게을리하지 않았다. 동유럽 공산당들은 공산당 지도자의 개인숭배를 합리화하기 위하여 각국의 역사적 인물들을 공산당 지도자와 동일시하거나 유사한 인물로 미화하였다. 특히 동독, 체코슬로바키아, 폴란드, 헝가리 공산당은 당의 지도자를 '역사와 전통의 계승자'로 둔갑시키는 데 집중하였다. 각 공산당은 지도자들을 숭배하기 위한 기제로서 자신들의 전통적 국가 상징이나 문양을 공산당의 상징에 사용하고, 각국의 전통적인 국경일 기념행사에 공산당 지도자의 개인숭배를 접목하였다. 공산당 지도자는 역사적 인물들과 동일시되어, 그들의 투쟁도 역사적 인물의 투쟁과 동일한 것으로 탈바꿈하였다. 이와 같은 방식으로 역사적 인물이 공산당 지도자 숭배의 효과적인 소재로 소환되었다.

동유럽 공산국가들 중 지도자에 대한 개인숭배는 동독의 발터 울브리히트(Walter Ulbricht), 헝가리의 라코시 마챠시(Rákosi Mátyás), 루마니아의 니콜라에 차우세스쿠(Nicolae Ceauşescu)에게서 두드러

라코시 마챠시의 60회 생일 축하 경축 행사
라코시의 사진 아래 부분에 있는 현수막에 적혀있는 구호는 "우리 민족, 우리 당의 현명한
지도자이며 스승이신 라코시 동지여 우리와 함께 하소서"이다.

지게 나타났다. 특히 헝가리 공산당 서기장인 라코시에 대한 개인
숭배는 스탈린에 못지않았다. 라코시는 헝가리에서 '작은 스탈린'이
라고 불리며 절대 권력을 행사했다. 헝가리 공산당은 여타의 동유
럽 공산주의 국가들에 비해 더욱 철저한 소련화를 추구하여 공산당
의 지도자 개인숭배도 소련이 취한 스탈린 숭배 방식을 추종하였다.

라코시는 1945년에 이미 공산당의 권력을 장악하였지만, 라코시
에 대한 숭배는 1949년경부터 본격적으로 시작되었다. 이때부터 본
격화된 라코시 숭배의 내용과 규모는 헝가리 정치사에 유례가 없을
정도였다. 라코시의 사진과 초상화가 공공영역을 가득 채웠고, 그
림과 흉상이 전능한 라코시의 이미지를 만들어 냈으며, 그를 찬양하
는 기사가 언론을 도배했다. 문학 역시 지도자를 찬양하는 작품이
주종을 이루었다. 이러한 개인숭배 프로젝트의 절정은 1952년 라코
시의 60번째 생일을 축하하는 행사였다. 이 행사는 3년 전 거행되었

던 스탈린의 70번째 생일 축하 행사를 모델로 하였다. 개인숭배에 대한 열광적 분위기는 1953년 스탈린의 사망한 이후 스탈린의 애도 기간에 잠시 주춤하는 듯했지만, 그 기간이 끝나자 라코시 찬가의 물결이 다시 나타나 이전의 열광적인 분위기를 회복했다. 이러한 분위기는 1953년 '새로운 노선'이 도입되면서 가라앉기 시작했고, 1956년 10월 헝가리 혁명 기간에 완전히 사라지게 되었다.

이 논문에서는 공산당 지도자에 대한 개인숭배를 헝가리 공산당 라코시 마챠시의 경우를 예로 들어 그 양상과 결과를 추적해 보고, 이러한 지도자 개인숭배가 갖는 정치적, 문화적 함의를 검토해 보고 자 한다.

2. 공산당 지도자와 역사적 인물의 동일화

제2차 세계대전 이후 동유럽의 공산당은 강한 민족주의적 색채 를 띠었다. 대중적 지지와 합법성을 끌어내기 위해 이들은 국가 전 통을 활용했고, 결과적으로 마르크스주의·레닌주의와 지역적 민족 주의의 이념적 통합을 이루어냈다. 동유럽 공산당은 소련을 모델로 삼아 자신들을 위대한 국가 전통의 계승자로 묘사하며, 과거와 현재 의 역사적 유사성을 끌어냈다. 이들은 국가 전통의 중요성을 인식 하는 차원을 넘어, 역사에 대한 급진적 재해석, 역사적 인물의 새로 운 자리매김, 기념해야 할 새로운 사건과 새로운 의례(儀禮)의 도입 등을 통해 과거와의 상징적 결별을 이루어냈다. 국가 전통의 수용 과 개편은 사회 구조 변화를 동반하였고, 과거에 대한 새로운 해석을 요구하는 대중적 열망은 구시대적 전통의 약화를 초래하였다. 이렇게 국민 정서에 호소하는 공산당의 전술은 홉스봄이 묘사한 '전통의 발명'에 잘 들어맞는다고 할 수 있다. 사실 공산당이 '발명한 전통'은 오래되고 잘 확립된 전통에 대한 급진적 재해석이었기 때문에 실제 과정을 묘사하는 데에는 '전통의 재발명'이라는 용어가 더 적절해 보인다.

헝가리 공산당은 민족주의의 강력한 잠재력을 잘 인식하고 있었다. 그들은 의도적으로 민족주의 담론을 공산주의 이념에 접목하고 국익 우선 정책을 추진하면서 모든 국가 상징을 적극적으로 활용했다. 사실 공산주의 이념은 헝가리의 전통적인 정치적, 문화적 관점에서 보면 상당히 이질적이고 생경한 것이었다. 따라서 공산당은 대중성 확보를 위해 민족의 뿌리를 강조하고, 국제주의적인 공산주의 이념을 유연하게 적용하는 방향으로 탈바꿈했다. 이러한 제반 조건에 의하여 공산당은 1945년부터 민족주의적 경향을 보이기 시작했다. 여기에다 정권 인수 기간이 '1848~1849년 혁명 및 독립 전쟁'의 100주년과 맞물리면서 민족주의적 슬로건을 전면에 내세우며 공산당을 부각할 수 있는 절호의 기회를 잡게 되어, '1848~1849년 혁명 및 독립 전쟁'의 100주년이 공산당 정권의 정체성을 확립하고 헝가리 인민을 결속하는 데 크게 기여했다. 헝가리 공산당은 강력한 정치적 지위와 소련식 정치 시스템을 이식하기 위해 헝가리 국가 정체성의 가장 중요한 요소인 1848~1849년의 혁명과 독립전쟁을 효과적으로 활용했던 것이다.

헝가리 공산당은 헝가리 역사의 두 주축 개념인 '독립'과 '진보적 전통'이라는 수사(修辭)를 공산당 선전활동의 축으로 삼았다. 당 이론가인 레버이 요제프(Révai József, 1898~1959)의 지침에 따라 공산주의 사상가와 역사학자들은 헝가리 역사에서 일반 국민의 자유를 위한 투쟁을 부활시켜 '진보 운동'이라 명명하고, 이러한 운동과 공산당 이념의 연속성을 확립하고자 노력했다. 이 결과로 공산당은 1514년 도저 죄르지(Dózsa György, 1470~1514)의 농민 봉기로부터 18세기 후반의 자코뱅 모의, 1848년의 시민 민주주의 혁명, 그리고 1919년의 소비에트공화국으로 이어지는 일련의 '진보적 전통'과 당의 연속성을 구축했다. 공산당은 특히 1848년의 혁명을 자신들의 언어로 재해석하고, 정권 인수 과정에서 이를 크게 활용하였다.

헝가리 공산당은 메타 역사적 스토리텔링 외에 다양한 대중적 방법을 동원하여 민족 정서를 자극했다. 1944년 8월 모스크바에서 보고한 당의 정치 전략에 따르면, 헝가리 공산당은 연립 정부 시기에 국가 상징물을 과도할 정도로 많이 사용했다. 국가 공휴일뿐만 아니라 공산주의 기념일(11월 7일 등)에도 공산주의를 상징하는 적기(赤旗)보다 삼색 국기가 행사장을 뒤덮었고, 국가(國歌)와 애국의 노래 소저트(Szózat)가 인터내셔널가(歌)보다 먼저 선창되었다. 당 이름에는 '헝가리'라는 단어를 포함했고, 당의 상징도 정치적 의미가 강한 단색의 적색 대신 흰색, 녹색, 적색으로 치장하였다. 정치적 시위나 축하 행사도 국가 이미지로 도배하였다. 당 포스터는 국가 상징과 라코치 페렌츠(Rákóczi Ferenc, 1676~1735), 코슈트 러요시(Kossuth Lajos, 1802~1894), 페퇴피 샨도르(Petőfi Sándor, 1823~1849) 등 역사적 영웅을 활용했고, 정치 집회 참가자들은 당 지도자의 사진과 헝가리 영웅들의 초상화를 함께 들고 나갔다. 아래의 그림은 당시 인민들에게 선거 참여를 독려하는 포스터이다. 기호 1번인 공산당

에게 투표하라고 부추기고 있는 사람은 헝가리의 독립전쟁의 영웅
이자 시인인 페퇴피 샨도르이다. 공산당은 이와 같은 방식으로 역
사를 소환하여 대중이 소비하도록 하는 전략을 펼쳤고, 이와 같은
전략은 헝가리 인민대중에게 공산당의 정통성을 인정해 주도록 하
는 효과가 있었다.

1849년 헝가리 독립전쟁 당시의 영웅 페퇴피 샨도르를 이용한 공산당의 선전 포스터

헝가리 공산당은 국가 상징 외에도 1848년의 부다페스트 혁명일
인 3월 15일, 1849년의 헝가리 군 장성 13인 처형일인 10월 6일 및
건국일 기념일인 8월 20일 등 전통적 기념일을 선전 활동에 적극적
으로 활용했다. 동시에 사회주의 기념일인 5월 1일과 11월 7일을
국가 축제일로 자리매김하도록 노력했다. 1949년 이후로는 소련화
또는 전통적 기념일의 재창조에 따라 기존의 역사적 사건에 대한

상징성 감소 및 표현 형식의 변화를 추구하였다. 예를 들면 8월 20일 성(聖) 이슈트반 축일과 건국일이 1949년 이후로는 '헌법의 날'이 되었고, 수확과 '햇곡식으로 구운 빵'이 찬양의 대상이 되면서 다산(多産) 축제일로 변하였다.

　헝가리 공산당은 이념적 기념 대상과 정치적 상징을 민족적 색채로 포장하는 동시에 자신들을 국가 이익의 대변자로 내세웠다. 그들은 토지 개혁, 소련으로부터 전쟁 포로 귀환, 슬로바키아의 헝가리 난민 정착, 새로운 통화의 도입, 공화국 선언 등 소위 '새로운 국가 정책'을 주창했으며, 민속 시가(詩歌)와 민속 예술을 장려하고, 국민 스포츠인 축구의 가장 중요한 후원자가 되었다. 사회민주당과 연립 정부 시기에는 '인민 민주주의'라는 탄력적 개념마저 사회주의를 향한 국민적 방식으로 정의되었다. 헝가리 공산당은 헝가리인의 의식에 자리하고 있는 민족적 요소를 인정하고 존중함으로써 국민이 원하는 바를 충족시키고 인민 대중의 지지를 끌어냈다. 물론 이러한 노력을 했음에도 불구하고 공산당은 1945년의 선거에서 승리하지 못했지만, 공산당은 자신들이 전쟁 전의 실패한 혁명과 자유투쟁을 실현해낼 수 있는 정치 세력이자 국가 전통의 계승자라는 이미지를 만들어내는 데에는 성공했다.

　헝가리의 역사적 사건 중에서도 1848~1849년의 혁명 및 독립전쟁은 헝가리 공산당의 이념에 가장 부합하는 사건이었다. 헝가리 혁명과 독립전쟁은 그 국가적·혁명적 성격뿐만 아니라, 이 사건에 대한 1945년 이전의 냉소적 분위기를 일신하고, 헝가리 혁명 100주년 기념과 공산당의 정권 인수를 정당화할 필요성 등의 이유로 공산당의 중심 테제로 떠올랐다. 공산주의 사상가와 역사가들은 혁명과

독립전쟁을 당의 정치 프로그램에 포함하는 전략을 채택했다. 1848
년 헝가리 시민혁명의 신화를 합법화하기 위해 혁명에 대한 전통적
관점을 수정하고 이 혁명에 급진적인 해석을 내렸다. 헝가리 공산
당은 제2차 세계대전이 종결되기 전부터 공산당의 이념과 1848~
1849년의 정신적 유산을 연결하는 데 집중하였다. 헝가리 공산당은
1945년 3월 15일 헝가리 시민혁명 기념일에 미리 준비한 강령을
통해 헝가리 공산당이 영광스러운 헝가리 3월 15일 혁명의 전통을
계승하는 유일한 적통임을 대내외에 선포하였다. "코슈트, 페퇴피,
탄치치의 계승자는 헝가리 공산당이다!"라는 구호와 탄치치 대신
라코치가 들어간 포스터가 전국을 뒤덮었다. 1848~1849년 혁명 및
독립 전쟁에 관한 공산당의 주장은 혁명의 연속성 및 새로운 권력관
계의 정당화를 위해 필수적인 요소였다. 헝가리 혁명 및 독립전쟁
100주년을 기념하면서 헝가리 공산당이 취하고자 했던 목표는 1948
년 1월 1일 라코시의 신년사에 잘 나타나 있다.

> …우리는 자유롭고 강력하며 번영하는 인민의 헝가리를 창조하고
> 자 했던 코슈트, 페퇴피, 탄치치의 이상과 희망을 일관되고 성공적
> 으로 성취할 수 있는 사람이 헝가리 민주주의를 지지하는 우리 자신
> 임을 행동으로 보여주기 위해 1848년의 100주년을 기념하려 한다…

라코시의 말에 드러나듯이 공산당의 목적은 1848년 혁명기념일
을 축하하려는 것이 아니라 공산당의 정치적 야망을 확대하려는
것이었다. 공산당의 주요 목표는 공산주의자들이 1848~1849년 혁
명의 진정한 정신적 계승자이며, 공산당만이 미완의 개혁을 완성할

수 있는 유일한 정치 세력임을 증명하는 것이었다. 이러한 기본 개념은 혁명 100주년 기념 기간 내내 공산당 선전의 가장 중요한 점이었다. 시민혁명에 대한 역사적 해석은 시민혁명과 인민 민주주의의 연결고리가 될 수 있는 1848년 혁명의 특징점들을 일부 포착하였고, 이를 통해 공산주의가 혁명의 정신적 계승자라고 주장할 수 있었다. 공산당은 시민혁명과 공산당의 정권 장악에 대해 강력한 역사적 유사성을 만들어 냄으로써 1848년 이래 100여 년간 해결되지 않았던 수많은 문제를 인민 민주주의가 1945년부터 해결하기 시작했다고 주장했다. 과거와의 연속성을 확립하기 위해 헝가리 공산당은 레버이 요제프의 지침에 따라 1848~1849년 혁명에 관한 해석 방향을 크게 변경했다. 그리고 역사적 스토리텔링을 독점하기 위해 과거 및 현재의 역사 해석을 오류로 몰아붙였다.

헝가리 공산당은 혁명의 계승자임을 자처하며 자신들은 항상 1848년의 혁명 정신에 따라 행동한다고 주장했다. 이런 주장은 국토 재건, 3개년 계획, 사회민주당과의 합당, 공장·광산·은행의 국유화, 심지어 공산당의 근간이 되는 프롤레타리아 독재까지도 모두 1848년 혁명의 정신적 토양에 뿌리를 두고 있는 것이라는 주장으로 발전하였다. 결과적으로 헝가리 인민 민주주의는 혁명의 목표를 성취했을 뿐만 아니라 그것을 더욱 발전시키는 것으로 묘사되었다. 레버이를 비롯한 공산주의 이론가들은 '영구적인 외부의 위협'으로부터 생존하기 위해서는 이러한 성취를 더욱 진화·발전시켜야 한다고 주장했다. 그들의 논리를 따르면, 1848~1849년 혁명의 목표를 영구히 보존하기 위해 과도기적 인민 민주주의에서 사회주의로 전환하는 것은 피할 수 없는 과정이었다. 따라서 '1848년의 정신'은 단지 1945년 이후 헝가리 공산당의 정책을 정당화하는 것뿐만 아니라 미래의 방향성, 즉 사회주의만이 1848~1849년 혁명 정신을 계승하고 성취할 수 있는 유일한 정치 체계라는 근거를 제시하는 데 결정적인 역할을 했던 것이다.

3. 자유와 해방의 투사로의 이미지 조작

1945년 초부터 라코시의 지도자적 이미지 형성이 국가적 사업이 되었다. 헝가리 공산당은 사민당과 연립 정부 시기에 이미 라코시를 공산당이 추구하던 국가 정책의 유일한 대표자로 묘사하며 공산당과 국가가 성취한 것을 라코시 개인의 영도에 힘입은 업적으로 포장했다. 이러한 방식으로 공산당의 지도자로서 라코시를 헝가리 국익의 수호자로 형상화하였다. 예를 들면 라코시가 너지 임레(Nagy Imre)와 함께 토지 개혁을 이루어 내고, 전쟁 포로 귀환을 위해 스탈린과 협상했으며, 체코슬로바키아로부터 헝가리인을 이송하기 위해 체코슬로바키아 정부와 외교전을 벌였다고 선전하였던 것이다. 또한 라코시가 헝가리의 인플레이션을 개선하고 화폐 안정을 이루어내었다고 강조하며 그를 '포린트(헝가리 화폐)의 아버지'로 명명하기까지 했다.

라코시에 대한 개인 우상화는 라코시를 전국적인 정치인으로 자리매김하는 방법 외에 그가 다양한 민족 전통을 계승 발전시키는 지도자라는 이미지를 부여하는 방식으로 진행되었다. 헝가리 역사에서 가장 중요한 영웅 숭배의 논리와 기본적인 요소들이 라코시의 우상화를 위해 재활용되었고, 라코시의 이미지에 애국자, 영웅적인 요소들이 투영되었다. 근본적으로 라코시 우상화는 헝가리와 유럽의 전통문화를 채택하면서 소련의 지도자 우상화를 지역 상황에 맞게 각색하는 방식이었다. 이러한 노력에도 불구하고 라코시의 모습은 결코 헝가리 전통의 일부로 녹아들지 못했고, 문화적 융합에 대한 선전 부서의 노력은 레닌과 스탈린에 대한 소련의 노력에 비한다면 여전히 미미한 수준이었다.

　라코시 숭배의 특이점은 지도자의 인물상을 만드는 과정에 헝가리 역사의 중요한 왕들을 별로 활용하지 않았다는 점이다. 예를 들면 헝가리의 시조인 이슈트반 1세는 라코시 숭배에 충분히 유사점을 제공할 수 있었지만, 공산당은 이슈트반 1세에 대한 헝가리 국민의 애정을 거의 활용하지 않았다. 헝가리 공산당은 소련이 1930년대부터 스탈린과 러시아 시대의 위대한 통치자를 동일시하여 억지로 역사적 유사점을 만들어 냈던 우상화 방식을 적극적으로 따르지 않았던 것이다. 그 이유는 헝가리의 국부인 이슈트반 1세에 대한 평가가 절하되었기 때문이었다. 이슈트반 1세의 신화는 헝가리 건국과 영토 통일에 초점을 맞추었기 때문에 호르티 시대의 지배적 이념이었던 실지회복운동(失地回復運動)과 연계되어 활용되었다. 즉 이슈트반 1세의 이념이었던 대(大)헝가리 왕국은 이슈트반 1세의 왕관과 짝을 이루어 호르티 시대의 지배적 홍보 수단으로 활용되었고, 실지 회복 운동을 정당화하는 역할을 했다. 따라서 호르티 시대에 대해 부정적인 입장이었던 공산당은 이슈트반 1세에 대한 대중의 긍정적 평가에도 불구하고, 1945년 이후 이슈트반 1세에 대한 숭배 사상을 포기하였던 것이다. 이후 헝가리 건국 기념일이었던 8월 20

일의 상징성을 약화하는 시도가 이어졌고, 결국 1949년부터 8월 20일을 '헌법의 날'로 지정하였다. 공산주의 헌법이 비준된 날을 기념하는 '헌법의 날'은 1989년 공산 정권이 무너지기까지 가장 중요한 국경일로 작용하며, 약 40여 년간 이슈트반 1세를 헝가리 역사의 주류에서 추방하는 결과를 낳았다.

헝가리의 국왕 중 유사점을 끌어낼 수 있는 몇 안 되는 왕들 중에서 마차시 1세와 라코시의 관계가 그나마 우상화에 활용되었다. 마차시 1세와 라코시의 이름이 동일하다는 사실에서 착안하여 공산당이 발행하던 주간지 루더시 머티(Ludas Matyi)에서는 영웅 광장에 서 있는 아르파드(Árpád)와 라코시의 캐리커처를 실으면서, 이 그림의 배경에 7인 부족장의 지도자 아르파드와 '의인' 마차시 1세의 동상을 그려 넣었다. 영토를 확장한 헝가리 종족의 지도자와 중세의 국왕, 헝가리 역사의 이 두 영웅이 사회민주당과 헝가리 공산당의 통합을 축하하는 두 정치 지도자를 자랑스러운 듯이 내려다보고 있는 것이다. 이 캐리커처에는 '의인 마차시와 아르파드 : 우리는 같은 이름을 가진 사람이 자랑스럽다'라는 설명이 붙어 있다. '의인'이라는 마차시 1세에 대한 별칭도 마차시 1세와 라코시 서기장의 유사성을 입증하는 선전수단으로 활용되었다. 이전에는 마차시 1세에게만 붙이던 '의인 마차시'라는 별칭이 종종 라코시에게 사용되었다. 이와 동시에 전쟁 포로 귀환 당시 라코시에게 붙었던 '포로 해방자 마차시'라는 명칭 역시 중세 국왕의 이미지를 떠올리게 하며 대중적 향수를 불러일으켰다. 그러나 공산당은 라코시와 마차시 1세의 유사성을 과도하게 강조하는 선전을 피했다.

헝가리 공산당 지도자의 인물상은 오히려 국가의 혁명적 전통,

즉 자유를 위한 전사 또는 역사상의 반항적 인물과 유사성을 구축하는 방향으로 진행되었다. 예를 들면 18세기 반(反)합스부르크 봉기의 지도자였던 라코치 페렌츠 신화의 주요 구성 요소를 다시 등장시켜 라코시 숭배와 연계시키며 또 다른 국가적 성격의 숭배를 만들었다. 전설적인 라코치의 머리카락을 거의 대머리였던 라코시에게 연결하는 것은 불가능했지만, 그 외의 다른 요소는 적극적으로 활용되었다. 1919년 설고터르얀 전투의 전황을 바꾼 계기가 되었다는 라코시의 연설은 라코치가 심은 나무 아래서 행해졌다는 사실을 강조함으로써 라코치 전설의 중요 요소인 나무 숭배의 신성한 장소와 라코시 숭배를 연결했다. 라코시의 가족이 한동안 쇼프론의 여관에 살았던 것도 200년 전 라코치가 이 지역에 머물렀던 것과 연결되었다. 라코시 숭배는 라코치와 라코시의 연속성과 신체적 유사성을 강조하면서, 라코시의 신성화를 통해 그에게 정신적 권위를 부여하는 방식으로 진행되었다. 1703~1711년의 독립 전쟁 이후 라코치 전설의 주요 주제였던 "종"에 관한 테마도 라코시 숭배 초기 단계에 많이 활용되었다. 라코시는 전후 재건 시기에 개인적으로 잃어버린 교회 종을 되찾거나 교회에 새로운 종을 선물하는 등 라코치처럼 배려심 깊은 지도자의 모습으로 여러 차례 묘사되었다.

　헝가리 공산당이 수행한 혁명적 전통의 재해석 과정 중 라코시 숭배에 가장 중요한 소재로 활용된 것은 1848~1849년 혁명이었다. 1948년 정권 인수 및 전후 공산당 정책에 대한 정당화, 레버이 요제프의 지침에 따른 1848~1849년 혁명의 역사적 재해석 등으로 공산당 지도부는 새로운 국가의 버팀목으로 확고히 자리를 잡았고, 이는 자연스럽게 당 서기장에 대한 숭배로 이어졌다. 1848~1849년 혁명에 대한 새로운 해석은 당시의 지도자들이 맡았던 역할에 더욱더 많은 중요성을 부여했다. 이러한 역사적 자리매김은 신문 기사, 논문, 에세이 등 여러 매체를 통해 공산당 지도부와 혁명의 지도자들을 비교함으로써 이루어졌는데, 특히 1848년 독립 전쟁의 지도자 코슈트 러요시와 라코시 마차시의 연관성을 강조하는 노력이 두드러졌다.

코슈트 러요시는 공산당이 자신들과의 역사적 연속성을 이끌어내기에 가장 완벽한 인물이었다. 코슈트 러요시는 1848~1849년 혁명과 독립전쟁 당시 대중적으로 가장 알려진 인물이었기 때문에, 혁명이 좌절된 후 그는 헝가리 전통문화의 일부이자 헝가리 역사상 가장 전설적인 인물로 자리매김 되었다. 독립과 개혁의 상징이었던 코슈트는 제2차 세계대전 이전의 보수적·권위적 정치 체제에서 큰 인정을 받지 못했기 때문에, 공산당이 집권한 헝가리에서는 그에 대한 새로운 평가가 필요하였던 것이다. 공산당은 코슈트를 헝가리 인민 민주주의의 정신적 지주로 내세우고, 그와 라코시 사이의 유사점을 찾기 위해서 코슈트의 모습을 근본적으로 재해석했다. 당시 공산당 최고의 이론가였던 레버이 요제프는 1948년부터 코슈트의 중요성을 여러 차례 강조했으며, 공산당 출판물은 새로운 이미지의 코슈트를 창조하기 위해 노력했다. 그리고 주로 공산당 소속의 역사학자를 중심으로 코슈트의 정치 활동과 헝가리 역사 발전에 대한 공헌을 다룬 학술적 재평가가 이루어졌다. 코슈트의 성격과 그의 정치적 포부에 대한 재평가는 코슈트에 대한 이미지를 근본적으로 바꾸어 놓았다. 공산당은 라코시의 모습을 코슈트에 투영하여 역사적 유사성을 만들어 냄으로써 코슈트의 이미지와 라코시의 이미지를 동일시하는 전략을 구사했던 것이다.

공산당의 코슈트 신화에서 큰 비중을 차지하는 주제는 "배신 신화"였다. 헝가리의 민간 설화 속에서 라코치는 자신의 부하 장수 중 한 명이었던 카로이 샨도르(Károlyi Sándor) 또는 전설 속의 가공(架空)의 딸에게 배신을 당했다. 아르투르 괴르게이(Artúr Görgey) 역시 이와 비슷하게 배신자로 묘사되었다. 그는 1848년 10월 오스트리아 군대를 추격하다 라이타 강(江)을 건너지 않았고, 1849년 5월에는 빈을 향하는 대신 부더(Buda)를 포위했다. 또한 괴르게이는 테메시바르 전투에도 늦게 도착했고, 1849년 8월 러시아군에 대한 대항을 중지하라는 명령을 내리기도 했다. 1849년 이후 코슈트는 괴르게이가 배신자임을 만천하에 표명했고 이는 카로이가 라코치의 배신자라는 이미지를 구축하는 데도 일조했다. 이렇게 하여 '배신'은 헝가리 민간 전통의 한 구성 요소가 되었고, 공산당은 이러한 구성 요소를 역사 서술뿐만 아니라 일상의 정치적 수사(修辭)로도 활용했다.

헝가리에서 정치적·군사적으로 실패한 사건들뿐만 아니라 일상의 부정적인 모든 것이 '내부의 적', '기회주의자', '배신자'의 탓으로 돌려졌고, 누군가는 이에 대한 희생양으로 처벌을 받았는데, 가끔은 당 지도부조차 희생양이 되곤 했다. 음모를 통해 긍정적인 지도자에 대한 안티테제를 만들어 내는 것은 스탈린 숭배의 필수적 요소였다. 소련에서 대숙청의 희생양이 된 사람들은 대개 스탈린의 대척점에 서 있는 부정적인 이미지로 묘사되었다.

1949년 헝가리에서 가장 영향력 있는 공산당 지도자의 한 사람이었던 전(前) 내무장관 러이크 라슬로(Rajk László)가 체포되어 '반국가

음모' 혐의로 사형을 선고받았을 때에도 이런 방식이 적용되었다. 러이크는 모든 정치적 실패와 위기의 원인으로 지목되었다. 마치 괴르게이가 코슈트에 대한 배신자였던 것처럼 러이크는 영도적 지도자 라코시에 대한 배신자였던 것이다.

코슈트 신화와 라코시 숭배를 연결하는 방식이 실패를 부각하는 것에만 한정된 것은 아니었다. 공산주의 역사가들이 1848~1949년의 정치적·군사적 성취를 코슈트 한 사람의 업적으로 돌리려 한 것은 1945년 이후 공산당이 국가의 모든 성취를 라코시의 업적으로 선전한 것과 궤를 같이한다. 이와는 별도로 1848년의 영웅과 현재 공산당 서기장의 다양한 정치적 목표와 포부를 연관 지어 두 지도자의 연속성을 확립하려 했다. 공산주의 역사가들에 따르면 코슈트의 정책은 세 가지를 기반으로 하고 있었다. 첫 번째는 '국민 통합 정책'으로 농촌과 도시의 노동자가 연대를 구축하는 것이고, 두 번째는 '평화 정책'으로 외부의 침략에 대비하여 항구적인 대비책을 갖추는 것이며, 세 번째는 '외교 정책'으로 반동적인 강대국에 맞서 소수민족의 동맹을 통하여 이들의 권익을 수호하는 것이다. 코슈트의 3대 정치 원칙은 사실상 공산당의 정치 원칙을 언급한 것이다. 즉 코슈트의 '국민 통합 정책'은 '노동자-농민 동맹'과 동일한 용어이며, '평화 정책'은 '자본주의 고립화' 및 영구적 '평화 투쟁'의 개념과 유사한 것이다. 그리고 '외교 정책'은 소련 및 주변의 인민 민주주의 국가들과 맺은 일련의 상호 원조 조약으로 대체될 수 있다. 공산당의 정치적 노력은 코슈트에 관한 역사적 해석을 상당히 구체적으로 바꿔 놓았다. 공산주의 역사가들은 자신들의 정치 원리를 코슈트의 이상으로 바꿔 놓았고, 현재의 이념과 정치적 가치를 과거에 투영함으로써 공산당이 전개한 일련의 정치적 조치는 충족되지 않은 코슈트의 정치적 욕망을 실현하기 위한 것이라고 포장했다.

공산당의 지도자 숭배의 원칙에 따르면 모든 성공은 당 지도자의 역량에 달려있기 때문에 라코시는 코슈트의 꿈을 이룰 수 있는 역량을 지닌 지도자로 여겨졌다. 공산당은 라코시가 형가리 독립 전쟁과 코슈트의 유산을 물려받고 선조들이 이루지 못했던 목표를 성취함으로써 그들의 정신을 계승했기 때문에 국가 영웅을 모신 판테온에 들어갈 자격이 있다고 선전했던 것이다. 형가리의 정치권, 역사학계, 언론계 등은 다소 간접적인 방식으로 코슈트와 라코시의 관계를 연관지어 묘사했다. 예술분야에서도 이러한 현상이 나타났는데, 특히 회화에서 두 인물 사이의 유사점에 기반한 연관성을 창조하려는 노력이 나타났다. 예를 들면 1919년 당원 모집 연설을 하는 라코시의 모습을 19세기 낭만주의 형식의 코슈트의 이미지를 차용한 웅변가의 형상으로 표현했다. 이에 비해 문학분야에서는 더욱 이해하기 쉬운 방식으로 두 지도자의 연관성을 창작해내었다.

형가리 구전 설화 등 형가리의 민중문학 분야에서 공산주의 혁명 전통에 부합하는 짧은 이야기나 시들을 발굴하여 코슈트와 라코시의 연관성을 만들어 내었고, 이를 통하여 코슈트가 형가리 공산당의 정신적 지주인 것으로 묘사하였다. 공산당 선전선동부 전속 작가인 너지 샨도르(Sándor Nagy)는 단편 "인민의 희망(nép reménysége)"에서 코슈트와 라코시의 연속성을 확립하려는 시도를 잘 보여 주고 있다. 이 이야기의 주인공은 1848~1849년 혁명에 참여했던 인물로 혁명이 실패한 후 언젠가는 코슈트가 돌아올 것이라 믿으며 평생을 보낸 노인이다. 이 노인은 1919년 코슈트가 세게드로 돌아왔다는 소문을 들고 흥분하여 손자와 함께 전설적인 영웅을 만나러 떠난다. 세게드에 도착해 군중이 모여 있는 곳에 가 보니 연단 위에서 어느 연사가 다른 연사들과 열정적인 토론을 벌이고 있었다. 노인에게 연사의 모습은 보이지는 않았지만 노인은 그 연설을 들으며 1848년의 지도자가 결국 집에 돌아왔다고 확신하게 되었다. 연설에 감동한 노인은 악수하려고 연사에게 다가갔다. 그런데 연사는 코슈트가 아니라 처음 보는 청년 라코시였다. 그러나 노인은 신비한 청년 연설가인 라코시에게 실망하지 않았고, 코슈트와 청년의 목표를 나란히 놓아 본다면 둘 사이에 아무런 차이가 없다고 믿게 되었다. "그는 과거에는 코슈트라 불렸고, 현재는 라코시라 불린다!"

너지의 단편은 기본적으로 코슈트의 귀환을 갈망하는 헝가리의 민중 신앙에 기초를 두고 있다. 이 단편은 코슈트의 귀환을 원하는 소박한 백성의 갈망이 라코시 마차시의 등장으로 인하여 '기쁨의 성취'로 변하는 과정을 잘 보여주고 있다는 평가를 받았다. 구원을 가져올 영웅의 귀환에 관한 믿음은 헝가리를 비롯한 유럽 전역의 유랑 전설에 널리 퍼져있다. 이러한 주제는 고대 종교의 신앙 체계와 기독교 신앙에서 모티브를 빌려왔다.

헝가리의 경우도 마찬가지이지만, 이러한 신화는 대개 영웅의 불멸에 관한 믿음에 바탕을 두고 있다. 즉 왕이나 자유의 전사는 죽지 않고 단지 언덕 아래 동굴 같은 비밀 장소에서 잠을 자며 그가 살아 있다는 증거로 수염이 계속 자란다는 것이다. 그리고 백성이 그를 절실하게 원할 경우 백성을 위한 투쟁을 위해 다시 돌아온다는 것이다. 성(聖) 이슈트반, 성(聖) 라슬로, 마차시 1세 등도 비슷한 얘기가 전해지고 있다. 마차시 1세가 동굴에 은신했다는 이야기는 그가 전 세계적 구원자라는 요소까지 포함하고 있다. 즉, 부더(Buda) 언덕이 열리고 왕이 그곳에서 나오면 그는 전 세계의 지배자가 되어 헝가리뿐만 아니라 전 인류를 구원하게 될 것이라는 내용이다.

영웅의 귀환에 관한 전통적인 믿음은 코슈트뿐만 아니라 라코치의 신화에도 뚜렷하게 나타난다. 지도자의 귀환에 관한 대중적 확신은 두 영웅의 망명 직후부터 표출되었고, 두 혁명에 관한 전설의 필수적 구성 요소가 되었다. 죽지 않는 두 명의 반(反)합스부르크 영웅은 19세기 중반부터 종종 이미지가 중첩되었고, 부활한 라코치 숭배는 코슈트 숭배를 무색하게 할 정도였다. 그리하여 코슈트는 라코치의 재림이라거나 라코치 본인이라는 묘사가 1849년 독립 전쟁 당시 기록에 자주 나타나게 되었다. 예를 들면 세게드 인근에 살던 노인이 남(南)헝가리 지역 영주에게 라코치의 불멸을 주장하는 기록이 남아 있다.

> 각하, 라코치는 죽지 않았습니다. 그는 망명길을 떠날 때 반드시 돌아올 것이라고 맹세했습니다. 그리고 그는 돌아왔습니다. 각하께서 그를 코슈트라 불러도 좋지만, 그는 여전히 라코치입니다.

너지의 단편에서 노인의 독백이 두 영웅에 대한 이 이야기의 묘사와 의심스러울 정도로 유사하고 세게드라는 장소도 동일하지만, 실제로 너지의 단편이 이 이야기에서 영감을 받았는지는 불확실하다. 사실 여부를 떠나 너지가 자신의 단편 속에서 사회주의자라고 한 번 언급하기까지 한 코슈트와 당의 지도자 라코시의 연속성을 확립하기 위해 헝가리의 신화를 재창조한 것은 분명한 사실이다.

전설적인 영웅 대신 등장한 라코시는 정신적 성취와 구원을 선사하며, 코슈트와 라코시의 모습은 하나의 이상적인 자유의 전사 이미지로 합쳐진다.

라코시를 1000년 헝가리 역사의 화신이자 궁극적 성취로, 그리고 자유 전사의 계보를 잇는 결정체로 묘사하는 경향은 문학 분야에서도 나타난다. 시인 베시 엔드레(Vészi Endre)는 그의 작품에서 페퇴피와 코슈트가 라코시의 선임자이며, 이들의 정신이 공산당 서기장의 모습으로 재현되었다고 묘사했다. 또한 시인 더라쥬 엔드레(Darázs Endre)는 라코시를 라코치, 코슈트, 라코시와 비교한 뒤, 라코시를 찬양하기 시작한다. 라코시는 가장 열악한 상황에서 조국을 떠났지만, 다시 돌아온 유일한 사람이므로, 그의 선임자들이 3백 년간 이루지 못한 것을 성취할 능력이 있음이 입증되었다는 것이다. 헝가리의 역사적 투사들과 라코시의 연속성을 강조한 문학 작품들은 추상적 영역에 남아있던 '민족의 영웅(도저, 라코치, 페퇴피, 코슈트 등)'에 관한 이상적 이미지를 공산주의 역사 서술에 이식하였다. 라코시는 이 전통의 계승자이자, 그의 선임자들이 하지 못했던 일을 성취한 인물로 묘사되었다. 당 기관지 '자유로운 민족(Szabad Nép)'의 기자 메러이 티보르(Méray Tibor)는 1953년 5월 10일 라코시의 선거 연설에 대해 다음과 같이 평가했다.

> 과거의 위대한 꿈을 실현한 새로운 헝가리의 인민들이 라코치와 코슈트와 1919년의 과업을 이루어 내고 또한 계속 이어가는 조국의 가장 위대한 아들 라코시 동지를 만나기 위해 이곳에 모였다.

라코시가 민족이 추구하던 모든 목표를 이루었다는 서술은 그의 이미지에 시대를 초월한 최고의 가치를 부여했고, 그를 헝가리 역사의 정점에 자리매김하도록 했다. 라코시를 판테온에 모실 국가 영웅의 반열로 만들기 위해 삶 자체가 구원의 이야기로 장식된 공식 전기(傳記)가 등장하기도 했다. 민족에게 구원을 가져다줄 '자유를 위한 궁극의 투사'라는 이미지는 라코시 우상화의 가장 강력한 주제였으며, 그에 대한 숭배가 독특한 헝가리적 색채를 유지하도록 하는 가장 중요한 요소였다. 비록 스탈린이 소련 및 동유럽 인민을 위한 최고 메시아의 자리를 차지하고 있지만, 이러한 이미지는 전통적인 종교적 수사법과 제2차 세계대전의 신화 그리고 러시아 국가 건설의 전통을 과도하게 사용함으로써 구축된 것이었다. 반면 라코시 숭배가 스탈린보다 덜 메시아적이었던 것은 그를 헝가리 민족의 판테온에 모실 영웅의 반열로 만들려는 시도 및 그를 역사의 종결자로 묘사하려는 시도와 관련이 있었다.

소련식 지도자 숭배에 국가적 차원을 더하려 했던 주된 이유는 라코시를 국가 영웅으로 자리매김함으로써 공산당의 지배와 지도자의 지위를 정당화하려는 것이었다. 민족 전통 요소를 숭배에 활용하기 위해 공산당은 과거의 혁명과 민간전승을 활용하고 역사적 유사성을 만들어 냈으며, 당 지도자와 역사적 인물 간의 연속성을 구축했다. 스탈린처럼 라코시도 '우리들의 아버지'라는 칭호를 부여받았는데, 이것은 이전에 오직 아르파드 부족장과 코슈트만이 받은 칭호였다. 공산당 지도자들을 신격화하려는 노력은 시각적 수단을 통해서도 표현되었다. 1945년 초 헝가리 공산당 지도부의 사진은 공공연하게 저명한 국가적 인물의 사진과 함께 등장했다. 예를 들

어 1947년 5월 1일 노동절 행사에 라코시 마챠시, 거러미 에르뇌
(Garami Ernő), 게뢰 에르뇌(Gerő Ernő), 러이크 라슬로 등 공산당 지
도부의 사진이 코슈트, 도저, 라코치 등 민족의 영웅들과 나란히
게시되었다. 특히 100주년 기념행사에서 국가적 인물과 공산당 지
도부의 시각적 결합은 더욱 노골적으로 이루어졌다. 데브레첸에서
개최된 합스부르크 왕가 퇴위(1849년 4월 14일) 100주년을 기념하는
행사 기간 중 코슈트가 연설했던 기차역부터 데브레첸 교회까지의
중앙 거리는 코슈트, 페퇴피, 탄치치의 초상과 나란히 장식된 레닌,
스탈린, 라코시의 사진으로 도배되었다.

공산당은 정치적 시위를 벌이거나 축제를 개최하는 장소를 선택
할 때에도 당 지도부와 과거 영웅들의 연결을 강화하기 위해 치밀하
게 사전 준비를 했다. 헝가리 건국 1000주년 기념물이 있는 영웅
광장은 역사적 영웅들의 신전으로서 모든 공산당 행사의 배경으로
사용되었으며, 공산당 정권의 가장 중요한 국경일 행사에 활용되었
다. 또한 국회 의사당 앞의 코슈트 광장은 라코치와 코슈트의 동상
사이로 당 지도부가 모습을 드러내며 정치 집회나 선거 유세장으로
활용되었다. 이와 같이 사회주의 기념 의식을 역사적 기념물에 물
리적으로 근접시키려는 노력 외에 사회주의 운동의 영웅들을 국가
적 신념에 융합하려는 노력도 있었다. 공산주의 순교자들의 묘소를
케레페시 묘지에 있는 코슈트와 버차니 러요시(Batthyány Lajos) 백작
의 묘소 사이에 조성하려는 의도가 그것이었다. 그러나 노동 계급
영웅들의 신전은 1956년 혁명 이후 1959년에나 조성되었다. 라코시
시대에는 이런 노동계급의 영웅들에 대한 숭배가 상대적으로 적었
으며, 그리 중요하게 간주하지도 않았던 것이다.

4. 결론

헝가리에서의 라코시 숭배가 헝가리의 특수한 전통에 기반하고 있다는 주장이 잘못된 것이라 하더라도 라코시 숭배 혹은 우상화라고 볼 수 있는 기제에는 헝가리의 전통적 요소가 다분히 침투되어 있음을 인정하지 않을 수 없다. 헝가리의 지도자 숭배가 스탈린 우상화를 모방한 것은 분명한 사실이다. 그러나 '1848년 혁명'의 100주년을 맞이하여 이루어진 전통의 재창조는 라코시의 대표성에 영향을 미쳤고, 그에 대한 숭배의 양상을 극적으로 확대했다. 공산당 서기장을 코슈트와 같은 민족 영웅으로 그려내는 시도는 라코시 숭배의 범위를 확대했고 우상화 현상은 공산당의 영역을 훨씬 뛰어넘어 펼쳐졌다. 전통적 요소의 활용 및 선전 활동의 집중화를 통해 라코시 숭배 및 우상화는 공공영역으로 확대되었고, 전 국민이 라코시 우상화의 열렬한 지지자가 되었다. 공산당은 라코시를 당 비서에서 국민적 영웅으로 그리고 헝가리의 전통적 자유 투사로 탈바꿈시킴으로써, 공산당은 자신들이 '뿌리 없는 범세계주의자'라는 비난을 잠재울 수 있었다.

소련식 지도자 숭배와 헝가리 역사·문화의 혼합, 특히 시민혁명과 독립전쟁 100주년 기념행사를 전후하여 집중적으로 이루어진 이러한 활동은 대중의 지지를 얻기 위한 공산당 전략의 핵심이었다.

공산주의 사상가들은 막스 베버가 '전통의 정당화'라고 지칭했던 것들을 조화롭게 조율함으로써 국가의 외관을 당에 이롭게 구축하고자 노력했고, 결국 정치권에서 지배적인 위치를 유지할 수 있었다. 전통적 수단을 통한 공산당과 지도부의 정당화는 서로 밀

접하게 얽혀 있었는데, 그 이념적 틀은 대부분 1848~1849년의 혁명
에 대한 공산주의적 해석에 의거했다. 과거 역사에 대한 공산당의
해석은 마르크스주의 역사관과 독립 전쟁에 관한 대중적 인식을
혼합하여 날조된 형태였다. '진정한 후계자들'이 제공한 역사 해석
은 1848년의 정신적 유산을 계승한 유일한 정치제도로 묘사된 인
민 민주주의와 전후 공산당이 이룬 성취를 정당화하기 위해 사용
되었다. 이러한 틀 속에서 라코시는 국가를 더 나은 미래로 이끌
새로운 코슈트일 뿐만 아니라 과거 역사 투쟁의 정점으로 표현되
었던 것이다.

헝가리 공산당이 선전에 활용했던 민족 전통, 특히 1848~1849년
에 대한 강조는 정권 인수 후에 그 강도가 어느 정도 약화하였는데,
주된 이유는 1948년에 소련 공산당이 헝가리 공산당의 이념을 '민
족주의적 일탈'이라고 비판했기 때문이었다. 헝가리 혁명기념일인
3월 15일을 기념하는 것은 노동자의 기념일인 5월 1일 노동절을
기념하는 것으로 대치되었고, 라코시 시대가 끝나면서 공휴일이 아
닌 정상 근무일로 변하기까지 했다. 그러나 1848년을 기념하는 상
징적 가치가 줄어들긴 했지만, 스탈린주의가 강력한 영향을 미치던
기간에 헝가리에서 재해석된 혁명의 신화는 여전히 중요한 위치를
유지했다.

라코시 숭배에 민족적 요소를 활용한 것이 공산당에게 유익했는
지는 추후 연구 과제이다. 물론 공산당의 선전 선동에 헝가리 민족
의 전통적 영웅들을 남용한 것에 대해서는 비판적인 의견이 다수이
다. 그러나 민족적 감정에 호소한 공산당의 선전이 성공적이었는지
의심스러움에도 불구하고 공산당 선전선동부는 민족적 요소의 선

동 효과를 신뢰했다. 공산당은 정권을 장악한 1949년 선거 후 시골 지역에서의 공산당의 선전 활동을 평가한 보고서에서 민족 전통과 코슈트 숭배를 활용한 덕에 공산당과 라코시의 인기가 크게 올랐다는 내용이 포함되어 있었다.

헝가리 공산당이 지도자의 민족적 특성을 강조하려 부단히 노력했지만, 공산당의 이념이 지닌 근본적인 국제주의적 성향과 소련의 정치적 의지에 종속된 국가 위상은 대중의 마음속에 심었던 지도자의 민족적 측면을 약화시킨 점은 자명해 보인다. 1953년 헝가리-소련 협회 회의에서 레버이가 소련에 대한 충성은 헝가리 민족에 대한 충성을 불러일으킨다고 열변을 토했지만 공산당은 일반적으로 헝가리의 민족적 이익보다는 외국, 특히 소련의 이익을 옹호한다고 인식되었고, 라코시 숭배는 본질적으로 소련의 스탈린 숭배의 헝가리식 탈바꿈이라고 간주되었던 것이다.

1956년 헝가리 혁명

1. 서론

이 논문의 목적은 1956년에 일어났던 헝가리 혁명을 분석해 보는
데 있다. 1956년 헝가리 혁명은 현대 헝가리를 이해하는 초석으로
서 매우 중요한 정치적 사건이었다고 생각된다. 현대 헝가리는 정
치, 경제, 문화 등 모든 면에서 1956년의 혁명과 가깝든 멀든 관련을
갖고 있다. 헝가리에서 개혁을 논하고, 발전을 토론할 때는 언제나
서두에 오르는 주제가 1956년 헝가리 혁명이다. 1989년 사회체제가
변환을 맞이하는 순간에도 그 체제변환 논의의 중심에 1956년의
헝가리 혁명이 자리하고 있었다. 헝가리 현대사에 있어 이 문제는
지금도 역시 가장 논쟁적으로 수없이 많은 재평가와 분석이 이루어
지고 있는 주제이다. 헝가리는 유럽에서 매우 독특한 역사적 기원
과 경험을 가진 민족이다. 또한 소련식 사회주의를 받아들여 소련
에 이어 세계에서 두 번째로 사회주의 국가를 건설했던 경험도 있는
나라이다. 결국 최종적으로 시장자본주의로 회귀한 오늘의 시점에
서, 그것을 가능하게 해주었던 '56년 정신'에 대한 일 고찰은 매우
중요한 의미를 갖게 하는 것이다.

소련식의 사회주의가 동구 지역에 적확한 체제였는가에 대한 문제는 1989년 이후, 과거 동유럽이라 칭해지던 구 사회주의권 국가들의 잇따른 체제전환과 더불어 이제 국가체제론적인 담론의 장에서 논외의 주제로 되어버린 듯하다. 그러나 오늘날의 헝가리가 존재하는 데는 사회주의 그 자체도 기여한 바가 지대하였음은 주지의 사실이다. 헝가리 혁명은 그 정치적 함의가 갖는 중요성에도 불구하고 비교적 이에 대한 연구가 부족한 점이 우리의 현실이다. 특히 오랫동안 지속되어온 권위주의적 정권에 의하여 '반공-탈소 자주화 운동'이라는 다소 도식적인 인식이 상존하고 있는 점도 사실이다. 냉전시기를 지나오면서 '대결적 양상의 논리'가 이 사회를 지배하여 왔고, 그러한 풍토에서 헝가리 혁명에 대한 이와 같은 소박한 인식은 당연한 현상으로 보인다. 그러나 헝가리 혁명의 주체세력이 소련에서 귀국한 공산주의자들이 중심이 되었다는 사실과 체제 내 타협을 추구했던 초기의 이상을 살펴보면 '반공-탈소 자주화'라고 일반적으로 규정되어왔던 이 혁명의 성격 규정에 대한 몇 가지 시사점을 준다. 헝가리 혁명의 진행 과정에서 초기의 동인은 폴란드의 노동자 봉기에서 비롯되었다는 점에서, '자생적 혁명'이라기보다는 '모방된 혁명(Imitated Revolution)'의 성격도 보이며, 13일간의 봉기 과정 중 취해진 제반 조치들 중 외교적 부분을 살펴볼 때, 국가의 자주권 회복을 위한 '독립투쟁'의 성격도 보인다고 할 수 있다. 따라서 헝가리 혁명은 그것이 갖는 정치적, 이데올로기적 의의보다는, 혁명 발생 상황을 중심으로 한 내적 전개 과정을 살펴보아야 한다. 따라서 이 논문에서는 헝가리 혁명의 전개 과정을 국내적인 요인과 주변국, 특히 폴란드의 노동자 봉기의 영향 등에 대해서 살펴보고자 한다. 또한 혁명의 한 축으로서 그 중요성을 간과할 수 없는 너지 임레(Nagy Imre) 수상의 역할에 대해서도 논의해보고자 한다.

2. 민중봉기에서 민중혁명으로

1956년 헝가리 혁명을 규정하면서 이것의 성격이 민중봉기(nép-felkelés: people's uprising, volksaufstand)인가 또는 민중혁명(népforra-dalom: people's revolution, volksrevolution)인가에 대한 논의는 매우 다양하게 진행되어 왔다. 최근의 연구서들은 혁명과 봉기를 같이 사용하는 경향을 보인다. 전통적으로는 민중봉기라는 관점과, 민중혁명이라는 두 개의 관점이 제시되는데, 이 두 가지의 관점이 모두 타당한 면이 있다. 정치학적인 개념에 의하면 혁명은 정치권력을 획득하는 방법의 하나로서 '피지배계급이 기존 체제를 변혁시키고 비합법적 방법으로써 정치권력을 지배계급으로부터 빼앗으려는 권력 교체의 양식'으로 정의되고 있다. 따라서 하나의 혁명은 의도된 권력 획득의 한 방법으로서 조직되고, 실행계획이 갖추어져 있고, 지도부가 존재하며, 원하는 정치적 목적을 달성했을 때 완결된다고 볼 수 있다. 이러한 정치적 목적의 달성은 한 사회의 근본적인 정치적, 경제적, 사회적 구조 또는 체제의 변경을 의미하므로 정치 과정상 매우 급격한 정치현상이라 할 수 있으며, 사회의 근본적 변화를 수반하거나 요구하는 정치현상이라 할 수 있다. 이러한 정의를 놓고 볼 때 헝가리 혁명을 과연 '혁명'이라고 정의할 수 있느냐에 대한 문제가 제기된다. 헝가리 혁명의 발단은 직접적으로는 10월 23일에

있었던 포즈난 노동자들에 대한 동조시위인데, 시위를 주도했던 지
식인, 학생그룹 어디에도 이 혁명을 혁명화하여 '기존의 정치권력을
빼앗으려는' 시도나 의도는 보이지 않는다. 또한 헝가리 혁명의 주
도그룹, 즉, 혁명의 지휘부라는 관점에서도 초창기에는 이렇다 할
지도부가 존재하지 않았으며, ―후에 너지 임레의 총 지휘를 받게
됨― 가장 중요한 점은 성공하지 못했다는 점이다. 이와 같은 점이
헝가리 혁명을 규정할 때 혁명이라 부르기 어려운 요소들이다. 그
러나 혁명이라는 관점이 제시될 수 있는 면은 민중들의 평화적, 합
법적, 비폭력적 요구가 체제옹호세력―헝가리 보안군―에 의해 저
지되면서, 이에 저항하는 민중들이 완전한 사회 체제 변혁을 요구하
게 되었다는 점, 후에 너지 임레가 수상에 임명되어 사회주의의 포
기와 바르샤바 조약기구의 탈퇴 등, 사회주의 국가체제를 완전히
부정하는 정치적 프로그램을 제시하였다는 점, 이를 토대로 하여
헝가리의 사회구조를 근본적으로 변화시키려 하였다는 점에서 헝
가리 혁명의 혁명적 성격을 볼 수 있다. 마지막으로 실패한 혁명에
대한 평가이다. 실패한 혁명은 혁명인가? 글자 그대로 '실패한 혁명'
이라고 규정하는 것이 옳다고 보인다. 혁명은 가장 중요한 요소로
정권 획득 의사, 사회체제 변혁을 위한 프로그램의 존재 유무를 들
수 있는데, 헝가리 혁명은 이 요소를 모두 갖추고 있기 때문이다.
따라서 헝가리 혁명을 혁명으로 지칭해도 큰 무리는 없어 보인다.
헝가리 혁명을 봉기라고 표현하는 저작들은 주로 독일어권의 것들
이고, 헝가리에서도 89년도 이전에는 민중봉기라는 개념이 일반적
이었다. 사회주의 시대에는 사회주의 자체를 부정했던 '혁명'이라는
용어를 사용하기가 매우 부담스러웠으리라 생각된다. 1989년 이전

까지 헝가리에서 주로 사용되던 'felkelés'라는 단어는 '들고일어남', '봉기'라는 의미가 있는데, 최근의 저작들에서는 이러한 표현을 찾아보기 어렵다. 따라서 헝가리 혁명의 성격을 규정함에 있어, 평화적 민중시위가 폭력적 혁명의 과정으로 전화된 것이라고 할 수 있겠다. 헝가리의 정치학자인 호르바트(Horváth Csaba)는 이와 같은 전화 과정을 '집단시위－민중봉기－혁명'이라는 과정으로 정리하였다. 또한 비허리 미하이(Bihari Mihály)는 헝가리 혁명의 전화 과정은 아래와 같은 단계에서 그에 상응하는 정치적 의미를 가지면서 발전하였다고 분석하였다.

1. 시위의 격화－학생시위대의 민주적 평화적 시위
2. 군중에 대한 발포－헝가리 보안군의 과잉 대응
3. 민중봉기적 성격으로의 전화－시민과 학생들의 무장화
4. 혁명적 요구의 등장－현 사회주의 체제의 전면적 포기 요구
5. 그의 수용－너지 임레의 수용
6. 소련의 무력 개입－사회주의의 한계를 넘었다고 판단한 흐루쇼프의 결정
7. 혁명의 실패－무력 진압
8. 지도자들의 체포 및 숙청

즉, 애당초 평화롭게 시작했던 학생시위가 혁명적 성격의 민중봉기로 전화하게 된 이유가 헝가리 보안군(ÁVH)의 과잉대응이었다는 점은 이론의 여지가 없어 보인다. 만약 학생들과 시위자들에게 발포하지 않았더라면 평화시위가 혁명적으로 흘러가지는 않았을 것이고, 헝가리의 개혁도 보다 유연하게 진행되었을 것이라는 주장

이 설득력을 얻는 이유이다.

3. 1956년 혁명의 국제적 요인

헝가리에서 민중 혁명이 발생할 수 있었던 주변적 환경과 국제적 여건은 스탈린 사후 분출되기 시작한 동유럽 지역의 탈 소 자주화 운동과 흐루쇼프의 스탈린 격하운동에서 비롯되었다는 것이 정설이다.

1956년 2월 14일부터 25일까지 소련공산당 제20차 전당대회가 모스크바에서 개최되었는데, 이 회의는 스탈린 사후 열린 최초의 공산당 전당대회로서 중요한 의미가 있다. 그 이유는 제20차 전당대회에서 흐루쇼프를 중심으로 한 신 정권의 등장이 대외에 공표되었고, 소련의 새로운 정책이 천명되었기 때문이다. 흐루쇼프는 대내정책의 기본 방향으로 이론과 실천의 결합, 당의 통일과 권위의 보전, 대 서구 국가들에 대한 전쟁의 불가피성 부정하였는데 이는 서구와의 평화공존으로 이어진다. 서구와의 평화공존 원칙은 공산주의의 전통적인 이데올로기에 대한 수정으로서 사회주의 진영의 '다양한 길'과도 연결된다. 그러나 프롤레타리아 국제주의에 의한 공산주의 진영의 통일과 단합이 어떻게 사회주의의 다양한 길과 병존할 수 있는지에 대한 분명한 해답은 없었다. 결국 흐루쇼프의 정책 방향은 선언적 구호로서 대내외에 소련의 유화된 제스처를 보여주는 데는 성공했으나, 흐루쇼프의 정책을 오해한 동구 국가들의 격변을 야기한 한 원인도 되었다. 또한 이후 비밀연설을 통하여 스탈린을 격하하였다. 정치적 계산에 의해 의도적으로 이루어진 스탈린 격하 연설은 동구권에서 스탈린과 같은 방식으로 통치하던 공산당 지도부들에 대한 경고였다. 이러한 흐루쇼프의 입장은 헝가리를 비롯한 동부유럽 국가들에게 중대한 영향을 미쳤다. 흐루쇼프가 스탈린 격하 운동을 시작한 것은 여러 가지 이유를 들 수 있다. 먼저 스탈린을 속죄양으로 하여 흐루쇼프 자신의 정권을 확립하려는 목적이었고, 둘째는 아직 스탈린주의자로 남아있는 말렌코프, 가가노비치 등 반대세력의 견제를 위한 것이었는데, 특히 몰로토프를 견제하기 위한 수단이었다. 세 번째 이유는 동구 국가들의 스탈린적 지도자들에게 경고를 보냄으로써 향후 대외관계에 있어 소련의 주도권을 빼앗기지 않겠다는 것이었다. 당시 대부분의 동유럽 지도자들이 스탈린의 추종자였기 때문에 흐루쇼프는 이들에 대한 경고의 필요성을 느끼고 있었던 것이다.

　스탈린 격하 운동은 헝가리 국내 정치에도 큰 영향을 미쳤다. 1956년 7월 중순 헝가리 공산당 정치국에서 라코시의 해임 결의안을 제기하였는데, 예상외로 공산당 중앙위원회에서 이 안을 인준하였던 것이다. 이후 공산당은 라코시의 후임으로 게뢰 에르뇌(Gerö Ernő)를 선출하였다. 또한 너지 임레에 의해 정치적으로 사면되고 복권된 카다르 야노쉬를 새 정치국원으로 임명하는 등 체제를 정비하였다. 그러나 이러한 조치들은 헝가리에서 불고 있는 혁명의 바람을 차단하기에는 역부족이었다.

　1956년 헝가리 혁명에 영향을 미친 또 다른 대외적 요인은 동유럽 각국에서 발생하고 있었던 노동자, 학생들의 시위와 봉기 등 공산당 체제에 대한 저항운동이다. 1953년 6월 동베를린의 노동자 폭동을 필두로 해서, 1956년 6월 28일에 폴란드의 포즈난에서 노동자들의 시위가 터져 나왔다. 특히 폴란드 사태는 헝가리 혁명의 직접적인 도화선이 되었다. 포즈난 노동자 시위는 지금까지 진행되어온 강요된 스탈린 체제에 대한 도전이며, 그 스탈린 체제가 이완되기 시작한 과정으로 파악해야 한다. 위기에 몰려있던 공산당으로서는 포즈난의 노동자 시위가 도화선이 되어, 당과 정부 등 모든 면에서의 새로운 구조를 받아들이게 되었다. 특히 개혁의 상징이자 기수로서 개혁활동을 추진하다가 숙청되었던 고무우카의 재등장은, 이후 헝가리 인민들이 너지 임레의 복귀를 요구하게 한 하나의 동인이 되었다. 10월 23일 부다페스트에서 발생한 최초의 학생시위가 폴란드 노동자들의 승리에 대한 지지 시위였음은 폴란드 사태와 헝가리 혁명의 연관성을 보여준다.

제2차 세계대전의 전후 처리는 원칙적으로 1947년의 파리강화조약에서 규정된 국경선 설정 원칙에 의하여 진행되었다. 파리강화조약은 동유럽 지역에 대하여 소련의 우위권을 완전히 인정하는 방향으로 결정되었으며, 이는 차후 동유럽의 공산화 과정과도 밀접한 관계를 맺게 되었다. 소련이 제2차 세계대전 후 헝가리와 오스트리아 지역에 주둔할 수 있게 되는 근거는 파리강화조약의 전승국규정에 의한 것이며, 이로 인하여 소련 본국과 오스트리아 간의 통신망을 유지 관리하는 목적하에 소련군의 헝가리 주둔이 인정되었다. 이는 다시 1955년 4월 바르샤바 조약, 오스트리아와 평화조약 체결 등을 통하여 소련군의 헝가리 주둔은 기정사실화되었다.

소련의 헝가리 진주는 전승국의 입장으로서 '점령'을 의미하는 것이었으며, 이는 패전국 헝가리의 경제 사회 전반에 걸쳐 심대한

타격을 주는 것이었다. 소련은 점령국으로서 헝가리의 산업시설이
나 물자를 전리품으로 간주하여 소련으로 가져갔으며 헝가리 사회
에 많은 피해를 주고 있었다. 소련은 헝가리 내정에 간섭하여, 1949
년까지 완전한 공산화를 이루어냈다.

4. 1956년 혁명의 내(內)적 요인

1956년 헝가리 혁명의 내적 요인을 살펴보기 위해서는 헝가리의
스탈린적 지도자인 라코시 마챠시(Rákosi Mátyás)의 통치 방식을 살
펴보아야 한다. 라코시 마챠시는 스탈린에 버금가는 테러 정치를
자행하였고, 경제적인 측면에서는 각 산업부문의 국유화, 농업 부
문에서의 집단화 등을 급속하게 추진해 나갔다. 라코시의 전체주의
적 통치 방식에 대해 헝가리 인민은 전간기의 호르티 정권보다도
더욱 강압적이고 전체주의적인 것으로 받아들이게 되었고, 이로 인
한 불만과 긴장이 증가하고 있었다. 라코시가 집권하며 진행된 급
격한 스탈린화는 공산주의 자체를 지지하던 이성적 공산주의자들
에게도 납득하기 어려운 것이었다. 이러한 정서는 공산주의 체제를
유지하면서 체제 내에서 가능한 변화를 추구해 보자는 내적 개혁의
요구로 부상하게 되었다. 이들의 이러한 요구들은 곧이어 과도한
중공업화에 대한 비판과 집단농장화에 대한 수정 요구로 이어지게
되었으며, 스탈린 사후 라코시의 지도체제가 흔들리기 시작하자 지
식인들과 학생들을 중심으로 하는 비판세력들에 의하여 보다 강력
하게 요구되었다.

　이러한 지식인, 학생들의 저항운동은 하나의 구체적인 운동 형태를 보였다기보다는 소규모로 은밀하게 이루어진 것이 특징이었다. 이들은 공개적인 석상에서의 체제 비판보다는 사미즈타트 형태의 지하 유인물 발간작업, 카페나 찻집에서의 소규모 모임을 통한 정치토론, 대학 내의 이념서클 조직 등의 방법으로 라코시 체제에 대한 비판을 시도하고 있었다. 스탈린의 사망은 비판세력에게 라코시의 스탈린식 독재를 청산할 수 있는 기회로 받아들여졌으며 보다 적극적이고 구체적인 방식으로 비판의 수위를 높여나갔다. 이에 대해 헝가리 공산당은 경제개혁에서의 급격한 중공업화, 집단농장화가 전체 인민의 삶의 질을 떨어뜨렸다는 비판을 수용하고, 제한된 범위 내에서의 변화를 시도하였다. 즉, 절대 권력을 누리고 있던 라코시를 권력의 정점에서 밀어내어 상징적 의미가 큰 당 서기장으로서만 활동하게 하였다.

　라코시의 뒤를 이어 수상에 오른 너지 임레는 온건한 수정주의적 입장을 견지하며 헝가리 사회의 개혁을 시도하였다. 너지 임레는 모스크바 계였으나 다른 스탈린주의자와는 달리 소비재 생산을 고갈시키면서까지 강제에 의한 일방적인 중공업 정책을 따르려 하지 않았을 뿐더러 강제에 의한 농업의 집단화를 둔화시키고, 교회와 지식인에 대해서도 보다 관용적인 정치 노선을 지향하였다. 또한 스탈린 시대에 석연치 않은 이유로 체포되었던 많은 정치범을 석방하여 ─여기에는 혁명 후에 헝가리 공산당의 실권자로 올라선 카다르도 포함되어 있다─ 인민 대중의 지지와 더불어 공산당원으로부터도 상당한 호응을 받고 있었던 정치 지도자였다. 너지 임레는 헝가리 공산당이 처한 위기의 본질을 직시하고 있었기 때문에 공산주의의 틀을 지키는 범위 내에서 개혁정책을 지속적으로 추진했다.
그러나 너지 임레는 그의 영향력이 확대되는 것을 경계하고 있던
라코시와 아직도 당내에 잔존하고 있던 라코시의 추종세력에 의해
계속해서 공세에 몰리고 있었다. 결국 1955년 너지 임레는 실질적
으로 당의 권력을 장악하지 못한 채 라코시파들이 장악하고 있는
중앙위원회의 결의에 의하여 수상 직을 사임하였다. 이 시점은 아
직 라코시가 비판 대상으로 전면에 부각되기 전의 일이었다.

  스탈린적인 라코시 독재에 대한 비판은 1956년 초 〈문예신문:
Irodalmi Újság〉을 통하여 처음으로 표면화되었다. 역사적으로 전
환기에 있어 언제나 그래왔듯이, 헝가리에서 중요한 체제 저항세력
으로서의 작가들은 무시할 수 없는 영향력을 확보하고 있다. 이들
작가군의 활동은 헝가리 개혁운동에 있어 중대한 전환점이 되며,
이들의 영향력에 의해 공산당과 정부에 대한 비판이 서서히 전면으
로 부상할 수 있게 되었다. 여기에 더하여 스탈린 사후 급변하는
모스크바의 정세를 간파하여, 이것이 헝가리에 유리하게 작용하리
라고 판단하고, 이를 헝가리 정세에 활용하고자 했던 지식인들의
노력은 평가받을 만하다. 이들의 노력은 너지 노선에 대한 지지로
나타나기 시작했으며, 이는 곧 라코시에 대한 반대와 비난으로 이어
졌다. 스탈린 사후에도 라코시는 아직 당 제1서기 직을 유지하고
있었으며, 도처에 자신의 추종자들을 확보하고 있었다. 이미 수상
직에서는 물러난 라코시였지만, 당내에 존재하는 자파 관료들을 조
정하여, 1953년 7월 의회에서 밝힌 너지의 '새 시대, 새로운 시기'
노선이 관철되지 않도록 영향력을 행사하였으며, 이에 따라 너지가
추구했던 새로운 개혁 노선은 전혀 실효를 거두지 못하고 있었다.

이에 대한 작가와 지식인의 비판이 점증하고 있었다.

1956년에 접어들면서 라코시는 강력한 당내의 비판과 도전에 직면하게 되었으며, 특히 헝가리작가연맹(MISZ: Magyar Írói Szövetsege)과 청년 대학생들의 토론조직이며, 학생단체화 한 페퇴피 서클(Petöfi kör) 등은 공개적인 자리에서 그들의 주장을 펼치고, 헝가리에서의 개혁 방안에 대한 논의들을 진행시켰다. 너지는 당시 재야의 신분으로 있으면서도, 그가 수상재임 시 추진했던 개혁정책들에 의하여 지식인들 사이에서 많은 호응과 지지를 받고 있었다. 특히 일단의 작가들과 언론인들로 구상된 지식인 그룹들과의 정기적인 회합을 통하여 너지는 그의 개혁 노선에 대한 사상들을 광범위하게 전파시킬 수 있었다.

너지 임레는 스탈린 시대에 고난 받은 이상적 공산주의자로서 인간적 사회주의를 추진하려 했던 지도자였다. 헝가리 농과대학(Magyar Agrártudományi Egyetem) 교수로서 농업정책 부분에 이미 상당한 지명도를 획득하고 있었던 그는 과도한 중앙집중식 명령경제와 그에 따른 중공업 우선 정책이 가져올 위험에 대하여 시종일관 경고하고 있었다. 여기에 더하여 너지가 지식인들의 광범위한 지지를 받을 수 있었던 요인은 그가 시종일관 주창하고 있었던 '새 시대, 새로운 시기(Új szakasza)'라는 개념 때문이다. 이 개념은 당시의 경제문제에 대한 비평뿐만이 아니라, 정치적인 측면에서도 스탈린식의 강압적인 사회주의를 탈피하고, 보다 인간적인 모습을 한 사회주의의 건설을 목표로 하고 있으며, 그에 따라 경제적으로는 인민의 생활을 직접적으로 향상시킬 수 있는 경공업과 농업 등에 보다 집중하고, 정치적으로는 인민대중의 이해와 요구를 수용하는 신정치 시스템을 조직한다는 내용이 중심을 이루고 있다. 이러한 너지의 사상은 비록 라코시에 의해 권좌에서 밀려나기는 했지만 너지 임레가 헝가리 지식인들과 인민 대중에게 지속해서 광범위한 영향력을 행사할 수 있도록 해준 한 요인이다. 차후 혁명이 진행되어 감에 따라 너지 임레의 복권이 가장 중요한 이슈로 떠오르고, 그것이 받아들여져 너지가 다시 수상에 임명되었을 때 헝가리 혁명의 열기가 최고조에 달했던 점 등을 생각해 보면 너지 임레의 역할이 헝가리 혁명에서 매우 중요한 동인이었음은 반론의 여지가 없어 보인다. 최근의 연구에서 너지 임레의 방법론에 대한 비판적 논의가 개진되기도 하나, 그의 역할의 중요성 자체에 대하여는 비판이 거의 제기되지 않고 있다.

　너지 임레와 더불어 헝가리 혁명의 핵심적인 요소로서 페퇴피 서클(Petőfi kör)의 존재와 역할을 들지 않을 수 없다. 1956년 3월 17일 '페퇴피 서클'이 공개적으로 모임을 갖기 시작한 것은 매우 중요한 계기적 사건이었다. 이 모임은 페퇴피 샨도르(Petőfi Sándor)의 이름에서 유래된 것이다. 이 서클은 원래 대학생들의 토론 모임으로서 '노동청년동맹(DISZ)'의 방계조직체이었다. 페퇴피 서클은 대학 내의 문제뿐만이 아니라 전 사회적인 이슈들에 대한 청년의 관심을 고양하고, 이들이 나아가 헝가리 공산당의 지도적 인물이 될 수 있도록 지원하는 공산당의 엘리트 양성 조직의 성격이 강했다. 따라서 초창기의 모임이나 집회는 주로 당의 고위 간부가 관장하였다. 그러나 50년대의 비판적 성향은 이 모임 역시 체제 비판과 개혁을 위한 토론의 장으로 화하게 하였다. 페퇴피 서클은 개혁적 공산당 지식인의 참여와 더불어 스탈린 시대에 핍박받은 희생자들에게도 기회를 제공하여, 그들이 스탈린 치하에서 당한 고통을 밝히고 성토할 수 있는 계기를 마련해 주었다. 이 모임에서는 세계적 마르크스주의 철학자인 루카치도 참여하여 스탈린주의의 문화정책을 공박하고, 젊은이들에게 스스로 생각하는 독립적인 지식의 소유자가 되라고 요청하기도 하였다.

'페퇴피 서클'은 공식적으로 1956년 3월부터 활동을 시작하였다. 그러나 이 운동은 너지 수상 집권 시절이었던 1954년 겨울부터 시작되었다고 보는 것이 타당하다. 이들의 연원은 공산당 내부에서 대중 계몽을 위한 핵심 조직체로 공산주의 지식인들이 결성한 토론 모임인 코슈트 서클까지로 거슬러 올라간다. 이 모임은 대학, 전문 단체, 학문 연구소, 경제 단체 등 여러 분야의 지식인들뿐 아니라 공산당의 여러 기관과 부서에서 일하는 지식인들도 회원이 될 수 있게 널리 열려 있었다. 이처럼 공산주의자와 인민파(népies)가 '페퇴피 서클'의 핵심이었으나, 이 서클이 공식 조직이 되면서 회원 자격도 공산당원으로 한정하게 되었다. 그러나 이미 다양한 지식인들이 참여하게 되면서 비록 공산주의적 색채를 띠었다 하더라도 헝가리 최대의 비판적인 지식인 그룹의 역할을 하였다고 볼 수 있다. 이러한 비판적 지식인 그룹의 형성과 이들의 활동은 헝가리 정치 문화의 특징적인 면을 보여준다고 할 수 있다. 따라서 이러한 페퇴피 서클의 활동에 대하여 공산당 지도부가 의혹의 눈초리를 갖고, 수시로 감시와 협박을 가한 것은 당연한 일이다. 공산당은 전면적인 탄압에 앞서 지능적인 방법으로 이 조직의 와해를 시도하였다. 그러나 공산당의 섣부른 탄압방식은 오히려 이 조직의 명성을 드높여 주는 결과를 초래하고 말았다. 이와 같이 체제 비판적 조직이 공산당에 의해 만들어져 (준)합법적인 공식 기구가 되고, 이 모임이 스탈린주의에 대한 성토와 비판의 장이 되고, 나아가 반체제 조직으로까지 작용하게 된 것은 역설이라고 할 수 있다.

페퇴피 서클의 활동은 사회주의권의 변혁을 연구하는 과정에 매우 의미 있는 시사점을 제공해준다. 일반적으로 대중운동의 성립이 불가능한 것으로 알려진 사회주의 국가에서 이와 같은 대중 운동적 형태가 존재할 수 있었다는 점은 폴란드의 자유노조, 체코슬로바키아의 77그룹 등과 더불어 개혁 사회주의 운동에 큰 이정표라 아니할 수 없다. 헝가리 혁명은 이 페퇴피 서클에 의해 그 시발점이 기초되었다는 점에는 반론의 여지가 없어 보인다.

5. 혁명의 진행과 실패

1956년 10월 6일 수정주의자로 낙인찍혀 비밀리에 처형당한 러이크 라슬로(Rajk László)의 재매장 행사에서 수천 명을 헤아리는 너지 임레를 비롯한 지식인, 작가, 언론인, 대학생들이 모였다. 장례식 후 이들은 자연스럽게 대오를 형성하여 부다페스트 중심가로 행진해갔다. 여기에서 "스탈린 타도!"와 "비밀경찰 해체" 등의 구호가 등장하기 시작하였다. 그러나 이에 대하여 경찰은 합법적인 공산당 청년 조직체가 공식적으로 거행하는 기념식의 일환으로 알고 지켜보고만 있었다. 이러한 경찰의 태도에서 자신감을 얻은 일단의 대학생들이 10월 23일 오후 대규모 시위를 조직하며 거리로 나서게 된 것이다. 특히 이 시위는 부다페스트대학교 재학생들이 주축이 조직되었다. 이들 시위대의 주요 멤버들이 대부분 '페퇴피 서클'에 참여하고 있었고, 페퇴피 서클에 참여하고 있던 여러 지방 대학의 학생들도, 자신이 소속된 각 학교마다 이와 비슷한 조직들을 운영하고 있었다. 1956년에 하반기에 들어오면서 이들의 주된 비판의 대상이 1. 소련이 차지하고 있는 사회주의 국가 내에서의 종주국의 위치(특히 헝가리에서의 위치) 2. 소련군의 동유럽국가에 대한 주둔(헝가리 포함) 3. 헝가리 공산당 고위층과 행정부서 관료들의 특권 4. 대학의 관료적 지배체제와 비민주적 분위기 등으로 집중되며, 전반적인 반스탈린적 분위기가 형성되고 있었다. 이러한 저항의식의 형성은 사회주의의 이상과 동떨어진 체제의 현실에 대한 의식이기도 하였다. 헝가리에서의 사회주의는 열광적 환영을 받으면서 도입되었다. 사회주의가 내세운 이상, 장밋빛 미래, 만인의 평등에 대한 환상, 민중의 토지 소유에 대한 희망 등 사회주의는 전후 피폐한 헝가리를 재건할 수 있는 유일한 대안으로 간주되었다. 그러나 사회주의가 도입된 지 채 10년도 되기 전에 그에 대한 실망과 배신감은 전 사회적인 현상으로 자리하고 있었으며, 소련에 대한 불신과 불만이 팽배한 상태였었다. 특히 젊은 층에서의 반발은 더욱 심한 것이었다. 혁명기에 대학교에서의 러시아어 강제교육 철폐와 같은 구호가 등장하였던 점은 이를 잘 보여준다.

10월 23일 시위대가 부다페스트 전역을 행진하며 점점 그 규모가 늘어나 수만 명의 인파가 모인 대규모 시위대로 변하였다. 그러나 시위대는 평화로운 양상을 지키고 있었으며, 혁명으로 가기를 원하지 않고 있었다. 이때 작가연맹이 발표한 7가지 사항을 살펴보면 56년 혁명의 근본 성격을 잘 파악할 수 있다.

1. 우리는 사회주의 이념에 입각한 독자적 국가정책을 원한다. 모든 국가와의 관계, 그리고 우선적으로 소련과 인민 민주주의 국가들과의 관계는 평등의 원리에 기초해서 조절되어야만 한다. 우리는 국가 간에 체결된 조약들과 경제 협정들을 국가 권리의 평등정신에 비추어 재조명할 것을 원한다.

2. 인민들의 화합을 해치는 소수민족 정책들에는 하나의 목적이 부가되어야만 한다. 우리가 원하는 것은 우리 동맹들 ─소련과 인민 민주주의 국가들─ 과의 진실 되고 성실한 우애이다. 그것은 오직 레닌주의 원칙에 입각해서만 실현될 수 있다.

3. 국가의 경제 상태는 명확히 밝혀져야만 한다. 모든 노동자, 농민, 지식인들이 국가의 정치, 사회, 그리고 경제적 관리체계에 적당한 역할을 할 수 없다면, 우리는 지금의 위기를 헤어날 수 없다.

4. 공장은 노동자와 전문가에 의해 운영되어야 한다. 현재의 치욕적인 임금, 작업 기준, 그리고 사회보장 제도 등은 개선되어야만 한다. 노동조합은 헝가리 노동자 계급의 이익을 진정으로 대변하는 기구가 되어야 한다.

5. 우리의 농업정책은 새로운 토대 위에 수립되어야 한다. 농민들은 자유롭게 스스로의 운명을 결정지을 수 있는 권리를 부여받아야 한다. 협동조합의 비조합원을 위한 정치, 경제적 조항이 제정되어야만 한다. 생산물 및 세금을 국가에 상납하는 현재의 체제는 점차 자유로운 사회주의적 생산과 상품교환을 보장하는 체제로 대체되어야 한다.

6. 지금까지 지적한 사항들이 실현되려면 당과 국가의 지도부의 구조 및 인물들이 교체되어야만 한다. 복위를 꿈꾸고 있는 라코시 일파는 우리의 정치 영역에서 제거되어야만 한다. 순수하고 용감한 공산주의자이며 헝가리 인민들의 신임을 받고 있는 너지, 그리고 최근 몇 년 동안 사회주의적 민주주의를 위해 체계적으로 투쟁해온

모든 사람들은 그에 합당한 지위를 부여받아야 한다.

7. 현 상황의 진전은 인민 애국전선이 헝가리 사회 노동계층의 정치적 대표가 되어 줄 것을 요구하고 있다. 우리의 선거 체제는 사회주의적 민주주의의 요구에 합당해야 한다. 인민들은 자유 비밀 선거로써 의회, 평의회, 그리고 모든 자율 행정기관의 대표들을 선출해야 한다.

작가연맹의 선언서는 민주적 공산주의의 이상을 완수하자는 다소 낭만적인 모습을 보여준다. 또한 급격한 사회구성체 상의 변화보다는 체제 내에서의 안정적 개혁이라는 점이 강조되고 있음을 볼 수 있다. 그러나 시위대의 양상은 온건한 구호에서 시작하여 점점 급진적으로 전화되고 있었다. 혁명의 열기가 고조되어 가는 가운데 너지 임레가 나타나 시위대의 해산을 종용했다. 그러나 시위대는 너지의 복직, 라코시 일당의 재판 회부, 생산 쿼터의 철폐, 소련과의 교역 관계 재협상, 시민권, 언론·출판·집회의 자유 보장, 소련군의 철수 등을 요구하며 점차 과격화하는 양상을 보이기 시작하였다. 시위대는 영웅광장 주변에 있던 스탈린의 동상을 끌어내려 트럭에 매달은 채 시내를 끌고 다녔다. 또한 공산당보사 외벽에 붙어있던 붉은 별을 떼어 내고 그들의 요구 사항을 기사화하라고 요구했다. 10월 23일 국가보위부가 시위대에 발포한 후, 시위는 무장봉기화하였으며, 10월 24일 아침 드디어 소련 탱크가 개입하고 헝가리 혁명은 대규모의 유혈을 부른 사태로 바뀌었다. 새로 수상에 임명된 너지는 사회주의 최후의 보루라고 상정되는 몇 가지의 강령들을 포기한 새로운 강령들을 제시하였다. 이 강령들은 다음과 같다.

　가) 공산당의 지도적 역할 포기

　나) 복수 정당제의 표명 – 일당제의 포기

　다) 바르샤바 동맹으로부터의 이탈

　라) 중립선언을 통하여 영세 중립국화 추진

　마) 노동자 평의회 제도의 활성화와 공인

　바) 헝가리에서 소련군의 완전한 철수

　사) 식량조달체계의 폐지 등이다.

　위에서 보이듯이 너지의 강령은 이미 사회주의의 길을 포기하고 중립국으로서 소련의 영향권에서 자유로운 헝가리의 미래를 상정하고 있었으며, 이는 소련이 절대로 용납할 수 없는 마지노선이었던 것이다. 이 강령들이 발표되고 나서 5일 후인 11월 4일, 소련은 3000여 대의 탱크와 200,000의 병력으로 재차 무력침공을 감행하여 헝가리 혁명을 진압하였다. 부다페스트를 비롯하여 전국적으로 벌어진 대소무장항전에서 헝가리 시민군은 중무장한 소련군에 의하여 철저하게 괴멸되었으며, 지울 수 없는 상처를 안게 되었다.

　결과적으로 너지의 급진적인 조치가 소련군의 침공의 직접적인 원인이 되었던 것이다. 여기에 대하여 너지 판단에 적실성에 대하여 의문을 제기하는 논의들이 있다. 즉, 수상으로서 사회주의 근간을 뒤엎는 시위대의 혁명적 요구를 전면 수용하였다는 것은 차후 발생하게 될 소련의 개입을 방기한 무책임한 것이었다는 점이다. 즉, 헝가리로서도 소련과의 관계를 고려하면서 사회주의 원칙은 포기하지 않고, 내적인 개혁 조치들을 가속화하는 방식으로 혁명 요구를 받아들였더라면 소련도 어느 정도 선에서는 양보를 했을 것이고, 폴란드와 같은 합의를 이끌어 낼 수도 있다는 견해이다. 일면 타당성이 있어 보이는 지적이다.

헝가리 정부에서 소련의 무력침공에 대하여 서방세계에 청한 최후의 요청들은 무시되었다. 부다페스트의 라디오 방송국들은 소련군의 수중으로 넘어가는 그 순간에도 최후의 방송을 통해 U.N과 서방측에 도움을 요청하였다. 그러나 U.N의 대응은 결의문 채택과 헝가리 혁명에 대한 보고서 채택이 전부였다. 서방 지도자들은 이미 1945년에 소련과 합의를 통하여 동유럽의 주도권을 소련에게 이양하였기 때문이다. 혁명 발생 초기에 미 국무성은 여러 경로를 통하여 '소련의 이익을 해칠 의도를 갖고 있지 않음'을 전달했다. 아이젠하워는 1956년 11월 14일의 기자회견에서 "…우리는 무장 폭동을 주장하거나 추구한 적이 없다. …… 미국은 지금도 그렇지만 과거에도 결코 무방비의 사람들에 의한 공공연한 반란을 옹호한 적이 없었다."고 하였다.

헝가리 혁명의 투사들이 서방에 대해 약간의 환상을 갖고 있었다면, 서방은 그들에 대하여 어떠한 환상도 갖고 있지 않았던 것이다. 헝가리 혁명에 대하여 소련의 무력 침공이 가능했던 국제적 요인 중의 하나로서 '수에즈 문제'를 들 수 있다. 미국과 영국 등 서방국가들은 수에즈 문제로 인하여 더 이상 동유럽 문제에 신경을 쓸 형편이 못 되었다. 이들은 동유럽 문제에 대하여서는 그저 소련의 '처분'만을 바라는 입장이었다. 설사 동유럽에서 문제가 발생한다 하더라도 이미 제2차 세계대전에 이어, 한국전쟁 등에 자국군을 파견했던 U.N 국가들이 또다시 헝가리 혁명에 직면하여 군사적으로 행동을 할 수 있는 가능성이 매우 희박하다는 점을 흐루쇼프는 잘 알고 있었다. 더군다나 흐루쇼프가 명백히 파악하고 있었던 점은 서방세계가 공산권과의 분쟁에 의한 제3차 세계대전을 우려하고 있었기 때문에 어떠한 경우든지 헝가리 혁명에 직접적으로 개입하는 경우를 최소화하고 있다는 점이었다. 흐루쇼프는 수에즈 사태의 진전을 보아가면서 헝가리 진입의 시기를 조절하고 있었다. 헝가리 혁명이 혁명적 양상을 보이며 소련으로부터의 이탈을 공식적으로 선언하고 나오기 시작하자, 흐루쇼프는 11월 4일 영-불 연합군이 수에즈 운하 지대로 진입하는 그때를 기하여, 헝가리로 탱크 부대를 진입시켰던 것이다. 이에 대하여 미국 등이 취할 수 있는 조치는 오로지 바라보는 것뿐이었다. 당시 미 국무장관이었던 덜레스는 다음과 같이 기록하고 있다.

> 미 국무성은 이 사태에 대하여 전혀 도움도 주지 못한 채 고통스럽게 쳐다보고만 있었다. …모든 국무성의 직원들은 극단적으로 괴로워하였다…

여기에서 볼 수 있는 것은 미국의 이중적인 태도이다. 국무성 내부 보고서에는 이미 헝가리 혁명에 개입할 의사가 없음을 명백히 하고도, 대외적인 기록에는 미국의 '어쩔 수 없었던 방관'을 합리와 하는듯한 태도는 이 시기의 미국외교정책의 한 특징을 보여준다.

결국 이 기간 중 최소한 2,700명의 헝가리인이 사망하였고, 봉기 후의 소련에 의해 날조된 재판에 의해서 105명이 사형 당하는 비극적인 종말을 맞게 되었던 것이다. 너지 임레는 그 후 2년 동안 복역하다가 1958년 그의 동료들이었던 멀레테르 빨(Maléter Pál), 실라지 요제프(Szilágy József), 지메쉬 미끌로쉬(Gyimes Miklós) 등과 함께 사형을 선고받고 즉시 교수형에 처해졌다.

부다페스트는 물론이고 전국에 걸쳐서 진행되었던 혁명의 여파로 인하여 1956년 총 생산이 전년의 2/3수준으로 떨어졌고, 1956년 말까지 교통과 통신이 거의 전면적으로 마비된 상태였다. 지방의 일부 산악지대에서는 12월 말까지 무장 저항이 계속되어 일반적인 시민 생활이 불가능한 상황이었다. 부다페스트에는 소련군의 호위 없이 당 관료들은 나다닐 수도 없는 상황이었고, 총파업과 사보타지가 계속되고 있었다. 혁명은 계속되고 있었던 것이다. 공산당은 까다르의 통제하에 일사불란하게 상황을 장악해 나갔지만, 이미 정권에 등을 돌린 인민들의 정서를 되돌리기에는 역부족이었다. 혁명 초기 까다르는 '혁명의 위대한 정신'을 찬양하며, 자신도 소련군에 대항하여 끝까지 싸우겠다는 결의를 표명하기도 하였다. 그러나 혁명 기간 중 모스크바 소환되었다가 돌아온 후부터는 '폭도들의 반란'이라는 용어까지 사용하며 시민군을 매도하였다. 이때 까다르가 보여준 정치적 이중행위는 헝가리 민중들에게 깊이 각인되어 추후 까다르 정권에 대한 수동적인 저항, 비협조의 모습으로 까다르에게 되돌아간다. 이러한 인민의 정서를 잘 알고 있었던 까다르는 상대적으로 경제적 부분에서의 자율권을 확대하여 헝가리 인민의 생활수준이 여타의 동유럽 국가들의 그것에 비하여 월등하게 나아지도록 하였음은 잘 알려진 사실이다. 이러한 까다르식 공산주의, 까다르식 통치방식을 구야시 공산주의(Gulyás kommunizsmus)라고 한다.

6. 결론

헝가리 민중혁명의 배경과 과정을 살펴보면 국내적 요인과 국제적 요인이 함께 상존하고 있음을 알 수 있다. 헝가리 민중혁명은 단지 하나의 요인에 의해 설명되기에는 복잡한 양상을 보인다. 명백해 보이는 점은 헝가리 지식인에 의해 기초되고 실행에 옮겨진 지식인 운동의 연속선상에서 발생한 대규모의 정치 동원이었으며, 이는 주변의 상황과 맞물려 혁명화하게 되었다고 보인다. 헝가리 혁명이 헝가리 지식인의 운동이라는 개념은 공산주의에 대한 마르크스-레닌적 회귀와 그의 헝가리 사회에 대한 합리적 적용이라고 할 수 있겠다. 이는 혁명의 내적 동인으로 규정할 수 있는 부분이다. 헝가리에서의 수정주의적 운동은 공산주의 지식인들에 의하여 제기된 정치적 사상적 흐름으로서 스탈린주의의 비판, 마르크스주의의 도덕적 근원으로의 복귀, 민중들과 공산당과의 화합으로 정리할 수 있다.

마르크스 이데올로기와 그것이 내포하고 있는 유토피아 건설에 방해가 되는 스탈린적 잔재들을 청산하자는 것이며, 실천적인 면에서 공산당을 개혁함으로써 공산주의를 개조하고, 나아가 공산당의 권위의 주도하에 전반적인 민주화를 시도하여 민주적인 사회주의 모델을 창조하려는 것이었다고 볼 수 있다. 이러한 사상은 루카치 이래로 계승되어 오는 헝가리 지성사의 한 면면이기도 할 것이다. 이러한 점에서 헝가리 수정주의적 개혁 운동은 체제 내적인 운동이며, 공산주의 이념의 개조 가능성과 개혁 주체로서의 유일한 주체는 공산당이라는 신념에 바탕을 둔 운동이었다. 이 운동의 성격이 체제 내적이라는 근거는 이들이 지향했던 개혁의 목표가 공산주의 자체의 전복이나 포기를 의미하는 것이 아니라 내부적 모순의 제거라는 측면에서 잘 드러난다. 그 개혁운동의 주체들이 대부분 공산주의를 신봉하는 지식인이거나 공산당원이었다는 점이다. 이러한 운동의 양상은 오늘의 헝가리의 개혁을 이해하는 데에 커다란 도움을 준다. 즉 그 당시 개혁의 상황이나 오늘의 모습에서 발견할 수 있는 차이점은 별로 없다. 단지 개혁을 주도하는 주체들이 좀 더 다양해졌고 국민들의 의식이 좀 더 성숙해졌다는 차이 정도 일 것이다. 헝가리 혁명은 비록 실패하기는 하였지만 헝가리 내에서 스탈린식의 단극적 지배 체제에 저항한 대규모의 봉기이자 혁명이었으며, 헝가리 사회가 사회주의 원칙으로 한발 진보하게 해준 중대한 사건이었다. 혁명 후 집권한 까다르는 혁명 초기 혁명을 지지했던 자신의 입장을 되돌려 반혁명으로 돌아선 후 자신의 배신에 대한 유화책으로서, 새로운 형태의 정치를 선보인다. 소위 까다리즘이라는 헝가리 특유의 공산주의 정책을 펴나간다. 즉, 사회주의의 기본 원칙을 해치지 않는 선에서 인민에게 보장할 수 있는 최대한의 복지와 자유를 보장함으로써, 그들의 생활에 실질적인 도움을 준다는 정책으로 나갔다. 이는 이후 60년대, 70년대의 정치적 안정과 경제적 성장을 이끌어 내는 동력이 되었다. 비록 실패한 혁명이었지만, 혁명의 기본 정신은 1968년의 신경제체제(NEM : New Economic Mechanism), 1989년의 체제전환기에도 그대로 이어져 헝가리 체제전환과 개혁의 한 이정표가 되었으며, 현대 헝가리 사회를 연구함에 있어 꼭 거쳐야 하는 관문의 의미를 갖는다고 할 수 있다.

헝가리의 공산주의 변용

1. 서론

　'카다리즘(굴라시 공산주의)'은 1960년대 초반부터 1980년대 중반까지 헝가리에서 행해진 사회주의적 통치 방식으로 이 정책을 입안하고 수행한 당 서기장 카다르 야노시(Kádár János)의 이름을 따서 붙여진 명칭이다. 카다리즘은 1962년부터 시작된 경제적 유화 조치들과 1968년 도입된 '신경제 메커니즘'이 추진되었던 1980년대 중반까지 헝가리 사회를 관통하였던 경제정책을 통칭하는데, 이 정책은 단순히 경제적인 측면뿐만 아니라 헝가리 사회의 다방면에 걸쳐서 많은 영향을 미쳤다. 카다리즘은 냉전 시기 헝가리의 개혁 공산주의 모델로 헝가리가 주변 사회주의 국가보다 경제적으로 풍요로움을 구가할 수 있는 동력이 되었으며, 소련식 공산주의 통치 방식을 헝가리 상황에 적합하게 변용하여 운용한 '메타모포시스적' 양상의 한 사례로 평가할 수 있다. 따라서 카다리즘은 '풍요로운 공산주의'의 가능성을 보여 주며 동유럽 사회주의 국가들이 소련이나 다른 지역의 공산주의 국가와 차별화되어 있던 헝가리식 공산주의를 상징했던 용어라고 정의할 수 있다.

카다리즘은 공산주의에 자본주의적 이윤의 요소를 도입하여 공산주의 경제 체제의 단점을 보완하고자 했던 절충형 경제 정책으로 1960년대 초부터 1970년대까지는 비교적 성공적인 양상을 보였지만, 공산주의 자체가 지닌 근본적인 문제점을 해결하기에는 역부족이었다. 오히려 시간이 지날수록 공산주의 경제 체제의 문제뿐만 아니라 자본주의 경제체제의 문제점까지 더해져 상황이 악화되었다는 것이 학계의 중론이다. 그러나 공산주의 자체의 모순을 해결하고자 스스로 개선 방향을 찾으려 시도했다는 점과 이러한 개혁 시도 경험이 헝가리가 1989년 체제전환 시기에 직면한 문제들에 대해 비교적 유연하게 대처할 수 있는 기반이 되었다는 점에서 상당한 의미를 찾아볼 수 있다.

카다르를 정점으로 하는 헝가리 공산당 지도부는 교조적 공산주의에서 탈피하여 헝가리가 할 수 있는 최대치의 개혁 정책을 도출하고자 했다. 특히 1989년 동유럽의 체제전환 시기에 루마니아 등 몇몇 국가에서 유혈 사태를 동반한 폭력적 체제전환이 이루어진 데 비하여, 헝가리는 공산 정권 지도자와 시민 지도자가 협상을 통해 평화적으로 체제전환을 이루어냄으로써 세계사에 큰 족적을 남겼다. 이렇게 평화로운 체제전환이 가능했던 원인 중 하나가 헝가리가 이미 카다리즘을 통해 어느 정도 자본주의적 체제를 경험한 것이었기 때문이라는 점에 대해 많은 학자가 동의하고 있다. 이후 체제전환을 시작한 지 15년 만인 2004년 유럽연합에 가입함으로써 체제전환의 여정을 마친다. 본 논문에서는 이러한 헝가리 체제전환의 토대를 이룬 카다리즘에 대해 살펴보고자 한다.

2. 카다리즘의 등장 배경

1) 공산당 독재의 성립과 스탈린적 통치

1968년 소위 신경제 메커니즘으로 불리는 카다리즘 방식의 수정주의 정책이 도입된 것을 이해하기 위해서는 헝가리에서 공산당 정권이 성립된 과정을 이해할 필요가 있다. 헝가리 공산화의 근본 원인은 제2차 세계대전 이후 동유럽 국가들을 서방에 대한 방어선으로 활용하고자 했던 소련의 계획에 있었다. 소련의 계획은 헝가리뿐만 아니라 폴란드, 체코슬로바키아, 루마니아, 불가리아, 유고슬라비아 등에도 일관되게 적용되었다. 스탈린은 동유럽이 소련에 우호적인 위성 국가가 됨으로써 소련과 서구 민주주의 국가들 사이에 지리적인 완충 장치가 생긴다고 보았고, 만약 소련이 서구 세력과 전쟁을 해야 한다면 전쟁터는 소련이 아닌 동유럽이 되어야 한다고 생각했다. 이러한 관점에서 소련이 파시즘에 대항하는 동유럽의 반파시즘 전선과 민족 해방 운동 세력을 지원한 것은 당연한 일이었고, 당시 소련과 국경을 맞대고 있던 헝가리의 공산화 문제는 소련의 대외 정책에서도 가장 시급한 문제 중 하나였다. 소련은 1919년 헝가리에서 공산 혁명이 발생했을 때 이미 헝가리를 적극적으로 지원했었던 적이 있었다. 헝가리 공산당은 이러한 소련의 의도에 호응하여 헝가리를 소련식 사회 구조로 재구성하는 데 전력투구하였다. 따라서 이 시기를 '공산화'라고 부르기보다는 '소련화'라고 칭할 것을 주장하는 롬시치 이그나츠(Romsics Ignác)의 견해는 매우 타당하다.

헝가리 공산당은 '헝가리의 소(小)스탈린'이라고 불리는 라코시

마챠시(Rákosi Mátyás)의 지휘 아래 1919년 혁명의 실패를 거울삼아
'살라미 전술'을 사용하여 치밀하게 공산화를 준비하였다. 공산당은
1919년의 혁명 과정에서 공산당에 의한 적색 테러를 경험했던 헝가
리 인민이 공산당에 그리 호의적이지 않다는 사실을 잘 알고 있었
기 때문에 자신들이 전면에 나서는 대신, 대중적인 지지를 얻고 있
던 독립소지주당, 사회당 등과 협력하는 전략을 구사하였다. 1945
년 데브레첸에서 구성된 임시 국회의 공산당 의원은 전체 230명
중 90명(39%)에 지나지 않았지만, 이후 라코시와 공산당은 내무부
와 경찰력을 장악하고 반대파 숙청에 나섰다. 그리고 후일 국가보
안부(ÁVO)로 개편되는 경찰 내 특수 조직인 정치보안부(politikai
rendészeti osztály)가 주동이 되어 대다수의 야당 지도자, 지식인, 군
인, 일반 시민을 전범으로 몰아 재판에 회부하였다. 한편, 헝가리는
소련의 강력한 영향력을 지속적으로 이용하기 위해 1948년 2월 18
일 코민포름에 가입하였다. 라코시는 이러한 전 과정을 주도하며
가혹하고 무자비한 방식으로 반대파를 제거하였다. 물론 공산당에
협조적인 일부 세력은 적극적으로 수용하여 '헝가리 독립 인민 전
선(Magyar Függetlenségi Népfront: MFNF)'에 통합시켰다. 헝가리 독립
인민 전선은 공산당 1당 체제를 완성하기 위해 라코시가 설립한
어용 조직이었다. 헝가리 독립 인민 전선에 수용된 정치인들은 공
산당의 전위대로 '위대한 공산주의' 선전에 동원되거나 정보원으로
활용되었다. 이런 과정을 거쳐 1949년까지 헝가리에서 모든 야당이
사라졌고, 오직 공산당만 존재하는 명실상부한 1당 체제가 완성되
었다. 이후 라코시는 모든 면에서 스탈린과 유사한 방식으로 헝가
리를 통치했다. 공산당은 헝가리의 모든 기관, 조합, 단체, 기업,

공장 등에 스파이를 심고, 지속적이고 교묘한 사생활 감시로 서로
가 서로를 믿지 못하는 불신 사회를 만들어 냈다. 광범위하고 계속
적인 숙청과 처형이 이루어졌으며, 의심의 대상이 되는 자는 그 누
구도 예외가 될 수 없었다. 심지어 라코시의 친구들도 이러한 숙청
으로부터 안전하지 못했다. 라코시 시대의 형가리는 '공포의 경찰
국가' 그 자체였다. 공산당이 정권을 장악한 후 형가리 사회의 공산
주의적 탈바꿈은 전 사회적으로 놀라운 속도로 진행되었다. 형가리
인민은 이전에 경험하지 못한 새로운 사회 체제를 경험하며, 제2차
세계대전 중 파시스트의 통치 시기보다 더 가혹하고 엄혹한 통제와
규율 속에 놓이게 되었다. 스탈린을 모방한 라코시의 통치 방식에
많은 피해를 당한 그룹 중 하나가 지식인이었다. 대학과 연구 조직
의 재편을 통해 지식인들은 공장 노동자와 동급으로 규정되었으며,
불평불만의 기미가 조금이라도 보이면 즉시 직장으로부터 추방되
고 정치적 탄압을 받았다. 이와 같은 지식인에 대한 탄압은 공산주
의 이념 자체에는 우호적이었던 지식인과 사회적 엘리트가 라코시
체제에 반기를 드는 근본적인 원인이 되었다. 이들은 결국 1956년
형가리 혁명의 도화선이 된 '페퇴피 서클'에 합류하여 공산당 비판
세력의 주류를 형성하였다.

2) 경제적 실패와 1956년 혁명

형가리가 굴라시 공산주의, 즉 카다리즘을 추진할 수밖에 없었던
가장 중요한 원인은 공산주의 경제의 실패에서 찾을 수 있다. 1949
년 집권 이후 형가리 공산당의 경제 정책은 기본적으로 종주국인
소련의 경제 정책을 답습하여 수립되었다. 소련과 마찬가지로 형가

리도 철강 산업 같은 중공업 육성을 최우선 과제로 삼았던 것이다. 기본적으로 헝가리 사회의 가용 자원이 부족함에도 중공업 우선 정책을 고집함으로써 필연적으로 일상생활에 필요한 물품의 생산이 감소하였고, 이렇게 생필품 부족 현상이 심화하면서 헝가리 인민의 불만은 계속 커져만 갔다.

토지 개혁 또한 인민의 불만을 자아내는 요소였다. 라코시는 급격하고 과격한 토지 개혁을 통해 헝가리 농민 대다수를 협동 농장에 종속시켜 버렸다. 물론 농민들의 반발을 무마하기 위해 개인당 소규모의 토지 소유를 허락했지만, 이는 부족한 식료품을 보충하는 정도의 생산이 가능할 뿐이었다. 전체적으로 공산당의 급격한 경제 정책은 공산화 이전보다 좋아지지 않았다고 할 수 있다.

다른 문제는 지나친 관료화였다. 1950년대 초에 이르면 전체 헝가리 기업 중 90% 정도가 국영화되는데, 모든 국영 기업은 생산, 판매, 배급 등에 있어서 국가의 통제를 받았다. 따라서 국영 기업을 통제하고 관리하기 위한 관료 조직의 비대화가 진행되었다. 1950년까지 약 40만 명이 정부 기관에 고용되었는데, 헝가리의 국가 규모나 경제 규모에 비추어 볼 때 매우 과도한 수였다. 이러한 관료화의 문제는 공산주의 경제 체제에서 가장 치명적인 약점이었다. 관료화의 문제점 중 가장 심각한 부분은 기업의 생산 목표를 현실과 부합하지 않게 무리하게 책정한 점이었다. 시장 상황을 고려하지 않은 탁상행정의 폐해가 가장 적나라하게 드러나는 부분이 생산 계획인데, 소비자에 대한 정확한 조사나 통계 자료 없이 관료들이 주먹구구식으로 설정한 무리한 생산 계획은 노동자들에게 고강도의 노동을 강요하여 불만을 자아냈다. 1950년대 헝가리 공장들은 생산 효율이 떨어지고 시설도 현대화되어 있지 않았다. 노동자의 임금도 노동 강도에 비해 현저히 낮은 고정 임금(임금 인상이 되지 않는)이었기 때문에 노동자들은 대부분 근로 의욕을 상실하고 형식적으로만 근무하는 경우가 허다했다.

농업 부문도 상황은 비슷했다. 공산당 정부는 싼 가격에 식료품을 공급하는 것을 목표로 했기 때문에 농산물을 생산하는 협동 농장에 낮은 가격으로 농산물을 공급할 것을 요구하였다. 그러나 협동 농장에서 일하는 농부들은 정부가 요구하는 낮은 가격으로 공급하는 것을 거절했다. 따라서 농산물의 생산량이 눈에 띄게 감소했고, 특히 가축의 생산이 현격히 줄어들었다. 이 때문에 공산당 정부는 강압적인 농민 통제 정책과 소, 돼지 공급의 배급제를 시행했다.

이와 같은 경제 정책의 실패는 헝가리 공산당의 독보적 위상에 타격을 주었으며, 대내외적으로 라코시가 비판받는 원인이 되었다. 경제 정책의 실패와 공산당 위상의 추락은 라코시 정권을 후원하는 소련 당국을 매우 당황스럽게 했다. 소련은 이러한 상황이 노동 계층의 동요로 이어지는 것을 두려워했다. 이미 1953년 베를린 노동자 봉기를 경험해 본 소련은 베를린보다 훨씬 더 소련에 가까운 헝가리의 동요가 자신들의 안보에 위협적인 요소가 될 것으로 판단했다. 이에 대한 대비책을 고심하던 소련은 1953년 스탈린이 사망하자 말렌코프의 지시로 라코시를 하야시키고 너지 임레에게 정권을 이양하도록 했다. 라코시는 헝가리 노동당 의장으로 남았지만, 그 역할과 위상은 이전보다 현저히 축소되었다. 라코시를 대신하여 수상의 자리에 오른 너지 임레는 즉시 각종 강압 정책에 대한 개혁에 착수했다.

너지 임레 수상은 우선 독립적으로 활동하던 국가보안부(ÁVO)를 내무장관 산하에 두고 국가보안부의 권력을 최소화했다. 그리고 일부 정치범을 석방하고, 중공업 위주의 정책을 조정했으며, 협동 농장 제도도 개편하여 개인 소유 땅을 원소유주에게 돌려주었다. 너지는 이와 같은 정책을 통하여 파탄 지경의 헝가리 경제를 어느 정도 회복시켰다. 너지 임레는 모스크바파 출신의 이상주의적 공산주의자로 공산당의 내부 권력 투쟁과는 다소 거리를 두고 있었던 인물이었다. 필자는 너지의 개혁 작업이 보다 장기간에 걸쳐 지속하였다면 헝가리의 1956년 혁명도 일어나지 않았을 것이라는 의견에 동의한다.

1955년 소련에서 말렌코프가 실각하며 헝가리는 다시 수렁으로 빠져들었다. 말렌코프의 실각과 더불어 너지도 수상에서 해임되었다. 너지 수상을 중심으로 한 헝가리 공산당의 자체적인 개혁 노력은 여기에서 멈출 수밖에 없었다. 이 같은 상황은 헝가리에서만 나타난 현상은 아니었다. 규모와 정도에 차이가 있긴 하지만 동유럽 국가들은 대개 비슷한 상황을 겪었는데, 특히 폴란드의 상황이 심각했다. 1956년 10월 초 폴란드에서 노동자에 의한 반공산당 시위가 발생하면서 공산주의 국가들 사이에 이와 같은 위기가 서로 영향을 줄 것이라는 위기감이 감돌았다. 이러한 우려는 현실이 되었다. 1956년 10월 23일 부다페스트를 필두로 헝가리 전역에서 반소, 반공 시민 혁명이 발생한 것이다. 부다페스트대학교(ELTE), 부다페스트 공과대학교 학생들의 궐기로 시작된 반소, 반공시위는 곧 헝가리 인민의 열렬한 지지와 한영을 받으며 전국적으로 확대되었다. 지역에 따라 약간의 차이는 있지만, 대부분의 시위대는 언론의 자유,

소련군 철수, 다당제 허용, 개인적 자유 허용, 너지 임레 수상의 복귀 등을 요구했다. 헝가리 혁명은 탱크를 앞세운 소련군의 무력 개입으로 실패하고 말았지만, 헝가리 국내 정치의 판도를 완전히 바꾸는 계기가 되었다. 스탈린식 통치자인 라코시 서기장이 하야하고, 카다르 야노시가 새로운 지도자로 부상하였으며, 헝가리 공산당의 정책이 대폭 수정되었다.

헝가리 혁명이 실패한 후 헝가리의 상황이 잠잠해지자 소련은 카다르에게 힘을 실어 주었다. 카다르는 1956년 혁명 이후 십여 년간 서방과 관련된 외교 및 안보 문제 등을 소련과 상의하고, 그들의 조언과 결정을 수용하는 태도를 취함으로써 소련 정부에 우호적인 자세를 취했다. 예를 들면, 1960년대 초반 소련과 중국이 이데올로기 갈등을 표출하고 있을 때 헝가리는 확고부동하게 소련의 편을 들었다. 1967년 아랍과 이스라엘의 전쟁 이후 헝가리가 이스라엘과 외교 관계를 단절한 것도 소련의 눈치를 보았기 때문이다. 1968년 '프라하의 봄' 사태가 발발했을 때에는 소련의 요구에 부응하여 헝가리 군대를 체코슬로바키아에 보내기도 했다. 이를 계기로 소련 정부는 카다르 정부에 대한 신뢰를 공공연히 표명하며 헝가리의 경제개혁을 용인하는 태도를 보였다. 이와 같은 국내외적 상황이 카다르에게 굴라시 공산주의라는 유화 정책을 펼칠 수 있는 환경을 제공했다.

소련의 입장에서는 1956년의 혁명을 유혈 진압하여 서구 세계뿐만 아니라 동유럽 공산주의 국가들로부터 받고 있던 비난을 피해야 할 필요가 있었고, 카다르의 입장에서는 이러한 상황에 적절히 대응하여 공산당으로부터 마음을 돌린 국민들을 달래야 할 필요성이 있었다. 따라서 카다리즘의 성립 배경에는 1956년 헝가리 혁명, 소련의 대헝가리 유화 정책, 헝가리 공산당의 대국민 유화 정책이 공존하고 있다고 할 수 있다.

3. 카다리즘의 내용과 성과 및 문제점

1) 카다리즘의 내용과 성과

카다르는 1963년부터 1964년까지 여러 차례에 걸쳐 공식·비공식적으로 헝가리 경제의 문제점을 지적했다. 카다르는 1963년 12월 헝가리 공산당 중앙위원회 회의에서 "…경제 정책의 목표 설정과 관련하여 당면한 외환 문제에 대해 당이 내린 결정은 옳다. 이것은 공산주의의 구조적인 문제라기보다는 정확한 경제 상황 분석과 목표 설정이 필요한 문제이다…."라고 언급하며 이에 대한 정밀한 조사와 정책 수립을 주문했다. 이에 따라 정부는 1964년 연초 회의에서 국가의 모든 경제 영역에 대한 정밀한 조사를 시행하기로 했다. 공산당 중앙위원회(KB)는 1964년 초부터 중앙위원회 경제 정책 담당 비서인 레죄 녜르시(Rezső Nyers)의 책임 아래 소련 및 주변 동유럽 국가들이 취하고 있는 경제 정책을 검토하고 헝가리에 어떠한 영향을 미치는지 파악했다. 카다르는 중앙위원회 의장으로서 이러한 결정을 주도했다. 이후 1965년 11월 신경제 메커니즘이라고 불리는 경제 개혁 프로그램이 보고되었고, 1966년 5월 헝가리 공산당 중앙위원회의 결정에 의해 1968년 1월부터 이 프로그램이 가동되기 시작했다.

신경제 메커니즘의 목표는 합리적인 자본의 분배, 헝가리가 국제 경제 질서의 일부분이 될 수 있을 정도의 경제 성장, 공산당의 봉건적 권력 타파, 소비자의 요구에 부응하는 유연한 경제 체제의 수립이었다. 이러한 목표를 달성하기 위해서는 중앙 정부의 개입과 지시를 줄이고, 시장 논리 또는 경제 논리에 의한 경제 활동이 가능하도록 경제 구조를 바꾸어야 했다. 헝가리 정부는 소련의 묵인 아래 신경제 메커니즘을 추진했다. 이 조치는 기업들에 상당한 정도의 경제적 자유를 부여했고, 노동 시장과 가격 결정 구조에 변화를 가져왔다. 신경제 메커니즘은 유고슬라비아를 제외한 동유럽 각국의 경제 개혁 중 가장 대담한 정책이었다. 신경제 메커니즘은 정책 추진 과정에서 여러 위험에 부딪히고 수정 압력을 받기도 했지만, 체제전환 시기까지 폐지되지 않고 헝가리 경제 정책의 핵심 개념으로 남아 있었다. 헝가리 경제 전문가들은 이 제도를 '자본적 사회주의(Capitalized socialism)'라 불렀으며, 서방의 학자들은 이 제도를 자본주의와 공산주의의 혼합물로 간주했다.

신경제 메커니즘 도입 후 얼마 지나지 않아 그 효과가 분명하게 드러나기 시작했다. 헝가리와 서방 국가의 무역이 점점 늘어났던 것이다. 주된 교역 상대국은 오스트리아와 서독이었다. 이들 서방 국가와의 교역을 통해 텔레비전, 냉장고, 자동차, 의류 등 소비재가 헝가리로 수입되었고, 헝가리인의 소비 생활수준 상승과 삶의 형태 변화도 뒤따랐다. 외국과 교역이 늘어나면서 서방으로부터 관광객 유입도 늘어났다. 외국과 무역 거래가 활성화하자 당연히 인적 교류도 활성화하였다. 신경제 메커니즘이 본격적으로 작동하기 시작한 1970년에만 약 630만 명의 외국인이 헝가리를 방문했다. 1982년

경에는 방문자가 1,500만 명을 상회하였다. 이들이 소비한 외환 액수가 헝가리 전체 외환 수입의 약 4%를 차지할 정도였다. 이와 동시에 헝가리 정부는 매년 약 4만 명의 헝가리인에게 외국 여행을 허락했는데, 이들 중 약 10%는 서방 국가 방문을 허락받았다. 이러한 발전에 힘입어 헝가리는 중부유럽의 다른 공산국가로부터 가장 방문하고 싶은 국가가 되었다.

헝가리 주변의 동유럽 국가들은 헝가리처럼 대폭적인 개혁 정책을 추진하지 못했기 때문에 헝가리는 자국에서 구할 수 없는 소비재를 쉽게 구할 수 있는 곳이었다. 이때부터 주변 동유럽 국가의 주민들이 헝가리를 방문하는 사례가 급증하였는데, 헝가리 정부는 이들에 대해서도 유연한 정책으로 보조를 맞추었다. 헝가리 인민의 평균 소득은 1968년 4.5%에서 1969년 6%로 상승했으며, 헝가리 무역의 총량도 전년 대비 14%가량 상승하였다.

농업 부문에서는 협동 농장의 생산량과 성과가 증대되기 시작했다. 1970년대로 진입하면 협동 농장의 2/3정도가 손익 분기점을 넘겨 이익을 보는 상태로 전환되었다. 이에 따라 헝가리인의 실질 소득은 꾸준히 상승하였다. 이러한 경제 성장의 결과 1972부터 1982년까지 헝가리의 농업 생산 증가율은 세계에서 두 번째로 높았으며, 협동 농장의 집단 경작 시스템이 더욱 효율적으로 작동하여 괄목할 만한 성과를 보였다. 이와 같은 경제적 성장과 더불어 정치적·사회적으로도 라코시 시대와 비견될 수 없는 유화 조치들이 시행되었다.

1971년 초에는 선거법 개정도 이루어져, 비록 당의 승인을 받아야 했지만, 선거에 복수 후보가 출마할 수 있게 되었다. 이 선거법 개정은 1968년 8월 이후 동유럽에서 일어난 정치적 사건 중 가장 중요한 사건이다. 복수 후보에 대한 투표는 향후 동유럽 각 국가가 시행하는 유화 정책의 모델이 되었다. 1972년에 이르러 헝가리 의회는 한 발 더 진전된 법령을 통과시켰다. 그동안 노동자를 제외한 계층에게는 제한적으로 부여하던 시민권을 헝가리에 거주하는 모든 헝가리인에게 부여하도록 법령을 개정한 것이다.

물론 신경제 메커니즘에 대한 비판도 만만치 않다. 기본적으로 신경제 메커니즘은 사유 재산과 경쟁을 기반으로 하는 시장의 작동을 실험하기 위해 도입한 제도인데, 대부분의 경제 영역이 여전히 중앙 통제를 받았기 때문에 신경제 메커니즘은 원래 추구했던 목적을 달성하지 못했다는 비판이 있다. 또 다른 비판은 신경제 메커니즘의 실질적인 혜택이 산업 노동자 계층에게 돌아가지 않았다는 점이다. 공장 등 생산 업체에서 임금을 받으며 생활하는 노동자들은 신경제 메커니즘의 혜택이 농업 종사자나 무역 등 사무직에 종사하는 근로자에게만 집중된다는 불만을 품고 있었다. 공장 노동자들의 이러한 불만은 당시의 실상을 조사해 보면 상당히 근거가 있는 내용이다.

신경제 메커니즘이 시행되고 3~4년이 지나면서 쌓인 공장 노동자, 산업 노동자들의 불만은 당의 중요한 해결 과제로 상정되었다. 그러나 문제 해결의 기미가 보이지 않자 이에 대한 책임을 물어 신경제 메커니즘의 입안자인 레죄를 중앙위원회에서 해임하고 제도 시행을 보류하면서, 신경제 메커니즘은 명목상 1979년까지 중지되었다. 그러나 실질적으로는 신경제 메커니즘 방식이 여전히 작동하고 있었다.

헝가리의 대표적인 카다르 연구자 후싸르 티보르는 신경제 메커니즘을 일종의 사회적 계약으로 보고 있다. 그에 따르면, 신경제 메커니즘은 정부와 국민 사이에 이루어진 협약으로써 이를 통해 헝가리의 경제적 발전과 정치적 타협이 이루어졌다는 것이다. 물론 이를 위한 조건은 헝가리 인민이 공산주의 제도 자체에 도전하지 않고 소련을 부정하지 않는 것이었는데, 이러한 조건이 충족되면서 신경제 메커니즘, 즉 굴라시 공산주의가 작동했다고 보는 것이다. 그는 이것이 곧 카다리즘의 본 모습이라고 주장한다.

2) 카다리즘의 문제점

카다리즘으로 지칭되는 신경제 메커니즘이 헝가리 경제 회복에 크게 기여한 것은 사실이지만, 새로운 제도의 도입과 시행에 따른 문제점도 상당했다. 우선 지적해야 하는 점은 외채문제였다. 서방에서 도입한 외채의 상환 문제는 신경제 메커니즘의 효율적 운영을 어렵게 했다. 헝가리 기업들은 서방 국가의 물품을 수입하기 위해 달러 혹은 마르크 같은 국제 통화를 빌려야만 했다. 헝가리의 통화인 포린트는 태환성이 없었기 때문에 필연적으로 외채의 누적이 발생할 수밖에 없었다. 물품 수입뿐만 아니라 헝가리의 낡은 산업 시설을 현대화하기 위해서도 막대한 자금이 필요했는데, 헝가리 자체 능력으로는 자금 조달이 불가능했다. 따라서 산업 시설 현대화를 위한 대규모 차관이 도입되었고, 이에 따라 헝가리의 외채는 급격히 증가하였다. 외채 문제는 지속해서 헝가리의 경제를 압박하는 요인이 되었다. 외채 상환을 위해서는 지속적인 수출 및 외국 관광객 유입을 통한 외화 획득이 필요했는데, 헝가리의 공산품 중 경쟁력 있는 제품은 극소수였고 관광 수입도 기대에 미치지 못했다.

1975년부터 헝가리 수출품의 주종을 이루던 원자재와 식자재의 가격이 급격히 하락했다. 1973년부터 1980년까지 알루미늄 가격은 40%, 보크사이트는 10%, 곡물은 19% 하락했다. 또한 저유가 정책을 고수하던 소련이 세계 평균 수준으로 유가를 인상하면서 헝가리의 원유 수입 대금이 120%나 상승하였다. 이러한 유가의 급격한 상승과 원자재 가격의 하락은 헝가리가 야심차게 추진한 신경제 메커니즘에 커다란 타격을 주었다.

카다리즘에 대한 소련과 동유럽 국가들의 부정적인 반응도 문제점으로 지적된다. 1972년 부쿠레슈티에서 열린 코메콘(경제 상호 원조 회의)에서 헝가리는 신경제 메커니즘을 예로 들며, 시장 개혁 및 코메콘 국가 간의 교역 손실 분담을 제안했다. 헝가리는 이러한 제도를 통해 자유로운 국가 간 여행, 협동 농장의 활성화, 코메콘 국가들의 생활수준 향상이 가능하다고 주장했다. 그러나 소련은 이러한 정책이 가져올 인적 교류 활성화가 오히려 코메콘 국가들에 해가 된다며, 헝가리의 자유로운 생활 방식을 문제 삼았다. 카다리즘으로 인한 공산주의 경제 체제의 대폭적인 개혁과 구조 조정은 소련을 중심으로 연결되어 있는 공산주의 국가들의 경제 체제 전체에 영향을 줄 뿐만 아니라, 궁극적으로는 공산주의 체제 자체를 위협하는 요소가 될 수도 있기 때문이었다. 이에 대해 카다르는 헝가리의 특수한 경제 구조, 정치 상황, 지리적 특성을 설명하며 신경제 메커니즘의 당위성을 설명했다. 1956년 헝가리 혁명 이후 공산당의 권력 강화를 위해서는 헝가리 공산당의 변화가 필수적이며, 이러한 변화 요구가 신경제 메커니즘을 도출하게 된 계기였다는 것이다. 헝가리는 천연자원이 부족하기 때문에 무역을 통한 경제 활성화가 필수적인데, 이것은 오로지 열린 경제 구조에서만 가능하다는 점도 강조했다. 한편, 동유럽을 서방으로부터 분리하려는 소련의 동유럽 봉쇄 정책은 헝가리에 너무 큰 희생을 요구하고 있으며, 이러한 문제를 해결하기 위해서는 경제 분야만이라도 헝가리가 좀 더 유연하게 정책을 집행할 수 있도록 소련이 용인해야 한다고 주장했다. 이러한 논의가 진행된 후 헝가리는 소련으로부터 경제 정책에 관한 한 상당한 자율권을 보장받을 수 있었다.

신경제 메커니즘이 공산주의 경제 체제의 문제점을 해결하는 궁극적인 방책이 될 수 없었던 원인을 몇 가지로 정리해 보면 다음과 같다.

첫째, 신경제 메커니즘은 공산주의 경제 체제 자체를 바꾸는 근본적 대책이 아니었다는 점이다. 공산주의 경제의 문제점은 단순히 실물 경제를 운영하는 과정에서 나타나는 현상의 문제가 아니기 때문에 현실적인 문제를 수정하는 것만으로는 근본적인 문제 해결이 되지 않았다. 근본적으로 개인 재산을 인정하는 사유화 조치만이 이 문제의 궁극적인 해결책이 될 수 있었다. 예를 들면, 공산주의 경제 체제의 근간인 국영 기업의 운영 방식에 노동자의 의견을 반영하는 장치를 마련한다 해도, 그것이 곧 '이윤 추구'의 원칙으로 변경된 것은 아니기 때문에 개혁의 결과는 미미할 수밖에 없었다. 이런 문제를 해결하기 위해서는 국영 기업의 소유 주체를 전환하고 이윤 추구를 위한 제도와 장치 및 그에 필요한 경영상의 조치를 동시에 추진했어야 하는데, 신경제 메커니즘은 그와 같은 구조적 변화를 추진하는 데 한계가 있었던 것이다. 토지 소유 제도에서도 소규모 토지의 소유는 허락하지만 기업적 경작이 가능한 대규모 토지의 소유를 허락하지 않았기 때문에 한계가 있을 수밖에 없었고, 농업 부문에 대한 국가의 재정 보조금이 여전히 큰 규모로 운영되고 있었기 때문에 획기적인 변화는 기대하기 어려웠다.

둘째, 신경제 메커니즘을 실행하는 과정에서 필요 이상으로 관료제가 비대해졌다는 점이다. 관료제의 비대화는 비단 공산주의 국가만의 문제는 아니지만, 공산주의 경제에서 부정적인 영향이 더 큰 것은 사실이다. 관료제의 가장 큰 문제점은 의사 결정의 신속성이 떨어지고 결정된 사안의 책임 주체가 불명확하다는 것이다. 신경제 메커니즘의 성공에는 경영진의 시장상황에 대한 이해와 그에 따른 의사 결정 시스템이 필수 조건이었으나, 공산주의 특유의 관료제는 자본주의적인 기업운영의 개념이 희박한 상태에서 신속함 및 책임 성과는 거리가 멀어도 한참 멀었다. 신경제 메커니즘은 시간이 흐르면서 관료제적 성향이 점점 더 강해지는 양상을 보였다. 관료들의 책임 회피를 위한 요식 절차가 너무 많았고, 절차를 줄이기 위해 새로운 절차를 만드는 등 오히려 효율성에 역행하는 제도들이 도입되고 강화되었다. 예를 들면, 신경제 메커니즘에서 적극적으로 추진되어 비교적 성공적이었던 제도로 평가되는 잉여 생산물 판매 제도에서 이러한 관료제의 문제점을 관찰할 수 있다. 잉여 생산물 판매 제도는 노동자에게 정규 근무 시간 이후에 공장의 생산 도구를 사용하여 잉여 생산 노동을 할 수 있도록 허가한 제도이다. 노동자는 근무시간 이후 생산된 생산물을 상부의 특별한 허가 없이 자유롭게 시장에 판매하여 수익을 얻을 수 있었다. 그러나 이 제도가 정착되고 일정한 시간이 흐르자 중앙정부에서 근무 시간 이후의 생산 과정, 판매 등에 개입하고 감독하기 시작했다. 노동자들에게는 잉여 생산물의 판매를 허가받기 위해 복잡한 절차가 요구되어 끝없이 문서 작업을 해야 했는데, 이러한 점이 신경제 메커니즘의 활성화를 제약하는 요인이었다.

셋째, 소련·코메콘 국가들과 헝가리의 무역 불균형 및 소련 루블화 사용에 따른 문제를 해결하지 못했다는 점이다. 코메콘 국가들의 교역 방식은 기본적으로 물물 교환 형태이거나, 화폐 결제인 경우 소련 통화인 루블을 사용했다. 물물 교환 무역은 교역 상품의 정확한 가치를 산정하기 어려워 상품 교환의 등가성이 보장되지 않는 문제점이 있었다. 이와 함께 무역 상대국의 편중 현상도 문제를 심화시켰다. 1970년대에 헝가리 무역의 35% 정도는 소련과의 거래였는데, 대금 결제는 서방 국가의 화폐와 태환성이 떨어지는 루블로 이루어졌다. 소련으로부터 받은 수출 대금으로 서구의 물품을 수입해야 하는 헝가리로서는 당연히 서방 화폐로 대금을 지급받기를 원했으나, 소련은 자신들이 보유한 경화로 헝가리에 대금을 지급하지 않았다. 상품 대금은 오로지 루블화로 지급되었기 때문에 소련과 무역을 하면 할수록 헝가리의 경화 보유고가 감소하는 문제가 점점 심각해지는 상황이었던 것이다. 소련을 제외한 헝가리의 무역 파트너 대부분이 코메콘 국가들이었다는 점도 이와 같은 문제를 심화시키는 원인이었다. 따라서 헝가리 대외 무역의 문제점은 코메콘 국가와의 교역을 최소화하는 방법으로만 해결할 수 있었지만, 당시의 상황에서 헝가리가 그런 결정을 한다는 것은 거의 불가능에 가까운 일이었다. 1970년대 말부터 급격히 나빠지기 시작한 헝가리의 경제 상태는 이러한 상황에 기인한 바가 적지 않다.

넷째, 당시 헝가리 관료 사회에 존재하던 부정부패 문제가 심각했다는 점이다. 카다르 자신은 라코시와 같은 개인숭배를 싫어했고 부정부패를 증오했다. 특히 그는 여러 차례 연설을 통하여 당 지도부와 관료들의 부정부패를 맹렬히 비난하고, 그 뿌리를 뽑기 위해 노력했다. 그러나 일당 독재 체제에 내포되어 있는 구조적 부패, 적자 예산, 당과 관료와 정책 현장에 만연한 정실주의 등으로 부패를 제거하기는커녕 통제조차 어려웠다. 예를 들면, 부정부패가 가장 심하리라 간주되었던 주택과 자동차, 해외여행 허가 업무를 담당하는 부서를 카다르가 직접 관리했음에도 불구하고, 이 부서들이 공산당 정부 내에서 가장 부패한 기관이었다는 점은 의문의 여지가 없다. 공산주의 체제가 몰락한 가장 큰 원인 중 하나가 투명하지 않은 시스템 운용, 즉 정보의 공개와 개방이 이루어지지 않음으로써 관료 계층 및 일반적인 사회 문제에 대한 자정 기능이 사라지고 부정부패가 만연했기 때문이라는 점은 주지의 사실이다.

　카다르는 소련과 동유럽에 대해 실용주의 노선을 채택하며, 소련식 경제 시스템을 헝가리의 사정에 맞게 변형하여 적용했다. 물론, 헝가리의 기본 제도는 소련 및 주변 공산주의 국가와 본질적으로 다르지 않았다. 카다르가 공산주의 경제 체제의 문제점과 개혁에 대해 갖고 있던 인식의 기본 틀도 소련 경제학자들과 별로 다르지 않았다. 소련 및 주변 공산주의 국가의 경제 정책과 카다리즘의 차이점은 경제 문제에 대한 이데올로기적 간섭의 최소화 등 운영 방식의 유연화에 있다고 할 수 있다. 이러한 현상은 당연히 상호 모순적이었다. 공산주의 경제의 문제점을 개혁하기 위해 교조적인 공산주의 경제 이념을 계속해서 유연한 형태로 탈바꿈시켜야 했지만, 이러한 탈바꿈이 가져올 사회적 변화, 즉 느슨한 통제와 자율성 증대가 가져올 체제 위기를 경계해야 하는 것이 헝가리 공산당의 숙명이었던 것이다. 개혁은 하되 통제 가능한 범위 내에서만 개혁을 추진하는 것은 '물을 담은 어항을 들고 달리기'를 하는 것과 마찬가지였던 것이다. 헝가리 공산당은 이 결과에 대해 확신하지 못했기 때문에 그 이상의 조치를 취하는데 주저했다. 즉, 공산주의 자체를 포기하거나 또는 공산주의 체제를 유지하더라도 시장경제의 논리를 받아들이는 근본적이고 획기적인 개혁 정책을 추진할 수 없었던 점이 카다리즘의 한계였던 것이다.

4. 결론

1989년 동유럽에 불어 닥친 체제전환이 단순히 정치 체제의 변동만을 의미하는 것은 아니었다. 동유럽 국가 대부분이 제2차 세계대전 이후 공산화되었지만, 공산화 초기의 과정은 순탄하지 않았다. 1953년 베를린 봉기, 1956년 바르샤바 및 부다페스트 봉기는 동유럽에서 초기 공산주의 정권이 겪어야 했던 갈등의 역사를 보여준다. 베를린, 바르샤바, 부다페스트에서의 반소, 반공 봉기는 이후 동유럽 공산주의 국가들에 소련식 공산주의와는 다른 국면을 열어준다. 특히 부다페스트 봉기 이후 소련의 대(對)동유럽 정책이 다소간 변화하는 양상을 보이는데, 헝가리에 취해진 소련의 유화 정책이 그 대표적인 사례. 흐루쇼프의 실각 이후 동유럽에 불어온 훈풍은 이전의 스탈린식 통치 방식을 탈피하여 공산주의 내부 모순을 개혁하는 방향으로 진화해 갔다. 헝가리에서는 1956년 혁명의 실패 이후, 전반적인 사회적 침체와 냉소주의 및 소극적 저항주의 경향이 사회 전반을 지배했다. 이 와중에 헝가리 인민의 배신자로 낙인찍힌 헝가리 공산당 서기장 카다르는 소련의 암묵적인 승인 아래 헝가리 인민의 생활수준을 높여 정치적인 관심으로부터 멀어지게하는 전략을 취했다. 카다리즘은 이러한 배경에서 등장했다. 카다리즘은 1980년대 중반까지 헝가리가 고수한 경제 정책이었으나, 경제 구조의 근본적인 탈바꿈이 없는 임시방편이었기 때문에 1980년대 말 헝가리 경제가 더 이상 탈출할 수 없는 국면에 진입하자 그 유효성을 상실하였고, 헝가리는 체제전환의 길로 들어서게 되었다. 만약 카다리즘이 성공하여 공산주의가 갖는 모순점을 해결하였다면, 1989년 헝가리의 체제전환은 다른 방향으로 진행되었을지도 모른다.

헝가리의 카다리즘은 속칭 굴라시 공산주의라 불리는 헝가리 개혁 공산주의의 한 양상으로, 헝가리의 공산화 이후 침체해가는 경제 문제를 해결하기 위해 공산주의적 경제운용방식에 자본주의적 요소를 도입하여 경제적 부흥을 꾀했던 정책이다. 카다르는 헝가리 혁명 이후 헝가리 사회가 안정화되기 시작한 1960년대 초반부터 '우리를 반대하지 않는 사람은 우리 편이다'라는 모토로 사회 통합을 꾀했고, 이러한 사회 통합의 주요 기제로 신경제 메커니즘을 추진했다. 신경제 메커니즘은 제도 시행 초기에 성과를 내며, 공산주의의 성공을 상징하는 굴라시 공산주의라는 이름으로 불리기도 하였다. 그러나 신경제 메커니즘은 공산주의 경제 체제의 근본적인 모순을 해결하기에 역부족이었다. 1980년대까지 지속되었던 카다리즘은 헝가리가 다른 동유럽 국가보다 비교적 풍족한 공산주의를

누리게 했지만, 그것은 어디까지나 제한된 영역 내의 허용된 경계선
까지였다. 이러한 점에서 보면 전술하였듯이 카다리즘은 그 한계가
명확했다.

카다리즘은 공산주의 경제 정책을 근본적으로 바꾸는 것이 아니
었기 때문에 공산주의나 전체주의 체제의 고질적인 문제인 관료주
의, 소련 및 코메콘 국가들과의 무역 문제, 공산당과 관료사회에
만연했던 부정부패 현상 등을 해결하지 못하였다. 이처럼 카다리즘
시기에 나타난 문제점과 한계가 공산주의에 대한 근본적인 해결,
즉 공산주의로부터 자본주의로의 체제전환을 견인하는 가장 중요
한 요인이 되었다고 볼 수 있다. 공산주의 자체를 포기하고 시장
경제의 원리를 받아들이는 자본주의적 전환, 즉 체제의 완전한 탈바
꿈이 이루어지지 않고는 공산주의의 문제점을 해결할 수 없었던
것이다. 이 점이 헝가리가 체제전환이라는 역사적 흐름을 받아들이
지 않을 수 없었던 이유라고 할 수 있다.

비록 카다리즘은 헝가리 사회의 근본적인 문제를 해결하지는 못
했지만, 공산주의 경제 시스템이 갖는 문제를 헝가리에 합당한 방식
으로 해결하려고 노력했다는 점에서 의의가 있다. 또한 카다리즘의
전개 과정에서 획득한 경험이 이후 1980년대 말 헝가리의 체제전환
시 도움이 되었다는 점도 기억해 둘 필요가 있다. 한 가지 더 언급해
야 할 점은 카다리즘의 전개 방식이 현재 북한의 경제체제에서도
어느 정도 나타나고 있다는 것이다. 비록 제도화되지는 못한 것으
로 알려져 있지만 북한의 '비공식경제' 부분에 카다리즘과 유사한
양상이 나타나는 점은 주목해 볼 만하다. 이러한 점과 더불어 카다
리즘의 결과가 결국 헝가리의 체제전환을 가져오는 동인이 되었으

며, 1989년부터 시작된 체제전환의 전 과정을 유혈 충돌 없이 평화
적으로 수행하게 하는 요인이 되었다는 점에서 카다리즘의 가치를
재고해 볼 필요가 있다.

'68운동'과 헝가리의 사회주의 체제 내 개혁운동, 1989년의 체제전환

1. '68운동', '프라하의 봄'과 헝가리의 상관성

1968년은 헝가리에서도 뜨거운 해였다. 헝가리는 다른 동유럽의 공산국가들과 마찬가지로 1949년 공산화 이후 중공업에 대한 지나친 투자와 강력한 '중앙계획형명령경제체제'를 운영하여 제2차 세계대전 이후 급격한 경제성장을 이루어냈다. 정치적으로는 스탈린식 전체주의가 횡횡하였지만, 경제적으로는 어느 정도의 성과를 거두고 있었다. 헝가리의 1960년대는 전후 복구의 성공적인 수행과 산업 생산력의 발전으로 인하여 물질적으로 빈곤했던 전쟁 이전의 시기를 극복하는 성취를 달성했다. 공산주의 체제의 안착과 더불어 정상적으로 사회체제가 작동되고, 헝가리 사회는 안정화의 길을 가게 되었다. 이는 비단 헝가리만의 상황은 아니었고, 헝가리 주변의 동유럽 사회주의 국가들도 비슷한 양상이었다. 그러나 헝가리를 비롯한 동유럽 사회주의 국가들은 경제적 회복기가 끝나는 1960년대 초반부터 경제 전반에 걸친 비효율과 정책적 실패로 인하여 점차적으로 경제적 침체가 진행되기 시작했다. 이러한 문제를 해결하기 위해 동유럽 각국에서는 공산주의 체제 내에서의 개혁을 위해 다양한 방식의 개혁안을 준비하였다.

헝가리와 폴란드 체코슬로바키아가 그러한 '사회주의 내 개혁운동'의 선봉에 서 있었다. 이러한 개혁 움직임이 가능했던 것은 1953년 스탈린의 사망과 흐루쇼프의 스탈린주의 비판에 따른 동유럽 사회주의 국가들의 자율성 확대 때문이었다. 또한 1956년부터 시작된 중국과 소련의 갈등은 단순히 중·소 대립이라는 구도를 넘어 공산당 자체에 대한 민중적 기반이 취약했던 대부분의 동유럽 국가들에게 사회주의 체제의 모순에 대한 문제를 자각하는 계기가 되기도 하였다. 이렇듯 스탈린 사후 흐루쇼프의 스탈린 비판에 의해 촉발된 1950년대 동유럽 사회주의 국가들의 체제 내적인 개혁운동은 1960년대에 들어와서 보다 활발해지기 시작했던 것이다. 이러한 사회주의 내의 체제개혁의 운동이 정점을 이루는 시기가 유럽의 '68운동'과 겹치는 1968년이며, 이때 동유럽에서 일어난 가장 중요한 사건이 '1968년 프라하의 봄'이다. 이러한 이유 때문에 '68운동'과 '프라하의 봄'은 유럽이라는 동일한 지역에서, 동시대에 발생한 기존 체제에 대한 저항 혹은 개혁을 추구한 사건이라는 점에서 역사적 의미가 있다. 이러한 시공간의 근접성, 혹은 내용상의 유사성으로 인하여 두 사건 간에 상호 영향이 있었음을 짐작할 수 있다. 그러나 한가지 기억해야 하는 사실은 1953년 동베를린, 1956년 헝가리와 폴란드에서 벌어진 반소시위 및 운동은 사회주의 체제 내의 개혁운동이 아니라, 공산주의(사회주의) 그 자체를 거부한 혁명적 성격의 운동이라는 것이다. 특히 헝가리의 1956년 혁명은 공산당 일당 독재의 포기, 사회주의 경제정책의 포기, 바르샤바 조약기구로부터의 탈퇴,

헝가리의 영세중립국화를 주장했다는 측면에서 1968년의 '프라하의 봄'으로 지칭되는 동유럽 사회주의 국가들의 체제 내적인 개혁운동과는 그 성격이 완전히 다르다고 할 수 있다. 코바치 언드라시 (Kovács András)에 따르면 1968년 헝가리의 경제개혁은 이미 1960년대에 노정되기 시작한 경제 시스템의 비효율성에 대한 개혁 노력의 결과이지 '프라하의 봄'과 유럽의 '68운동'으로부터 받은 영향은 매우 제한적이라는 것이다. 즉, 헝가리 공산당 지도부가 헝가리의 외부 세계에 대한 움직임과 그 파급효과에 대해 주시하였던 것은 사실이지만, 헝가리의 경제구조를 개혁하고자 했던 노력 자체는 헝가리 경제에 만연하던 내재적 모순을 해결하기 위한 고육책이었다는 것이다.

코바치 언드라시는 서유럽의 '68운동'이 사회문화의 주요 생산주체인 대학들이 일반적인 정치와 생활세계의 개편과 진보에 도움이 돼야 한다는 좌파적인 인식과 목적을 갖고 있었다고 본다. 사회적 비판과 대안 창출의 중심적인 역할을 해야 하는 대학이 정부나 권력의 간섭으로부터 자유롭고, 대학의 독립성을 최대한 확보할 수 있는 권리를 요구하던 것이 유럽 '68운동' 세력들의 주된 목표였다는 것인데, 이에 반해 동유럽 사회주의 국가들의 개혁운동은 오히려 사회주의 체제를 강화하고, 효율적인 사회주의 국가체제를 완성하려는 목표를 갖고 있었다고 본다. 내용상으로는 '68운동'과 상이한 목표로 개혁을 추구했다는 것이다. 특히 코바치 언드라시는 헝가리 지식인들이 1968년 동유럽에서 벌어진 사례들을 처절한 유혈참극으로 결말 지워진 '1956년 헝가리 혁명'의 프리즘을 통해서 봤다는 점을 강조하며, 헝가리 지식인들이 1968년 동유럽 국가들의 사태에

대해 헝가리가 이미 1956년에 경험한 것과 같은 끔찍한 결론으로
종말이 날것이라고 예측했던 점에 주목하고 있다. 즉, 1968년 당시
헝가리 지식인들의 대부분은 헝가리사회주의노동자당과 그 지도자
인 까다르(Kádár János)를 지지하고 그가 수립한 통치체제와 타협하
고 수용했기 때문에 1968년 체코슬로바키아, 폴란드, 알바니아 등
여타의 동유럽 국가들의 사태에 대해 거의 무관심으로 일관하였다
는 것이다. 따라서 헝가리 지식인들은 서유럽의 '68운동'에 대해 부
정적으로 인식했고, 체코슬로바키아의 둡첵(Dubcek)이 한없이 순진
한 지도자라고 생각했다는 것이다.

헝가리사회주의노동자당(공산당)은 처음에는 프라하 사태에 대
해 사회주의 체제 내의 변화를 위한 노력이라고 인식하고, 체코슬로
바키아공산당의 개혁 그 자체에 대해서는 지지했지만, 그 추진방식
에는 비판적인 입장을 표명했다. 그러나 사태가 점점 악화하여 가
자 프라하의 지도자들에게 강력한 경고의 메시지를 전달하였고, 소
련이 프라하에 대한 군사적 행동을 결정한 후, 소련의 결정에 동의
하여 폴란드 등과 함께 체코슬로바키아 침공에 가담하였다. 이러한
헝가리 정부의 태도는 '프라하의 봄'을 바라보는 헝가리사회주의노
동자당의 관점을 잘 보여준다.

베레츠 언드라시(Berecz András)에 따르면 카다르는 '프라하의 봄'
이 시작된 첫 몇 주 동안은 프라하의 봄과 같은 상황이 자신이 추구
하는 헝가리의 경제개혁에 도움이 될지도 모르겠다고 생각했었다
고 한다. 카다르는 둡첵이 1956년 자신이 처해있던 상황과 비슷한
처지에 있다고 인식하였다. 따라서 카다르는 '프라하의 봄'이 시작
되던 초기에는 프라하에서 일어나는 몇몇 사건들은 반혁명적 성격

이 아니라, '공산당이 과거에서 저지른 실수들을 바로잡으려고 하는 시도'라고 강조하였다. 카다르가 이렇게 표현한 이유는 둡첵이 어떤 위험에 처해 있는지, 또 프라하에서 일어나는 사건들이 헝가리 경제 개혁에 미칠 부정적인 영향에 대해 분명히 인식하고 있었기 때문이다. 그래서 카다르는 둡첵과 회동하여 상황을 완화하기 위한 노력을 기울였다. 최종적으로 1968년 7월 14일 바르샤바조약기구의 바르샤바 회담에 체코슬로바키아 대표단을 초대했지만, 그들이 참석하지 않음으로써 상황을 완화하려고 노력했던 까다르의 시도도 무위로 돌아갔다. 물론 체코슬로바키아대표단이 이 회의에 참석했다 하더라도 상황은 바뀌지 않았을 것이다. 소련은 이미 프라하에 대한 군사적 점령을 결정했기 때문이었다.

'68운동'과 '프라하의 봄'은 동시적 사건이기는 하지만 비동시적 성격을 갖기도 한다. 따라서 두 사건 간의 세부적인 상호영향성을 밝혀내는 것은 그 반대의 작업보다 훨씬 어려울 수 있다. 이러한 관점에서 헝가리에 대한 '68운동'의 영향과 '프라하의 봄'이 헝가리에 미친 파급효과는 분리해서 접근해야 할 필요가 있다.

서구에서의 '68운동'이 헝가리 사회에 전혀 영향을 미치지 않은 것은 아니다. 부다페스트를 중심으로 대중문화, 특히 젊은이들 사이에서는 주류문화에 대응하는 일종의 하부문화(subculture)가 생겨나기도 하였고, 소비문화의 차원에서 서방세계의 유행이 모방되기도 하였다. 그러나 정치적으로 헝가리체제에 대한 비판이나 헝가리 사회를 지탱하던 기본적인 '사회주의적 권위'를 거부하는 입장은 찾아보기 어려웠다. 그나마 헝가리에서 발견되는 서구 '68운동'의 영향은 비록 청년들의 치기어린 구호에 지나지 않았지만 '코카콜라의 자유'와 '섹스의 자유화'라고 할 수 있다. 특히 '섹스의 자유화'는 조소적인 방식으로 헝가리의 기존 정책을 비판하는 것이었다. 헝가리는 사회주의 통치력이 안정화에 들어간 50년대 이후부터 법률적으로 낙태를 금지하였으며, 아이가 없는 가족들에게 별도의 세금을 내게 하였다. 섹스에 관한 엄격하고 보수적인 입장을 취하던 헝가리 정부는 '68운동' 이후 70년대에 들어서면서 섹스와 섹스에 대한 '담론'을 어느 정도 풀어주기 시작했다. 정확히 표현하면 '섹스' 그 자체에 대한 자유가 아니라 섹스에 대해서 이야기하는 것이 자유로워졌다는 것이다.

다른 측면에서 '68운동'은 음악이나 복식 등의 분야에서 영향을 미쳤다. 처음에 헝가리 정부는 '68운동'의 영향을 받은 서구의 음악이나 장발, 복식문화를 퇴폐적인 것으로 간주하여 이러한 문화가 헝가리로 유입되는 것을 막으려고 시도했는데, 나중에는 젊은 학생들이 정치활동을 하는 것보다는 오히려 퇴폐적인 문화에 빠지는 것이 낫다고 평가하여 이를 용인하는 방향으로 나갔다. 이러한 관점에서 전술하였듯이 섹스에 대한 태도가 바뀌게 되었으며, 이를 공공연하게 표현할 수 있도록 한 것이었다. 따라서 이때부터 언론이나 잡지 등에서 '섹스 혁명'을 언급하는 글들이 발견되기 시작하는데, 전술하였듯이 이것은 '섹스에 대한 이야기의 자유화'를 의미했던 것이다.

문화 분야 중에 의미 있는 변화는 영화계에서 발견된다. 정치가들이나 학생들에 비하여 비교적 자유로운 입장에 있었던 문화예술계, 특히 영화계에서는 소수이지만 '68운동'의 이념을 반영하는 영화들이 제작되었다. 헝가리 영화계의 거장인 얀초 미끌로쉬(Jáncsó

Miklós)는 '별표가 붙은 것들'(Csillagosok), 군인들(katonák)과 같은 영화에서 순수한 좌파 이데올로기가 사회에 적용되면서 발생하는 내부에서의 현실적 불일치를 우회적으로나마 표현하고 있다.

학계에서는 '68운동'의 영향이 매우 미미하였다. 이데올로기적으로 신좌파계열의 루카치 학파에 속하는 마르쿠쉬 죄르지(Márkus György)가 마르크시즘에서 여러 가지의 길이 가능하기 때문에 체코슬로바키아에서의 운동을 정당화할 수 있다는 정도의 주장을 편 것이 전부이다. 물론 학생들에 의한 몇 차례의 소규모 시위가 있었기도 하였지만, 서구의 '68운동'에 대한 적극적인 지지 시위는 물론이고, 소련군이 프라하를 무력으로 점령한 것에 대해서도 거의 반응을 보이지 않았다. 즉, 1969년에 들어서면서 '68운동', '프라하의 봄'과 관련하여 부다페스트대학교 내에서 학내 민주주의를 강화하자는 수준의 학생운동이 있었지만, 대학 당국이 학생들의 요구를 적극적으로 수용하고, 학생들이 제기한 문제를 빠른 시간 내에 해결함으로써 더 큰 시위나 대규모 운동으로 확대되지는 못하였다.

2. 경제 상황의 악화와 '신경제 메커니즘의 도입'

전술하였듯이 서유럽과 서구의 세계가 구제도와 자본주의의 모순, 격화되어가는 계층 간의 갈등에 대항하여 권위적인 과거와의 단절을 추구한 운동이 '68운동'이라면, 동유럽 사회주의 국가에서는 사회주의 체제의 문제점을 수정하고자 하는 체제 내에서의 여러 가지 개혁운동이 존재했고, 그중의 하나가 '프라하의 봄'이라는 것이다. 물론 이마저도 헝가리에서는 공산당의 주도에 의한 '신경제 메커니즘'이라는 형태의 체제 내적 개혁으로 나타나게 되었다. 따라서 1968년 체코의 '프라하의 봄', 폴란드에서의 학생시위, 헝가리의 '신경제 메커니즘'을 비슷한 유형으로 보는 것은 오해의 소지가 있다. 따라서 체코슬로바키아의 '프라하의 봄'과 헝가리의 '신경제구조'는 단순 비교가 불가하다.

1968년 헝가리에서 일어난 경제적 개혁운동인 '신경제 메커니즘'은 서구의 '68혁명'과는 그 출발점에서부터 다른 양상을 보여준다. 헝가리의 '신경제 메커니즘'은 헝가리 내부의 사회주의적 모순을 해결하기 위한 내적 체제개혁 운동이었다. 물론 헝가리에서 '신경제 메커니즘'의 개혁 정책들이 진행되는 동안 벌어진 서구의 '68혁명'과 체코슬로바키아의 '프라하의 봄'이 헝가리의 '신경제 메커니즘'의 추진에 어느 정도 영향을 주었음은 부정할 수 없는 사실이다.

헝가리 정부는 '신경제 메커니즘'을 추진하면서 보다 유연하고 융통성 있게 정책을 집행하였다. 헝가리 정부가 1968년의 개혁정책을 수행해본 경험은 정확히 20년 뒤인 1988년 헝가리 체제전환의 뿌리가 되었음은 분명한 사실이다. 따라서 헝가리의 1968년 '신경제 메커니즘'을 이해하기 위해서는 1949년 공산정권의 수립과 이후 발생한 1956년의 헝가리 혁명, 1960년대의 경제적 성장과 한계, 이에 따른 경제상황의 추락이라는 시계열적 이해가 필요하다.

헝가리는 1949년 공산화 이래로 라코시에 의한 강압통치와 중공업화 정책이 시행되었다. 제2차 세계대전으로 국토의 대부분이 파괴된 헝가리의 상황에서는 강압적이고 중앙집권적인 공산당의 정책이 전쟁의 폐허로부터 헝가리를 급속히 재건하는 데 효과적인 것은 분명한 사실이었다. 공산당의 '중앙계획형명령경제체제'는 최소한의 자원과 인적동원능력을 지닌 헝가리의 재건에 유효한 도구였다. 이러한 정책을 추진하는 과정에서 투자와 산업 생산의 증대, 생활수준의 향상, 노동 생산력의 증대가 나타났지만, 이와 더불어 농촌 인구의 도시 이입으로 빚어지는 주택난과 함께 농업 생산의 상대적 둔화, 산업 부문의 무역 불균형과 구조적 모순도 드러났다.

헝가리에서 전후 사회의 재구성은 스탈린식 국가통제 체제의 정착과 궤를 같이한다. 1949년부터 1953년까지 헝가리 사회는 검열, 억압, 당의 관료제화를 통한 전체주의적 체제가 완성되는 시기로서 스탈린체제를 모방한 소비에트식 국가체계가 완성된 된 시기라고 할 수 있다. 이 시기의 헝가리에서의 노동자를 동원하는 방식은 다음과 같은 '구호'와 '운동'으로 요약될 수 있다.

1. 일을 더 잘해야 한다는 '사회주의 노동 경쟁'
2. 더 많은 생산, 고품질 달성, 기술 혁신을 통한 능률 향상을 추구하는 '사회주의 혁신 운동'
3. 의무 시간보다 10분 또는 5분 일찍 일을 시작하자는 '10분, 5분 운동'
4. 작업장의 사고를 막아야 한다는 '당신과 당신의 노동자 동무를 보살피자'는 운동

이 시기의 사회주의 노동경쟁은 헝가리만의 독특한 현상은 아니다. 헝가리와 인접한 폴란드, 체코슬로바키아, 루마니아 등에서도 유사하게 나타난다. 이와 같은 사회주의 국가의 국민동원은 전후 피폐해진 경제를 급속히 회복하는데 효과적인 수단이었다. 이러한

운동은 소위 '사회주의 경쟁 의식 및 운동'으로 규정되어 1952년부터 헝가리 전역으로 확산되었다. 이 과정에서 나타난 헝가리 사회의 '사회주의적 혁명화'의 구체적 예는 정치부문에서 다당제도의 폐지와 의회의 '거수기'화, 사법부의 행정부 예속, 내무부와 정부의 고위 관리를 공산당원으로 임명 등의 정책을 들 수 있고, 경제부분에서는 기업의 국유화와 금융제도 통제, 농업 집단화, 사회·문화부분에서는 교육기관의 확충을 통한 교육기회의 확대, 프롤레타리아를 위한 새로운 대학의 설립, 정치 교육의 강화, 교회 활동 제한 등을 들 수 있다.

헝가리 사회의 이러한 구조 개편은 헝가리 사회의 모든 사회관계망, 사회연결망을 해체시켜 헝가리 공산당이 중앙통제하에 놓이게 하는 것에 최종적인 목표가 있었다. 이러한 헝가리 공산당의 목표는 1953년까지 거의 달성되었다. 공산당의 통제와 감시는 당과 국가의 영역을 넘어 경제, 문화, 그리고 학교 및 청년의 사회화 과정을 포함하여 모든 일상의 영역에서도 이루어졌다. 사회적 전 분야의 독립성이 상실되었고, 사회의 전반적 형태가 공산당 이데올로기에 적합한 형태로 변모되었다. 공산당과 그 부속 조직들(인민전선, 노동조합, 청년조직)은 인구 전체를 통제하는 당의 기구로 전락하였으며, 이들 조직체들은 회원제를 통하여 통제를 강화하였다. 즉, 그물망처럼 촘촘히 조직된 각종의 사회단체나 조직, 기구에 가입하지 않거나 못하는 사람들은 실제로 헝가리 내에서 사회활동이 불가능해지도록 만듦으로써 다중적이고 교묘한 방식으로 인민을 감시하고 통제했던 것이다.

이러한 통제방식을 통하여 헝가리인 전체가 모두 어느 특정한

집단에 속하게 하였다. 이에 반하여 사회주의 체제에 통합하기 힘
들거나 불가능한 교회 등의 집단을 '계급의 적'으로 낙인찍어 사회
로부터 분리하였다. 이러한 방식의 사회통제는 성공적이었다고 할
수 있다. 이에 따라 헝가리 사회는 정부의 의도대로 통제되었고,
전통적인 헝가리 사회구조는 분열되어 그 기반을 상실했다.

　이와 같은 상황에서 헝가리에서 개혁의 시작은 전술하였듯이
1953년 스탈린의 사망과 1956년 소련 공산당 20차 대회에서 흐루쇼
프가 스탈린을 비판한 데서 시작되었고, 1956년 헝가리 혁명으로
정점에 이르렀다. 그러나 소련의 무력개입으로 헝가리 혁명이 실패
한 후 정권을 잡은 까다르는 1958년 헝가리 혁명의 주역이었던 너지
임레 수상과 멀레떼르 빨을 처형하고, 침묵과 굴종을 강요하는 강압
정치를 1961년까지 지속하였다. 이후 경제상황의 악화에 따른 인민
의 생활수준 저하는 인민의 불만을 야기하게 되어 1968년 '신경제
메커니즘' 주요 원인이 되었던 것이다. 따라서 혁명의 실패를 경험
한 헝가리인이 '프라하의 봄'이나, '68운동'에 대해 무관심한 태도를
보인 것은 당연한 모습이었다. 헝가리에서 1968년에 '신경제 메커니
즘'이라는 경제개혁 조치가 도입되게 된 데에는 이러한 전사(前史)가
있었기 때문에 1968년 동유럽 사회주의 국가들에서 벌어졌던 개혁
운동과는 그 성격이 판이하다고 할 수 있는 것이다.

　까다르는 1968년에 도입될 예정인 '신경제 메커니즘'에 대해 소련
이 부정적인 입장을 갖고 있는 것을 알고 있었다. 헝가리의 '신경제
메커니즘'이 성공하기 위해서는 소련의 동의가 필요했기 때문에 까
다르가 체코슬로바키아 사태에 대하여 소련의 침공 결정을 지지한
측면도 있다. 따라서 1956년 헝가리 혁명당시의 뼈아픈 실패경험,

'신경제 메커니즘'의 추진과 성공에 대한 강한 의지가 '프라하의 봄'과 '68운동'에 대한 까다르의 태도를 결정지었다고 보는 것이 옳을 것이다.

헝가리에서 경제 개혁의 시작은 실질적으로 1961년부터 시작되었다. 2년간에 걸쳐 진행된 경제개혁은 먼저 농업부분의 집단농장 제도에 대한 개혁으로 시작되었다. 이 계획은 독립적인 농장 경영, 직접적인 재정부분의 자율성, 집단농장원의 구성문제에 대한 다소간의 자율성을 보장하는 내용으로 구성되어 있었다. 그러나 이런 정도의 소규모 개혁으로는 헝가리 경제가 당면한 문제를 근본적으로 해결할 수 없었고, 집단농장 개혁을 위한 수정계획은 1963년 말별 소득 없이 종료되었다. 이에 따라 헝가리 사회주의 노동자당 중앙위원회는 새로운 개혁을 위한 준비에 착수하였다.

중앙위원회는 먼저 1964년 말 헝가리의 경제상황을 '검열'할 조사위원회를 가동시켰다. 조사위원회의 검열 결과는 상당히 심각한 것이었다. 조사위원회는 현재 헝가리가 당면한 경제문제를 해결하기 위한 계획을 수립하는 것을 '금년 안에' 할 수 있는 일이 아니라, 최소한 1965년 말까지는 계획을 수립하여야 한다고 보고하고 있다. 이에 따라 중앙위원회 산하의 경제계획 부서들이 조사위원회의 비판적인 입장을 수용하여 이를 타개하기 위한 개혁안을 준비하였다. 약 1년 반의 준비기간을 거쳐 1966년 5월 26~27일 사이에 개최되었던 헝가리 사회주의노동자당 중앙위원회에 '경제 구조의 개혁에 관한 계획 수립 결정'이 보고되었다. 이때부터 다시 1967년 말까지 헝가리의 경제구조를 새롭게 개편할 시행방안이 마련되었고, 1968년 1월 1일을 기점으로 '신경제 메커니즘'이 시행되었다.

'신경제 메커니즘'의 기본적인 원칙은 1. 중앙 계획의 역할을 축소, 생산 및 투자에서 기업의 자율성 강화, 2. 시장에서 가격의 제한적 자유화, 3. 임금 체계의 유연화로 정리할 수 있다. 이러한 '신경제 메커니즘'의 세부적인 내용은 헝가리 사회주의 노동자당 중앙위원회 경제계획위원회의 결정에 따라 다음과 같은 실행 방안으로 확정되었다.

> 가) 다방면에 걸친 분권화와 자유화
> 나) 시장기구의 역할증대
> 다) 기업 통제수단을 일반화하여 특정한 방식으로 규제하는 것을 방지
> 라) 기업내부의 조직에 있어 노동자 자주관리제도의 도입 시도
> 마) 단기적인 명령체계의 완전한 폐지
> 바) 가격결정에 있어서 행정관리 가격체제를 탈피
> 사) 임금액 결정에 있어서 상한선 폐지

먼저 다방면에 걸친 분권화와 자유화는 중앙으로 일원화되어 있는 경제 계획의 결정 권한을 기업으로 이전하는 것이다. 중앙집중식 경제체제의 경우 모든 생산물에 대한 기초적 수량까지 중앙에서 계획하고 조절한다. 이 기능의 역작용이 생산성의 부진, 품질의 저하 등으로 나타났다. 이러한 경제 정책을 수립하기 위하여 광범위한 통계자료 수집과 사회조사를 통한 계획이 수립되었는데, 이 과정에서 수많은 왜곡과 불균형이 나타나게 되었던 것이다. 이러한 상황을 타개하는 방안으로 중앙기구의 역할을 대폭 축소하고, 의사결정의 자율권을 부여한 것이다. 이러한 정책이 시행됨으로써 기업의

지배구조와 생산계획의 시스템이 보다 유연하게 개편되었고, 이를 바탕으로 헝가리의 기업들은 이윤의 개념을 도입할 수 있게 되었다.

두 번째 '신경제 메커니즘'의 특징은 시장기구의 역할 증대이다. 시장기구의 역할이 커지는 것은 곧 가격이 자율적으로 결정됨을 의미하는 것이었다. 시장경제 체제에서는 가격이 수요와 공급이 만나는 점에서 결정된다. 즉, 시장의 자기통제 기능이 존재하여 수요와 공급에 있어서 불균형이 나타나지 않는다. 사회주의 경제체제의 문제점은 이러한 자율적인 시장기능이 존재하지 않기 때문에 만성적인 생산과잉과 생산품의 부족현상이 기묘하게 공존한다. 바로 이러한 원인으로 인하여 '신경제 메커니즘'에서 시장기구의 역할을 증대하는 정책이 가장 중요한 부분을 차지하고 있는 것이다.

세 번째 항목인 통제수단의 일반화는 특정한 기업들을 대상으로 하는 것이다. 이 조치는 이익을 많이 남기는 특정 기업에 대해서 국가가 간섭을 통하여 이윤을 회수해 가던 종전의 방식을 변경하는 것이다. 이 조치는 이윤을 많이 남기는 특정한 기업의 불이익을 감소시킴으로 해서 건전한 자본이 형성되도록 기여한 것으로 평가되었다.

노동자의 자주관리제 도입은 이미 유고슬라비아의 선례가 있어서 무척 용이하게 진행되었다. 각 제반 사업장의 노동자 대표와 기업 대표가 모여서 기업의 운영 방안과 각종의 현안에 대해서 논의하는 이 제도는 노동자의 경영 참여라는 측면에서 노동자의 권리와 발언권의 강화를 의미하는 것이다. 그러나 전문성이 결여된 노동자의 경영 참여는 예상하지 못했던 문제점들을 발생시키기도 하였는데, 비록 성공하지는 못하였지만 이를 개선하기 위한 다양한 방법들이 시도되었다.

단기적 명령체계의 완전한 폐지로 단기에 관한한 투입 및 산출을 자유롭게 결정할 수 있게 되었다. 이것은 후에 자본주의적 생산 양식을 도입하였을 때 좋은 경험이 되었다. 이와 같은 신경제체제의 내용은 가히 획기적이었다. 헝가리가 1989년 체제전환시기에 보여줬던 개혁정책 역시 1968년에 제시되었던 신경제체제의 범주를 크게 벗어나는 것은 아니다. 신경제체제의 실현으로 말미암아 1968년 이전과 그 이후의 경제상황은 많은 차이점을 보이게 되었다. 특히 국유부분과 비 국유부분의 성장의 차이는 아주 중요하다. 개혁 이전 국유부분의 경제운용방식은 '중앙계획형명령경제체제'였다. 따라서 모든 경제계획은 중앙경제계획기구의 지표에 의하여 강력한 통제를 받았다. 개혁 이후 국유부분의 취업자의 구성비가 전체취업 인구의 70.9%를 차지하게 되는데, 이것은 개혁 이전에 비하여 5% 정도 상승한 것이다. 그러나 국민의 소득비 구성은 국유부분이 점차로 감소하는 현상을 보이게 되었다. 이것은 사기업의 비중이 그만큼 증가하였다는 것을 반증해 준다. 이러한 개혁의 성과로서 기업체에 종사하는 노동자들은 보너스를 받게 되었고 여러 형태의 이윤 배부가 보장되었다.

농업부분의 변화도 획기적이었다. 국유농장은 그 비중에 있어서 별로 하락하지 않았지만 개혁 이후 그 운영방식에 있어서 다른 국유부분 보다 더 자유로워졌다. 가격의 왜곡현상이 많이 사라졌고 행정기구의 자의적 통제는 이전보다 훨씬 줄어들었다. 여타의 부분에 비해 헝가리가 농업부분에 강세를 보일 수 있었던 것은 전통적인 농업국이라는 이유도 있었지만 농업부분에 있어서의 개혁만큼은 지속적으로 이루어졌기 때문이다. 이미 1968년 이전에 농산물에 대한 강제 수집이 폐지되고 협동농장에서 생산된 농작물은 자유롭게 시장에 내다 팔 수 있게 되어 있었다. 사유농장역시 개혁에 의하여 기본적인 토대가 변하지는 않았지만—토지소유에 대한 법적 제한—개별 농가가 사유농장에 더 많은 노동력을 투입하는 것을 허용하고 개별농가의 가축, 농기구 소유 등에 대한 제한도 폐지되었다. 또한 사유농장과 협동농장은 상호 보완 관계로 인식되어 사유농장과 협동농장의 분업체계가 형성되었다.

3. '신경제 메커니즘' 도입 이후 헝가리 사회의 양상

'신경제 메커니즘'의 도입은 사회주의 헝가리 사회의 모습을 상당히 변모시켰다. 우선 정치를 제외한 사회의 전 분야에서 자유로운 분위기와 비교적 순화된 통제의 양상들이 나타나기 시작했다. 1950년대 초 공산당이 정권을 장악하고 급격한 스탈린화 정책을 추진하던 당시의 모습과 1968년 이후의 헝가리 사회는 보다 유연하게 변화하였다. 예를 들어 농업생산의 경우 1953년 농업 집단화를 완료할 시점에서는 단위농장에서 생산해야 하는 1년 치 수확량을 정해 놓고 수시로 생산과정을 점검을 하고, 추수기에는 당국자를 파견하여 수확된 알곡의 수까지 세는 방식의 엄혹한 통제를 가했다.

다음 그림은 수수기에 공산당 감독관들이 농장에 직접 나가 농민들을 통제하는 모습이다.

1950년 6월, 세게드 지역의 추수 감시　　　1953년 6월, 보리밭에서 당국의 검열

　이와 같은 방식의 통제는 다소 누그러지기는 했지만 1968년 '신경제 메커니즘'의 도입 이전에는 일반적인 양상이었다. 1968년 '신경제 메커니즘'의 도입으로 인하여 보다 완화된 농업정책이 시행됨으로써 농업종사자들의 자유롭게 설정한 계획에 의해 생산량을 정할 수 있게 되었고, 그러한 측면을 반영하여 집단농장 구조도 변하게 되었다. 이와 더불어 농업생산량 중 국가에 납부해야 하는 일정량을 제외한 잉여 생산에 대한 판매가 허용되었고, 이를 수행하기 위한 제2시장(헝가리어로는 fekete piac, 암시장)이 형성되었다. 헝가리의 제2시장은 이후 스스로 하나의 시장의 형태로 자리 잡았다.

　헝가리의 학자들은 헝가리가 제2시장의 존재를 경험한 점이 1988년부터 시작된 헝가리의 체제전환 과정을 비교적 쉽게 받아들이게 된 이유 중의 하나라는데 동의한다. 1968년 이후 제2시장은 국가가 조직하지 않은 준 합법적인 경제영역이지만 국가, 사회, 경제체제와 연계되어 공생하는 체제를 의미하였다. 이후 1980년대 삶의 수준의 향상이 더 이상 지속될 수 없게 되었을 때 제2시장은 퇴보하였고, 체제 자체가 위기의 국면으로 진입하였다. 결국 이러한 상황을 타개하기 위한 방안으로서 1988년의 체제전환을 받아들이게 되었던 것이다.

　1968년의 '신경제 메커니즘' 이후 1970년대까지 헝가리는 권위주의적 독재, 이른바 이전 정권의 특징이라고 정의되는 '대중 동원의 정치'를 최소화하였다. 이 또한 1968년 '신경제 메커니즘' 이후 나타난 현상이라고 할 수 있다. 국민이 경제생활에 집중하게 하기 위하여 불필요한 대규모의 군중동원을 최소화하는 것은 당시의 정치적 상황으로는 획기적인 변화라고 할 수 있다. 이와 더불어 헝가리 국민들의 일상을 통제하던 헝가리 대중조직의 기능 및 역할도 감소하였다. 각종 대중조직의 통제는 계속되었으나 이러한 조직체가 구사하는 영향력은 제한적으로 축소되었다. 보통의 평범한 '인민'에게는 이렇다 할 가혹한 통제가 거의 사라졌다. 오히려 정밀하고 교묘한 통제와 감시는 헝가리 사회주의 정권을 뒷받침하는 체제의 근간을 이루고 있는 관료층 그리고 조직화된 노동자 조직의 지도계급 등 핵심계층에게만 적용되는 양상을 보였다. 이러한 양상은 헝가리 사회가 갖는 특징적인 모습으로 볼 수 있다. 따라서 특권적 위치에 있던 당 간부보다 일반 국민들이 덜 통제를 받는 상황이 나타나게 되었다. 공산당의 특권적 혜택을 누리는 일부 계층을 제외하고는 헝가리 국민은 오히려 보다 자유로운 상태를 구가하게 된 것이다. 따라서 1980년대 말 헝가리에서 벌어진 체제전환과 개혁운동이 비교적 평화롭고 안정적으로 이루어진 데에는 1968년의 '신경제 메커니즘'을 통해 경험한 자유로운 사회시스템과 자본주의적 개혁이 큰 영향을 미쳤음은 부인할 수 없는 사실이다. 그러나 '신경제 메커니즘'을 도입과 더불어 향유되던 소위 '넉넉한 사회주의, 일명 '까다리즘'이라고 불리는 헝가리식 사회주의 통제양식은 80년대에 이르러 한계점에 봉착한다.

1960년대와 1970년대를 관통하며, 안정적인 발전과 성장을 유지하던 헝가리 경제는 1980년대 초입에 들어서면서, 사회주의 생산양식에 근원적으로 내재되어 있는 경제적 문제점으로 인하여 위기의 국면에 진입하고 있었다. 생산과 소비분야에서 고질적인 경공업제품의 생산 부족과 품질저하는 대규모의 외국차관을 도입함으로써 어느 정도 숨겨져 있었는데, 80년대에 불어 닥친 세계적인 금융산업의 위기와 국지적인 분쟁들로 인해, 더 이상 헝가리에게 차관을 공여하기 어려운 상황에 이르게 되었고, IMF의 구제금융까지 받아야 하는 상황으로 가게 되었던 것이다. 이러한 문제에 대해 헝가리 사회주의노동자당의 관료와 대다수의 공산당 정치인들은 비공식적인 제2경제를 활성화를 해결할 수 있다고 믿었던 것이다. 그러나 결국 정규 노동시간이외에 잉여노동시간을 활용하여 생산을 촉진하는 제2경제는 극단적으로 자기 자신을 착취하도록 내모는 것이었다. 이러한 방식의 경제정책이 근본적인 해결이 될 수 없음은 자명한 사실이다. 제2경제의 활성화, 차관도입의 확대 등 단기적인 처방은 문제의 원인을 해결하지 못한 채, 결국 1980년대 말의 체제전환의 도화선으로 작용했던 것이다. 이렇듯 까다르 체제에 대한 신뢰와 믿음이 점차로 약해지는 상황에서도 헝가리의 지식인을 중심으로 하는 반체제인사들은 대규모 시위나 대중적인 저항방법을 활용한 체제전환을 시도하지 않았다. 특히 80년대는 경제위기와 사회위기가 동시에 터져 나오는 '이중의 고난'이 덮쳐왔음에도 불구하고, 파업, 임금 인상 요구, 거리 시위 같은 대규모 의사표명이 나타나지 않았다. 이것은 헝가리의 사회적 불만이 폴란드, 루마니아, 유고슬라비아에서 나타났던 것과는 상이한 양상이라는 점을 보여준다. 이러한 양상은 까다르 정권이 다른 여타의 사회주의 국가들보다 더 관대한 해외여행의 기회, 문화적 관대함, 일정 정도 종교생활의 허용으로 표현되는 '약간의 자유'를 보장함으로써, 1980년대 중반까지 까다르식의 통치방식에 순응하도록 하였고, 거기에 헝가리의 지식인이나 여론주도 계층이 부응했다는 뜻이기도 하다.

4. 1989년 체제전환으로의 인입(引入)

1988년 5월 20~22일 열렸던 헝가리 사회주의 노동당의 임시 회의에서 당의 대의원들은 까다르가 30년이 넘도록 유지하던 총서기직에서 해임하기로 표결하고 허울뿐인 당수의 직위만 유지하도록 했다. 까다르의 실각과 1989년 헝가리 공산체제의 몰락은 경제적 위기에 의해 자극된 대규모의 불안과 이에 따른 대중운동의 힘이 아니라 헝가리 정치를 지탱해 오던 외적 요인, 즉 소련의 몰락이라는 외부 상황에 의한 것이었다. 이에 따른 소련의 대동유럽정책의 변화, 소련의 영향력 약화가 헝가리의 체제전환을 가능하게 했던 동력이었다. 이러한 상황은 1956년에도 관찰되는데, 다른 점은 1956년에는 소련의 힘이 무소불위의 수준이었고, 1989년 당시 소련의 힘은 거의 영향력이 거의 미치지 못했다는 점이다. 따라서 헝가리에서의 체제전환은 필연적으로 성공할 수밖에 없는 외적 조건을 충족하고 있었던 것이다.

이러한 상황에서 헝가리 사회에 점증하는 사회적 불만을 토론하고, 이에 대한 대안을 제시하는 대안적성격의 지적, 정치적 엘리트들이 출현하였다. 이들은 헝가리 사회의 마르크스적 구조를 포기하고 대신 자유롭고 보다 민주주의적인 과점의 유럽적 방식을 수용하자는 의견을 주장하였다. 이러한 움직임은 민족주의적 지향성과 서구 지향적 성향을 보인 두 지식인 그룹에 의해서 주도되었다. 헝가리의 공안당국은 지식인들의 이러한 움직임과 세부사항에 대해 상당히 정확한 정보를 보유하고 있었다. 헝가리 공안당국은 정부의 지시가 있었다면 단시간에 전체 운동을 분쇄할 수 있는 능력을 갖추고 있었다. 그러나 헝가리 공안당국은 만약 이러한 지식인들의 운동을 탄압할 경우 그동안 좋은 관계를 유지해 오던 서방과의 관계가 크게 흔들린다는 점을 잘 알고 있었기 때문에 이들에 대해 가혹한 처벌을 하려 하지 않았다. 경찰은 가택 수사, 지하출판(samizdat)물의 압수, 여권과 여행허가증 발급의 거부 정도였고, 대규모의 체포나 공개재판, 징역형 등과 같은 처벌은 단 한 번도 없었다. 까다르는 사회주의노동자당에 반대하는 지식인들의 활동이 위험한 결과를 초래할 것이라는 점을 알고 있었지만, 1956년 당시의 기억을 간직하고 있었던 그에게는 피할 수 없는 선택이기도 했다. 이러한 상황 속에서 반체제 지식인은 그 세력을 확장해 1980년대 후반에는 수천 명까지 이르렀다. 이들 지식인들은 사회주의 경제 시스템이 갖는 문제점들을 지적하며 이 문제를 해결하기 위한 유일한 방책은 서방 스타일의 의회민주주의와 자본주의적 시장구조라는 점을 강조하며, 각종 지하유인물과 반쯤 공개적인 잡지와 언론기고문을 통해 자신들의 사상을 확산시켰다. 따라서 현재의 당 지도부는 이러한 변화를 수행하는데 적합하지 않으므로 까다르의 후계자들 또한 권력에서 물러나야 하고, 완전히 새로운 세력이 권력을 장악해야 한다는 것이었다.

헝가리 지식인 그룹의 다른 한 분파인 민중주의-민족주의자들이 중심이 된 '헝가리 민주포럼'(MDF)은 이러한 과격한 주자에 동조하지 않고, 합법적으로 선거를 통해 정권을 교체하자는 온건한 주장을 펼쳤다. 헝가리 민주포럼'의 이러한 주장은 대중적인 지지를 획득하게 되어 1990년 3월에 치러진 선거에서 총 386석의 의석 중 164석을 얻어 제1당의 지위에 오르게 되었다. 이는 헝가리 역사상 두 번씩이나 정권을 장악했던 사회주의가 종말을 고하는 신호탄이었다. 헝가리 민주포럼은 선거에서의 승리를 바탕으로 하여 헝가리 체제전환의 초석을 놓았으며, 이후 전개되는 정치적 격변 속에서도 체제전환 이후의 헝가리 국가의 초석을 놓는 데 일조하였다. 아래의 도표는 1990년의 선거 의석수의 분포를 보여준다. MDF로 표시되는 헝가리 민주포럼이 164석으로 42.49%를 얻었고, 자유민주연합이 92석을 얻어 23.83%의 득표율을 기록하였다. 구 사회주의 노동자당의 후신인 헝가리사회주의자당(MSzP)은 겨우 33석을 얻어 8.55% 득표율을 기록하였다. 헝가리 민주포럼은 독립소지주당(FKgP)과 기독교인민민주당(KDNP)과 연합하여 230석으로 중도-우파정부를 수립하였다.

이러한 선거 결과는 30년간 지속된 까다르 시대의 종말을 고하면서, 동시에 헝가리가 자연스럽게 자본주의적 시장경제를 기반으로 하는 민주주의적 체제로 안착하였음을 보여준다. 헝가리의 체제전환이 비교적 순탄하고 평화롭게 이행된 이유는 1968년에 사회주의 체제 내에서의 자체적인 개혁정책으로 수립된 '신경제 메커니즘'의

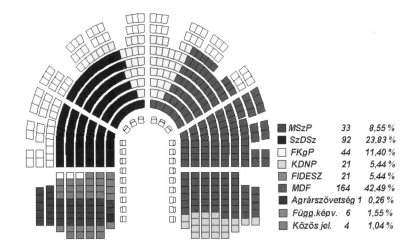

[표 1] 1990년 총선거 결과

정 당	의석수	의석비율(%)
헝가리사회당(MSzP)	33	8.55
자유민주연합(SzDSz)	92	22.83
독립소지주당(FKgP)	44	11.40
기독교국민민주당(KDNP)	21	5.44
청년민주연합(Fidesz)	21	5.44
헝가리민주포럼(MDF)	164	42.49
농민연합	1	0.26
무소속	6	1.55
연합공천	4	1.04
계	386	100.0

자료출처: 헝가리 중앙선거관리위원회, 1990

경험과 이를 통한 안정적 사회구조가 갖는 장점을 이해하고 있었던 헝가리 민중의 현명한 행동이 주된 원인이었다고 할 수 있다. 헝가리와 국경을 마주하고 있는 루마니아에서 벌어진 유혈사태와 혁명적 양상에 비교해 보면 헝가리의 평화로운 체제전환은 정치사의

한 장을 장식할 만한 사건이다. 까다르 시대의 경제 개혁, 문화자유
주의, 정치적관용, 중산층의 증가와 마찬가지로 오랜 의회주의의
전통과 법치주의 때문에, 헝가리는 폴란드와 함께 처음부터 체제전
환의 선두에서 이것을 이끌어 왔다고 할 수 있다. 이러한 이유에서
헝가리에서의 체제전환 시점을 어느 한 날짜로 정하는 것은 불가능
하다. 물론 확실히 까다르 시대의 막이 내린 것은 1988년 5월 20일
에서 22일 사이였지만, 이것은 개혁이나 '현존 사회주의'의 붕괴로
보기는 어렵다.

　까다르의 실각 이후에도 대다수의 정치 엘리트들은 여전히 헝가
리 사회의 개혁방향을 당시 사회주의 체제를 고수하며 부분적인
수정을 가하는 쪽으로 생각하고 있었던 것이다. 그러나 이러한 의
도와는 다르게 헝가리는 전면적인 시장자본주의의 도입과 민주주
의적 질서에 기초한 법치국가의 길을 택함으로써 헝가리에서의
1989년은 '경이적인 해'(annus mirabilis)로 역사에 기록되게 되었다.

1989년 헝가리 체제전환의
내적 요인과 국제적 환경

1. 서론

    1989년은 냉전과 탈냉전의 진정한 분기점이 되는 새로운 시대의 시작점이다. 1989년부터 본격적으로, 가시적으로 시작된 '동유럽의 체제전환'은 세계사의 시기를 고대, 중세, 근대, 현대로 나누는 전통적인 구분법을 따르지 않고, 사건중심으로 세계사를 구분했을 때 제1차 세계대전, 제2차 세계대전 정도의 의미를 갖는 사건의 반열에 들어간다. 이러한 동유럽의 역사적인 체제전환은 겉으로는 1989년 소련의 고르바초프 서기장과 미국의 부시 대통령의 합의를 통해 돌이킬 수 없는 역사적 현실이 되어 세계사의 시대구분의 한 기점이 된 것이 사실이다. 고르바초프 서기장은 부시 대통령과의 협상 과정에서 동유럽국가에서의 자유선거와 내정불간섭 원칙을 확인했고, 이에 화답하여 부시 대통령은 소련의 개혁 정책을 지지하겠다고 강조했다. 비록 동독 및 서독, 그리고 유럽의 미래와 관련된 모든 문제에 합의를 보지는 못했지만, 1945년 2월 얄타 협정으로 시작된 냉전이 1989년 12월 초 몰타에서 끝났다는 데는 이론의 여지가 없다.

이 와중에서 헝가리는 국내적 요인에 의하여 동유럽 사회주의 국가 중 체제전환의 제일 선두에 자리할 수 있었다. 국내적으로 체제전환의 필요성과 당위성이 전 국민에게 퍼져있었고, 집권당도 그 변화를 재빠르게 인지하고 있었다. 집권당은 범야권 세력과 협상을 통하여 체제전환의 조건들을 협의했고, 집권 사회당과 민주세력이 중심이 된 범야권 양자가 합의하여 헝가리의 체제전환은 순조롭고 평화롭게 진행되었다. 물론 소련은 이와 같은 헝가리의 체제전환 과정에 개입하거나 방해하지 않았다.

이 글에서는 이러한 세계적인 체제전환의 출발점이 되었던 헝가리의 체제전환의 대내외적 환경과 요인들을 살펴보고자 한다. 특히 체제전환을 가능하게 했던 여러 요인들을 보다 거시적인 시각에서 조망함으로써 동유럽의 체제전환이 30년이 지나 시점에서 세계사에 어떤 의미를 남겼는지도 파악해 보고자 한다. 먼저 서론에서 동유럽의 체제전환이 갖는 세계사적 함의를 살펴보고, 동유럽의 국가들의 체제전환이 어떠한 유형과 양상을 보이는지 개략적으로 살펴보려 한다. 본론에서는 이러한 과정을 선두에서 주도하였던 헝가리의 체제전환의 내용을 내적인 요인과 국제적인 환경으로 나누어 분석해 보기로 하겠다.

1989년은 놀랍고 경이로운 사건이 연속적으로 발생한 해였다. 헝가리의 역사학자인 롬시취의 표현을 따르면 1989년은 헝가리를 비롯한 동유럽 국가들의 '경이로운 해(Annus mirabilis)'였다. 1917년 볼셰비키의 혁명이 성공한 이래로 세계를 양분했던 두 개의 체제 중 한 축이 무너져 내리기 시작한 것이다. 몇 세기 후의 역사서들은 동유럽의 체제전환을 '세계를 바꾼 사건' 중의 하나로 명명하리라는 것은 자명한 사실이다. 이런 의미에서 동유럽 국가들의 체제전환이 최초로 시작된 헝가리의 1989년을 '경이로운 해'라고 하는 것은 매우 타당하고 적합하다.

동유럽 사회주의 국가들의 체제전환은 내재해 있던 사회적 갈등과 모순이 축적되어 있는 와중에 세계정세의 변화에 편승하여 봇물 터지듯 터져 나온 양상을 보였다. 폐쇄된 구조의 사회주의 국가에서 체제전환의 실마리가 될 만한 사태가 발생하는 것은 매우 어려운 일이다. 정부의 중앙통제는 지극히 교묘한 방식으로 인민의 세부적이고 내밀한 일상까지 파고들었기 때문에 이러한 구조 속에서 체제전환이라는 거대한 변혁을 꿈꾼다는 것은 불가능에 가까운 일이었다. 제2차 세계대전이 끝나고 난 뒤 소련에 의해 동유럽 국가들에 강요된 공산주의가 몰락하는 모습은 공산주의를 받아들여야만 했던 그 상황보다 더욱 극적이고, 빠른 속도로 진행되었다. 체제전환의 양상은 전례 없는 변화의 폭과 깊이, 속도라는 측면에서 전무후무한 것이었다. 동유럽 국가들에서 사회주의 체제전환을 주도한 두 나라가 헝가리와 폴란드이다. 1989년 당시 동유럽의 8개 공산주의 국가, 즉, 헝가리, 폴란드, 체코슬로바키아, 유고슬라비아, 루마니아, 불가리아, 알바니아, 동독 중에서 가장 자유로운 폴란드와 가장 부유한 그룹에 속했던 헝가리가 체제전환을 주도했다는 점은 많은 시사점을 준다.

1980년대 초, 중반까지 동유럽 사회주의 국가들 중에서 헝가리는 경제적으로 동독과 더불어 가장 형편이 좋은 편에 속했고, 폴란드는 정치적, 사회적으로 여타 동유럽 국가들에 비하여 비교적 자유로운 분위기였다. 한때 "…헝가리의 개는 자유를 찾아 폴란드로 가고, 폴란드의 개는 빵을 찾아 헝가리로 온다…"는 말이 회자될 정도로 두 나라의 상황은 나은 편이었다. 그러나 비교적 자유롭고 넉넉한 환경의 두 나라 국민이 주변 국가들과 비교해 유럽사회의 전반적인 흐름과 상황을 파악할 수 있는 정보에 가까이 접할 수 있는 환경이었다는 점이 체제전환의 동력이 되었다는 점은 아이러니한 현상이다.

물론 데탕트의 분위기와 더불어 사회주의 국가들 내부에서 점차 정보의 개방과 공유가 이루어지고, 자연스럽게 인민대중이 자신의 의사를 표현하는 기회가 많아지게 된 것과 지리적으로 서유럽에 인접해 있는 조건이 동유럽 국가들의 체제전환을 순식간에 가능하게 한 요인이라는 점은 주목해야 할 부분이다. 국제적으로는 1985년 고르바초프의 등장과 이에 따른 브레즈네프 독트린의 포기로 소련의 영향력이 줄어들고, 동유럽 국가들의 경제개혁 부진, 미국 등 서방 국가들의 동유럽에 관한 관심 증대, 이에 따른 각종 현안에 대한 미국의 개입 등도 동유럽의 체제전환을 가능하게 한 중요한 변수이다. 이러한 환경이 동유럽 국가들이 체제전환을 이루게 된 요인이고, 이러한 일련의 변화들이 1989년을 기점으로 시작되었다는 점에서 1989년이 '경이로운 해'였다는 주장은 단지 수사적 차원을 넘어가는 그 이상의 의미가 있다.

1989년 2월, 헝가리 공산당 지도부가 공식적으로 1당 체제를 포기하고 야당을 인정하는 다당제 구조를 승인했는데, 이는 헝가리 공산당의 역사에서뿐만 아니라 사회주의 국가들 전체 역사를 통틀어 공산당의 주도권을 선언한 공산당 강령을 포기하는 것이었다.

이로써 헝가리에서는 공산당의 일당 독재가 끝나고 민주적 절차에 의해 성립된 다당제 정치체제가 성립하게 된 것이다.

헝가리의 뒤를 이어 몇 달 뒤 폴란드에서는 공산당 지도부와 그 당시만 하더라도 불법으로 간주하였던 자유노조가 협상을 벌인 끝에 폴란드 역시 다당제를 수용하고, 국민에 의한 선거를 시행하기로 합의했다. 공산당이 전 선거 과정을 준비했지만, 결과는 예상했던 대로 자유노조가 이끄는 야당이 대부분의 의석을 차지하는 대승을 거두었다. 이 선거의 승리를 통해 폴란드 야당(자유노조)은 타데우시 마조비에츠키를 수장으로 하여 동유럽 최초의 비공산당 정부를 구성했다. 이러한 양국의 변화에 대해 소련은 별다른 행동을 하지 않은 채 관망하는 자세로 일관했고 심지어 이러한 양국의 정치적 변화에 대해 동의를 표하기까지 했다. 다른 동유럽 국가 사회와 지도자들은 이런 소련의 태도가 더 이상 동유럽의 문제에 강경한 노선을 개입하지 않겠다는 신호로 받아들였다.

이후의 체제전환 과정은 더욱 극적으로 전개되었다. 1989년 8월 말, 헝가리 공산당 지도부는 서구에 문호를 개방하기로 하고, 헝가리와 오스트리아의 국경도시인 쇼프론에서 '범유럽 피크닉'이라고 불리는 행사를 승인하였다. 그리고 이 행사에서 헝가리의 수상 호른 줄러와 오스트리아 수상이 '동서 분단과 냉전의 상징'인 헝가리와 오스트리아 국경의 철조망을 절단한 것이다. 바로 이 순간을 기다리며 쇼프론에서 몇 주 동안을 야영하고 있던 동독 주민 수천 명이 오스트리아로 넘어갔다. 이러한 헝가리의 대담한 정책에 고무된 폴란드와 체코슬로바키아도 비슷한 결정을 내리게 되었다. 이러한 결정으로 양국에 있던 서독대사관에 몰려들어 서독행 비자

를 요구하던 동독인들에게 비자가 발급되었고, 이들은 모두 서독
으로 넘어갔다. 이러한 대규모 출국 사태는 동독 정권의 약화를 가
져왔고, 결국 11월 동독 정치국 전체가 사임하며, 베를린 장벽이
무너졌다.

독일에서 베를린 장벽이 무너진 이후인 11월 10일에는 불가리아
공산당이 이름을 바꾸고 당 수뇌부를 교체했다. 바로 뒤를 이어 체
코슬로바키아에서도 민중시위가 격화되어 공산당 지도부가 사임하
고 오랫동안 반체제 활동을 벌여온 바츨라프 하벨이 1989년 12월
29일에 체코슬로바키아의 임시 대통령으로 선출되었다.

이 모든 극적인 변화가 비폭력적으로 진행되었으며 바츨라프 하
벨은 이러한 혁명적 변화를 '벨벳 혁명'이라고 이름을 붙였다. 물론
동유럽 국가들의 체제전환이 모두 이처럼 평화롭게 진행된 것만은
아니었다. 루마니아 경우 체제전환의 과정은 대규모 유혈사태를 동
반하였다. 루마니아의 수도인 부카레스트와 몇몇 다른 도시에서 비
밀경찰과 대치하던 수백 명의 시위대가 비밀경찰의 발포로 목숨을
잃었다. 이러한 와중에 시위대의 규모가 커지고 시위대에 발포한
비밀경찰에 대한 분노가 쌓이자 군대가 시위대 편을 들었다. 군대
는 대통령의 진압 명령을 거부하고 오히려 대통령이자 공산당 당수
인 니콜라예 차우셰스쿠를 체포하여 비밀 군사재판에 넘기었다. 차
우셰스쿠는 별다른 법률적인 절차나 과정을 거치지 않은 채 유죄판
결을 받은 뒤, 1989년 크리스마스에 처형되었다.

유고슬라비아의 경우는 더욱 참담한 결과가 기다리고 있었다.
유고슬라비아는 이미 오래전부터 소련의 영향력에서 벗어나 자주
적인 사회주의를 지향하고 있었다. 유고슬라비아의 사회주의는 티

토의 강력한 지도하에 기본적으로 공산주의의 이념을 지키며, 내적인 구조 개혁을 추진하는 것이었다. 따라서 동유럽 전체에서 벌어졌던 그런 방식의 체제전환을 추구한 것은 아니었다. 1990년에 들어서면서 유고슬라비아는 다당제를 도입하여 사회주의 체제 내에서의 변화를 추구하였다. 그러나 태생적으로 다민족 국가인 유고슬라비아는 민주적 정치과정 대신 격렬한 민족주의 성향의 분리주의 운동이 나타나게 되어 폭력적이고 파괴적인 내전을 겪은 후 오늘날의 세르비아, 크로아티아, 보스니아 헤르체고비나 등으로 분리 되고 말았다. 유고슬라비아의 경우는 다민족 국가의 경우 공산주의와 같은 강력한 통치 사상이 국민통합과 단합의 기제로 작용하였고, 그것이 무너지면 통합 대신 분리된 민족주의 국가가 성립하게 된다는 특이한 교훈을 남겨 주었다. 이런 면에서 유고슬라비아의 경우를 동유럽의 체제전환의 일반적이 유형으로 간주하기엔 무리가 있다.

2. 헝가리 체제전환의 내적 요인

1) 카다르 체제의 위기: 헝가리 사회주의 체제의 한계

헝가리 체제전환의 원인은 크게 헝가리의 내적인 요인과 헝가리가 직면했던 국제환경적인 요인 두 가지를 들 수 있다. 내적인 요인은 다시 1989년까지 헝가리를 통치했던 카다르 야노시 당 서기장의 통치 체제가 위기에 직면하면서 드러난 헝가리 사회주의 체제의 한계와 헝가리의 민주적 야권세력 즉, 헝가리 지식인을 중심으로 하는 반체제 세력의 성립과 활동을 들 수 있다.

먼저 헝가리식 사회주의의 위기는 1970년대 말부터 도래하기 시작한 경제위기에서 기인한다. 1956년 이후 헝가리를 통치한 카다르는 정치부분에서는 엄격하게 통치했지만, 경제부분에서는 전향적인 조치들을 취하여 헝가리가 사회주의권 국가들 중에서는 동독과 더불어 경제적으로 가장 선두의 위치에 있도록 하였다. 1960년대에 들어서는 경제적 성취에 힘입어 사회적 분위기도 유화적으로 바뀌어 최대한 인민의 생활을 통제하지 않은 방식으로 헝가리 사회가 변화하였다. 이처럼 물질적으로 풍족하고, 정치적, 사회적으로 비교적 유화적인 헝가리식 사회주의를 '구야시 코뮤니즘'이라고도 부른다. 그러나 이러한 위기는 1970년대 초반의 오일쇼크를 시작으로 점점 위기에 봉착하게 되어, 1970년대 말부터 헝가리 정부는 헝가리 경제가 위기에 직면하고 있다는 사실을 인지하기 시작하였다. 1968년 이후 비교적 안정적인 경제 성장세를 유지하던 헝가리의 경제는 국제적인 요인에 의하여 침체의 길로 들어서게 되면서 서구 자본주의 국가들의 방식을 수용한 시장 경제 중심의 개혁 방안을 받아들이는 경제 조처를 해야만 하게 되었다. 헝가리 정부는 다양한 방법을 통하여 경제를 다시 살리려는 노력을 계속하였으나 경제가 재도약하는 데는 실패했다. 1981년부터 1985년 사이에 헝가리의 국민소득은 1.6% 상승하였으나, 1985년부터 1990년까지 5년 동안은 0.3% 상승하는 데 그쳤다. 이 기간에 지표상의 실질임금이 감소하기는 했지만 내용적으로 실질소득은 1980년대 중반까지는 약간이나마 증가했다. 이러한 현상이 나타나게 된 것은 정부가 차관을 통해 헝가리 국민의 손실분을 떠맡았기 때문에 가능했던 일이었다. 1980년부터 1989년 사이에 헝가리의 국가 채무는 두 배 이상 늘어나 200억

달러를 넘었고, 헝가리의 국민 1인당 채무액은 사회주의 국가들 중
최고 수준이었다. 또한 인플레이션도 점점 가속화되고 있었다. 또
한 과거의 물가수준에 현저히 물가가 상승하였다. 이러한 상황은
카다르의 통치방식의 정통성을 부여하였던 '경제적 풍요'라는 가치
가 무너짐을 의미하는 것이었다. 1956년 혁명 이후 카다르식 통치
방식의 개념이었던 '구야시 공산주의'가 더 이상 작동하지 않게 됨
을 의미하는 것이었다.

카다르 시대에는 헝가리 공산당과 국민들 사이에 일종의 '사회적
계약'이 존재했는데, 이 계약은 정부가 경제적 안정을 보장하면, 국
민은 정치적으로 반기를 들지 않고, 헝가리 경제성장의 역군으로서
봉사하는 것이었다. 이러한 사회적 계약은 당연히 경제상황의 악화
와 더불어 무너지기 시작한 것이다. 서구의 자본주의적 민주주의
국가에서는 경기 침체를 시장 상황이 낳은 필연적인 결과로 보는
경우가 많아서 반드시 정부가 책임을 져야 하는 것은 아니지만, 사
회주의 국가에서는 정부가 경제를 통제하기 때문에 경제 상황이
나빠지면 정부가 책임을 져야 하는 것이다. 이러한 딜레마가 카다
르 시대의 헝가리가 직면한 문제였다. 1981년 헝가리 공공여론조사
연구소에서 진행한 여론조사와 1988년의 여론조사 추이를 비교해
보면 헝가리 국민의 불만이 높아지고 있다는 사실이 분명하게 드러
난다. 두 시기의 여론조사에서 나타난 응답자들의 답변을 분석한
너지 러요시 게저(Nagy Lajos Géza)의 논문 '둘로 나눠진 사회'의 분석
에 따르면, 1981년의 여론조사에서 헝가리 국민 대부분이 헝가리의
상황이 서구 국가들보다 낫다고 응답했고, 조사 항목에 올라가 있던
19개 분야 가운데 응답자들이 서구가 헝가리보다 앞선다고 대답한

분야는 단 6개뿐이었다. 이러한 여론은 1988년에 실시한 조사에서 완전히 다른 모습을 보여준다. 즉, 1988년의 시점에서 헝가리가 여전히 우위를 차지하는 항목은 노동관련 권리뿐이다. 물론 이런 결과는 완전 고용의 원칙이 여전히 지켜지고 있다는 사실을 드러내지만, 헝가리의 시민들은 그 외의 다른 모든 면에서는 서구 상황이 더 좋다고 평가하는 것이다. 금전적 안정, 적절한 교육 시설, 의료 제도의 질, 기회균등에 대한 만족도 질문에서 전반적으로 헝가리에 대한 자신감을 상실하고 있는 것으로 나타났다[표 1].

도표에서 나타나는 이러한 현상은 카다르 정권에 대한 헝가리 국민의 신뢰가 점차로 낮아지기 시작하여 1980년대 말에는 완전히 바닥권이었다는 것을 보여준다. 부다페스트공과대학교 학생들을 대상으로 한 조사 결과도 이와 비슷하게 나타났다. 1983년에는 응답한 학생 가운데 61%가 자유선거 시 공산당이 과반수 의석을 차지할 것으로 생각했으며 70%는 헝가리 사회주의의 장래가 밝다고 낙관했다. 하지만 1988년에는 그 비율이 각각 25%와 37%로 떨어졌다. 물론 헝가리 국민들 사이의 불만이 폴란드나 루마니아, 유고슬라비아 국민에게만큼 광범위하게 퍼져있었던 것은 아니었다는 점은 주목할 만한 사실이지만, 1968년 이후 안정화되었던 헝가리의 상황에서 본다면 이 정도의 불만도 정권에게는 중대한 사안으로 간주되었다. 사실 헝가리 사회의 이러한 양상이 카다르 정권의 정책 실패의 문제라고 보는 것은 무리가 있다. 카다르의 정책은 오히려 사회주의 국가 중에서 매우 혁신적이고, 급격한 정책이었다. 따라서 헝가리 경제의 지속적인 침체는 사회주의 경제체제가 가진 근본적인 문제에 있다고 보는 것이 옳다. 제2차 세계대전이 끝난 후 대다수의 사회주의 국가들이 채택했던 중공업 우선주의 정책은 전후라는 비상 상황에서 국가의 재건과 경제적 토대구축이라는 명제를 달성하기 위해 필수 불가결한 것이었지만, 그러한 전시경제 혹은 비상경제 상황이 끝난 후에는 즉시 시장의 자연스러운 기제가 작동하는 체제로 탈바꿈을 해야 하는 것이 정답이었지만, 헝가리를 비롯한 사회주의 국가들은 이점을 간과한 것이었다. 따라서 1970년대 후반부터 자본주의 국가들의 고도성장이 지속되며 세계가 하루가 다르게 급변하는 상황 속으로 진입해가는 와중에서 이러한 변화에 둔감하거나 무시한 점이 사회주의 체제 자체가 가지고 있었던 한계라고 옳을 것이다. 결론적으로 1989년에 헝가리 공산주의 체제가 몰락한 것은 경제 위기로 촉발된 집단불안이 걷잡을 수 없이 번져 생긴 일이라고만 볼 수는 없고, 더 거시적인 차원에서 사회주의 자체의 문제점과 급변하는 세계정세와 변화된 외부 상황에 적극적으로 대응하지 못했던 카다르 체제의 무기력함으로부터 기인한 것으로 볼 수 있다. 아래 도표는 1981년부터 1988년까지 헝가리 인민대표, 당 대표, 지식인들의 헝가리 사회에 대한 인식의 변화를 보여준다.

[표 1] 체제전환 시기 이전 헝가리인의 삶의 만족도 조사

서구와 비교하여 헝가리가 더 좋다고 생각하는 것은? – 1981, 1986, 1988(응답 계층별)					
항목	헝가리가 좋음				
	1981 국회의원	1986 국회의원	1988 국회의원	1988 당 대표	1988 지식인
어린이의 합당한 양육	98	87	42	46	27
노동 관계법	96	93	80	88	80
노동자의 권익보호	93	89	46	51	34
보건 위생 수준	90	66	47	45	23

사회적 도덕성의 수준	88	81	50	59	38
가족의 평등한 삶	86	73	36	40	24
교양인과의 접촉	82	78	44	44	40
평등한 기회	78	69	38	49	29
의견표현의 자유	74	67	43	50	29
화폐의 안정성	66	41	6	6	2
거주안정성	63	39	16	19	5
여가 및 휴식 가능성	59	44	27	26	15
휴가일수	48	46	27	26	17
재정상태	46	29	10	9	1
상품구매	44	34	18	15	5
의복	42	33	28	29	18
주택의 미화, 정비	38	31	18	15	7
외국여행	29		33	28	14
가사노동의 가전제품 사용	22	16	13	7	4

출처: Jel-Kép(1989)

2) 헝가리 반체제 세력의 성립과 활동

헬싱키 체제 이후 완화된 국제 정세 덕분에 미국의 외교 정책이 변하고 헝가리 국내경제의 어려움이 어느 정도 해소되자, 헝가리 반체제 세력이 활동하기에 유리한 환경이 조성되었다. 헝가리에서 반체제 운동의 유형은 역사적으로 헝가리 지식인사회를 양분했던 자유주의적 지식인 그룹인 어바니스트와 대중적 민족주의를 지향하던 인민주의자(Népies) 그룹에 연원을 두고 있다. 어바니스트는 자유주의자들이 주축이 된 인권 지향적이며 민주적 반대 세력이었고, 인민주의자는 국가 또는 민족주의적 입장에서 공산당 정부에 반대하던 세력이었다. 어바니스트 그룹은 헝가리인의 기본적인 인권을 보장하고 일반 시민들의 단결권을 보장하는 것을 주요 원칙으로 하였다. 이에 반하여 인민주의자 그룹은 외국에 있는 헝가리계 소수민족의 권리를 보호하고, 헝가리 시민이 사회적 상규에 벗어나는 행동을 막는 일에 몰두했다.

이 두 그룹은 뿌리와 지향점이 서로 달랐음에도 불구하고 공산당을 상대로 반공산주의 운동을 벌이기 위해 서로 협력했다. 이들은 반체제 신문을 출간하고 개인 아파트에서 반체제 강연을 진행하고, 소규모 정치 집회도 개최하였다. 이러한 반체제 그룹들은 고르바초프가 정권을 쥐고 몇 달 뒤인 1985년 여름에 헝가리의 모노르라는 마을에서 회의를 개최하고, 헝가리가 직면한 정치적 상황의 여러 측면에 대해 논의했다. 모노르 회의가 끝난 뒤 반체제 그룹들은 자기들이 분석한 헝가리의 문제점을 개선할 방법을 모색했다. 이들은 우선 자신들의 프로그램을 정교하게 다듬어 1986년에 헝가리의 경제문제를 정리한 〈전환점과 개혁〉과 1987년에 키시 야노시가 편집한 〈사회 계약〉을 펴냈다.

이 두 문서는 정치 제도를 변화시켜 공산당과 반대파가 권력을 나눠 가지는 방안에 대한 논의로 채워져 있었다. 이들의 궁극적인 이상은 여러 정당의 자유로운 경쟁을 바탕으로 한 서구식 의회 민주주의였다. 물론 이 문서의 저자들은 당시 자신들의 이러한 희망이 성취 불가능한 이상이라고 간주하고 있었다. 따라서 다소 타협적인 방향으로 목표를 설정했다. 즉, 현재 상황 속에서 공산당이 계속해서 어느 정도의 권력을 유지하되 민주적 정치과정을 도입하는 제한된 형태의 민주법치국가를 상정한 것이다. 이들의 주장을 담은 이 문서는 헝가리 지식인 사이에 광범위하게 회자되어 그로부터 2년 동안 헝가리 지식인 사회의 담론과 정치토론을 주도하였다. 이후

헝가리의 체제전환과 이에 따른 권력 변화는 이 프로그램에 따라
계획된 틀과 방향 안에서 진행되었다.

대중적 민족주의를 주창하던 인민주의자 그룹은 자기들이 직접
만든 프로그램을 제시하지 않고, 대신 최초의 합법적인 반체제 운동
을 시작하는 일에 집중했다. 이 조직은 1987년 9월 러키텔렉에서
'헝가리민주포럼'이라는 이름으로 창설되었다. 창립 모임에는 몇몇
개혁 공산주의자를 비롯해 150명 이상이 참석했다. 이에 대응해 어
바니스트 지도부는 1988년 5월에 '자유추진동맹'이라는 이름을 걸고
자신들만의 합법적인 조직을 만들었다. 몇 개월 뒤 이 조직은 '자유
민주연합'으로 이름을 바꿨다. 이후 1988년 3월에 부다페스트의 대
학생들로 구성된 반체제 그룹이 세 번째 초기 형태의 정당인 '청년
민주동맹(FIDESZ)'을 창설했다. 이 외에도 1988년 말부터 1989년 초
까지 몇 개의 새로운 정당과 정치 조직이 구성되었는데, 이중에는
'독립소지주당'과 '기독교민주국민당'도 있었다.

1989년 3월 공산당이 일당 체제를 다당 의회 체제로 바꾸는 것을
원칙적으로 수락한 이후 이 야당 조직들은 공산당 대표들과 정치
개혁 문제를 협상하기 위해 '야당 원탁 협의회'를 구성했다. 이들이
내세운 프로그램은 12가지의 핵심적인 정책으로 요약되는데, 이 중
에는 다당제 도입, 중앙 계획 경제 체제를 실용적인 시장 경제 체제
로 전환, 소련 군대의 전면적인 철수 요구, 그리고 헝가리에서 예전
에 사용하던 국가의 문장(紋章) 부활하는 것과 같은 몇 가지 상징적
인 요구가 포함되었다.

야당들의 이러한 요구는 몇 차례의 가두시위를 통해 대중적인
지지를 얻었다. 야당들이 연합하여 이런 시위를 조직한 데에는 시

민들을 선동하려는 목적과 자신들의 힘을 과시하고 압력을 가해 정부 정책에 영향을 미치고자 하는 목적이 섞여 있었다. 이들은 헝가리의 국경일이나 역사적 기념일에 대중들이 모이는 기회를 만들어 대중시위를 조직하였다. 특히 헝가리의 독립기념일인 3월 15일에 조직한 시위와 갑치코보-너지마로시 수력발전소 건설계획 반대 시위, 루마니아의 헝가리계 소수민족 정책에 항의하는 시위 등을 조직하여 헝가리 국민의 지지와 참여를 끌어냈다. 정당별로 조직한 시위에는 비교적 많은 시민이 시위에 참여했고, 때에 따라 시위자 수가 수만 명에 달하는 때도 있었다. 그러나 대부분의 시위 양상은 평화적인 방식으로 진행되었으며, 이러한 집회와 시위를 통하여 헝가리의 지식인과 일반인, 반체제 세력들이 연대를 이루게 되었다.

이에 반하여 집권 헝가리 노동자당(공산당)의 태도와 행정 당국의 전반적인 정책은 유화적이었다. 당연하게도 헝가리 공안 조직은 야당과 그들의 활동에 대한 자세하고 정확한 정보를 가지고 있었지만, 양당에 대해 폭력적이거나 가혹하고 억압적인 조처를 취하지는 않았다. 물론 야권지도자나 지식인 작가들에 대하여 가택 수색, 지하출판물 압류, 여권 및 여행 비자 발급 거절, 출간회나 독자와의 만남 등을 방해하기는 하였지만, 이는 대부분 사소한 괴롭힘 수준 이상은 아니었다. 즉, 야당지도자나 지식인에 대한 검거나 여론조작을 위한 공개재판, 불법적인 구금이나 구속 같은 행위들은 존재하지 않았다. 그 이유는 카다르 정권이 그와 같은 조치를 취했을 때 서방세계로부터 받을 비난에 대해 너무나 잘 알고 있었기 때문이다. 1956년 혁명을 소련의 도움을 받아 유혈로 진압한 전력이 있는 카다르 정권은 당시 서방세계로부터 쏟아진 비난과 비판을 너무나 똑똑히 기억하고 있었기 때문에, 야권과 지식인들의 반체제 활동을 탄압하여 다시금 그런 비판을 듣고 싶지 않았던 것이다.

카다르 정권은 자신들의 자유롭고 관대한 이미지를 계속 유지하고자 하였는데, 이러한 의도는 1986년 7월에 열린 정치국회의에서 카다르가 언급한 내용에 잘 나타나 있다.

> ……. 우리 정권과 정치가들은 이따금 큰소리로 떠들어대는 30여 명의 존재를 묵인하며 지내야 한다. 우리에게는 그 외의 다른 제약도 있다. 국제관계와 경제적 유대가 더욱 중요해지고 차관도 증가한 것이다. 오늘날에는 이런 문제가 헝가리 인민공화국에는 인권과 관련된 문제가 없고 여행의 자유가 보장되며 당국의 지속적인 억압이 없다는 일반적인 국제 평가와 관련이 있으므로 결국 우리 정부의 정당성과 연관이 되는 것이다. 이것이 곧 헝가리 인민공화국에 대한 전반적인 국제평가와 직결되므로 이에 유의해야 한다. 그리고 우리 정부는 몇 가지 문제에 대해 분노를 폭발시키지 않고 참을 수 있다는 사실도 덧붙이고 싶다…….

카다르와 그와 나이가 비슷한 다른 지도자들은 소련의 예를 제한적으로 수용했지만 카다르를 포함한 최고지도부 바로 아래의 교육수준이 높고 활동적인 젊은 당 리더들은 고르바체프 서기장의 결단을 훨씬 더 적극적으로 수용했다. 이들 젊은 엘리트 관 및 당료 중 그로스 카로이(Grósz Károly), 네메트 미클로시(Németh Miklós), 포쥬거이 임레(Pozsgay Imre) 등이 있다. 이렇게 비교적 젊은 부류들 외에 1970년대 초에 정권에서 밀려난 경제개혁가 녜르시 레죄(Nyers Rezső)도 개혁의 선두에서 있었다. 이 개혁그룹은 모스크바의 지원을 받으면서 1988년 5월에 정권을 장악했고, 카다르는 당 대표라는 상징적인 지위로 밀려났다. 새롭게 공산당 지도부를 구성한 인물 중에서도 포쥬거이와 녜르시는 야당 그룹을 정치적 파트너로 간주했다. 포쥬거이와 녜르시의 압력 때문에 공산당 중앙위원회는 1989년 2월에 정치적으로 민주주의 원칙을 수락하고, 이제까지 반혁명으로 간주했던 1956년 폭동은 헝가리에 굴욕을 안겨준 소수의 독재자에 저항한 '민중혁명'이었다고 선언했다.

1989년 6월에는 1958년에 처형된 1956년 혁명 지도자들이 복권되어 다시 장례식을 치렀다. 20만 명에 달하는 군중이 참석한 이 장례식은 새 야당의 주도하에 진행되었지만, 개혁 공산주의 지도자도 몇 명 참석했다. 이후 공산당과 야당은 정치체제의 변혁 문제를 놓고 폴란드식 협상에 돌입했다. 폴란드에서처럼 이 토론도 '전국원탁회의'라 불렸다. 3달 뒤인 1989년 9월, 헌법이 개정되고, 1990년에 자유로운 국회의원선거를 시행하기 위한 협정이 체결되었다. 10월에는 그때까지 공산당이 주도하던 국회가 '전국원탁회의'에서 발의한 헌법 개정안을 모두 승인했다. 이러한 과정을 통하여 헝가리에서의 체제전환은 매우 평화롭고 조용하게 진행되었다. 그러나 헝가리 공산주의자들이 보여준 이런 관용적이고 협조적인 태도를 헝가리 체제전환의 원인으로 해석한다면 다소 무리한 분석이다. 공산당의 협조는 절차상의 협조였으며, 헝가리와 세계의 흐름에 순응한 합리적 의사결정 과정이었다. 물론 이렇게 평화로운 체제전환이 가능했던 것은 헝가리 공산주의자들의 현명한 판단이 크게 작용했음은 부인할 수 없다. 이러한 과정을 거쳐 1989년 10월 23일에 1956년 헝가리 혁명 33주년 기념식장에서 새로운 헝가리 민주공화국(헝가

리 제3공화국)의 탄생이 공표되었다. 이후 헝가리 사회주의 노동자당
(공산당)이 자진 해산하고 헝가리 사회당으로 재편되어 법률적으로
헝가리의 체제전환이 종료되었다.

3. 국제적 환경

1) 미국과 소련의 대 사회주의권 외교정책

헝가리와 동유럽의 체제전환의 외적환경을 이해하기 위해서는
냉전체제의 종식, 미국과 소련의 경쟁 구도의 붕괴를 가능하게 한
미·소 양국의 외교정책을 살펴보아야 한다. 원칙적으로 미국은 제2
차 세계대전 이후 동유럽 지역에 대한 소련의 지배가 합법적이라고
인정한 적이 없다. 그러나 현실적으로는 미국이 이러한 상황을 받
아들이고 이러한 상태에 만족하기도 했다. 1947년에 시행된 초기의
'봉쇄' 정책이 끝난 뒤, 1950년대 상반기의 '롤백' 정책과 1960년대
미국과 소련 및 동유럽 사이의 외교 정책은 '평화로운 포용', '가교
건설', '차별화', 그리고 무엇보다 '긴장 완화'가 외교정책의 최우선
목표로 상정되었다. 긴장 완화 정책은 기존에 선언한 '식민지국들의
해방'을 포기하고 독립을 쟁취하기 위한 선택적인 외교정책 및 국내
정책의 한 요소로서 국가 간의 외교관계가 변화되었음을 의미한다.
서독의 동방 정책(Ostpolitik)과 비슷한 이런 현실 정치(Realpolitik) 방
안은 리처드 닉슨(1969~1974) 대통령과 헨리 키신저(1969~1976)의 재
직기간인 1970년대 상반기에 절정에 달했다. 1970년 2월에 닉슨이
국회에 제출한 보고서, 즉 그의 외교 정책팀이 소련 진영에 대한

백악관의 시각과 목표를 정리한 보고서에는 다음과 같은 내용이 담겨 있다.

> ……. 미국은 소련의 정당한 안보 이익을 해치려는 것이 아니다. 현대 기술의 발전과 함께 어떤 강대국이든 동유럽 지역을 이용해 소련에 대한 전략적 우위를 얻고자 시도할 수 있었던 시기는 이미 지났다. […] 게다가 미국은 동유럽 국가들을 주권 국가라고 생각한다. […] 우리는 상호 관계의 점진적인 정상화를 위해 동유럽 국가들과 협상할 채비가 되어 있다…….

그러나 소련 및 동유럽 지역에 대한 미국의 회유 중심적이고 관용적인 외교정책이 지미 카터(1977~1981) 대통령의 재임 동안 변하기 시작했다. 미국 정부는 인도차이나, 중앙아메리카, 근동, 그리고 특히 아프가니스탄 등 세계 여러 지역에서 진행되는 소련의 활동에 대응해야 했다. 카터 대통령의 안보 고문인 즈비그뉴 브레진스키가 이 대응 방책을 구상하는 데 있어 주도적인 역할을 했다. 브레진스키는 "동유럽에 대한 점잖은 무시 정책"은 끝났으며 미국도 최소한 소련이 라틴아메리카 지역에 보이는 정도의 관심을 동유럽 지역에 보여야 하고, 공산주의 체제 내에서의 변화를 촉진하기 위해 각국의 공식적인 대표자들뿐만 아니라 동유럽 국가의 야당 대표나 진보 지성인, 예술가, 종교지도자들과도 꾸준히 접촉해야 한다고 지속적으로 주장했다.

브레진스키에 따르면 정치적 변화를 신중하게 조장할 수 있는 한 가지 검증된 방법은 바로 뮌헨에 근거지를 둔 자유유럽 방송이었는데, 브레진스키는 이 방송국의 운영예산을 늘리면서 동유럽에 대한 선전활동을 더욱 적극적으로 수행하도록 했다. 또한 헬싱키협정의 인권기준을 동유럽이 더욱 진지하게 받아들이도록 하는 것이었다. 이와 같은 미국의 접근방식에 대해 동독당국은 이러한 활동이 사회주의 국가에 대한 이데올로기적 음모라고 비난했다.

1970년대에서 1980년대로 넘어가던 시기는 군비경쟁의 새로운 국면이 펼쳐지던 때이기도 하다. 워싱턴은 NATO와 합의하에, 소련이 1982년 말까지 동유럽 국가에서 SS-20 장거리 핵미사일을 철수시키지 않으면 1983년부터 미국도 손쉽게 소련을 공격할 수 있도록 서유럽에 장거리 미사일을 배치하기로 했다.

로널드 레이건(1981~1989) 대통령의 재임 기간에도 소련 진영에 대한 인권을 무기로 한 공격과 군사력 증강이 계속되었다. 1981년 말 미 국무부의 비망록에는 '인권'은 미국 외교 정책의 중추라는 대목이 있는데, 이 정책에 대해 '인권은 소련 진영과의 경쟁에서 소련 진영의 가장 문제시되는 부분을 전달할 수 있는 최상의 기회를 마련해준다고 설명하고 있다. 카터 행정부가 강조한 인권이라는 지엽적인 주제는 단호한 반공주의자인 레이건에 의해 단계적으로 확대되어 전반적인 인권 및 참정권 보호문제까지 포함하게 되었다. 레이건이 1982년 여름 런던에서 발표한 것처럼 미국의 임무는 단순히 소련진영에서 자행되는 인권침해를 구제하는 것이 아니라 '민주주의의 하부구조'를 구축하거나 강화하는 것, 혹은 새로운 '자유 십자군'을 발족해 마르크스 레닌주의가 몰락하게 하는 것이었다. 레이건 행정부가 선언한 목표를 진척시키기 위해 1983년 12월에 '전미민주주의기금'이 창설되었다. 이 조직의 주요 목표는 민주주의 기반이 약하거나 존재하지 않는다고 간주하는 나라에서 민주적 저항 세력을 도와주는 것이었다. 동유럽의 저항 세력들 가운데 가장 강력한 도움을 받은 그룹은 폴란드의 자유노조였다. 헝가리도 개별적인 민주화 추진 단체들이 미국이 제공하는 보조금 혜택을 받았다. 이와 더불어 미국의 군사력 증강속도 또한 가속화되었다. 1983년 봄에 전략방위구상(SDI)이라는 새로운 방어 체계를 위한 프로그램이 도입되었는데, 이 시스템은 컴퓨터와 레이저 기술을 바탕으로 구성된 전자 방어막을 향후 가능한 적의 미사일 공격을 무력화할 수 있었던 것이었다. 미국은 레이건 대통령시대에 들어오면서 확실한 힘의 우위를 바탕으로 한 공격적 외교정책으로 소련 및 동유럽 지역을 압박해 갔던 것이다.

　냉전의 한 축인 소련은 미국을 따라잡거나 능가하고 싶어 했지만, 이 목표는 실현되지 못했다. 1960년부터 1970년 사이에 소련 경제가 미국보다 조금 더 빠르게 발전했고 그 결과 1인당 GDP가 미국은 40% 상승한 데 반해 소련은 45% 가까이 상승했지만, 1970년 이후로는 소련의 성장 속도가 느려졌고, 두 경제 대국의 생산력 차이는 계속 유지되었다. 미국은 1970년에 전 세계 생산량의 27%, 1985년에는 28%를 차지했지만, 소련은 각각 15%와 14%에 머물렀다. 게다가 소련의 산업구조가 낡아 비용만 많이 들어가고 기술낙후성도 서방국가와 비교해 갈수록 심각해졌다. 이런 낙후성이 가장 두드러지게 나타난 분야는 컴퓨터, 산업용 로봇, 정보 과학 분야 전반이다. 소련이 군비 경쟁에서 미국과 보조를 맞추려면 국민 소득 가운데 군사비로 지출해야 하는 비율이 미국의 6~8%보다 훨씬 높아야만 했다. 농산물 생산량도 소련이 바라던 수준에 훨씬 못 미쳤다. 1973년도 소련의 농산물 수입량은 국내수확량의 13%였지만

1981년에는 41%로 늘어났다.

소련지도부는 1970년대 초부터 이러한 위기 상황을 인식했다. 하지만 실제 대응을 시작하였을 때는 훨씬 뒤였다. 브레즈네프와 그의 후계자들은 효과적인 대응책을 마련하지 못했다. 경제 문제에 대한 공개적인 대응은 고르바초프가 집권한 1985년 3월부터 시작되었다. 고르바초프의 가장 중요한 목표 가운데 하나는 국제 긴장을 줄여 소련 경제에 미치는 부담을 해소하는 것이었다. 고르바초프는 소련의 경제를 재건하기 위해서는 군비를 감축해야만 한다는 인식을 가지고 있었고, 이를 위해 레이건과 협상을 시도했다. 고르바초프는 이와 더불어 고르바초프는 외국에 주둔하고 있던 소련군의 철수를 단행했다. 소련군의 아프가니스탄 철수, 동유럽 지역 주둔군 철수 등이 그 예이다. 고르바초프는 외교 및 군사정책 재고와 더불어 중요한 대내적 개혁도 단행했다. 그가 내세운 정책의 핵심은 경제구조를 개혁하는 것이며, 이는 언론의 자유와 비평, 논쟁을 허용하는 글라스노스트(glasnost, 개방)라는 개념으로 완성된다. 기존의 소련관습과 비교하면 이러한 부분이 고르바초프가 이룩한 가장 중요한 혁신일 것이다. 또한 '민주화', 즉 정치제도개혁은 페레스트로이카(perestroika)의 일부가 아니었지만 1988년이 되자 고르바초프가 정치제도개혁을 바탕으로 경제개혁의 성공 여부를 판단할 정도가 되었고, 그 결과 민주화를 가장 중요한 과업이라고 일컫게 되었다. 소비에트 지도부는 1988년 12월 1일, 공산당과 그 산하 조직들이 입법부(국민대표 의회) 의석의 3분의 1만 차지할 수 있고 나머지 의석 3분의 2는 자유롭게 지명 및 선출할 수 있게 하는 안을 받아들였다. 이로 인해 사하로프와 다른 반대파 지식인이 당선했다. 또한 보리스 옐친이 89%의 지지를 받아 모스크바 정치계에 급 부상했다.

고르바초프는 1980년대 말까지 군비 부담을 줄이고 경제를 회복 시키고 사회 분위기를 쇄신하고 결국 정치체제까지 개혁하면, 소련 이 한숨 돌리고 새로운 토대 위에서 다시 시작해 대내외적으로 흔들 리는 위상을 다시 굳건히 할 수 있으리라고 믿었다. 그는 소련 진영 내부의 응집력과 동유럽 정권이 유지하고 있는 체제의 정당성을 과대평가한 것이었다. 고르바초프는 '페레스트로이카'를 통해 이 국 가들이 겪는 문제도 해결하고 사회주의가 다시 사람들의 마음을 끌 수 있으리라고 생각했다. 이 때문에 그는 폴란드와 헝가리의 개 혁노력을 묵인했을 뿐만 아니라 지역적 상황을 고려한 정책을 지지 하기까지 했다.

그는 1987년에 출간한 〈페레스트로이카〉와 다른 공식성명을 통 해 보편적으로 따라야 하는 사회주의 모델은 없다는 점을 강조했다. 나중에는 브레즈네프 독트린의 종언을 확실히 공언하기까지 했다. 예컨대 그는 1989년 7월에 "각 나라의 사회 및 정치 질서는 과거에 도 바뀌었고 앞으로도 바뀔 수 있다. 하지만 이런 변화는 해당 국가 국민만이 겪는 것이며 그들의 자발적인 선택에 의한 것이다. 우방 국이든 아니든 내정에 간섭하거나 국가 주권을 제한하려는 시도는 용납할 수 없다."라는 입장을 천명하였다. 즉, 필요한 경우 소련이 다른 동유럽 국가에 군사적으로 개입할 수 있는 발판이 되어준 브레 즈네프 독트린이 내 방식대로 일을 처리하는 시내트라 독트린으로 대체된 것이다. 따라서 1953년 동독 봉기, 1956년 헝가리 혁명, 1968 년 프라하의 봄, 그리고 1981년 폴란드 계엄령 하의 소요 사태 때와

달리, 소련진영의 공산주의 엘리트들은 이제 더 이상 소련의 무력협
조를 기대할 수 없게 된 것이다.

동유럽 공산주의 정권의 미래는 이제 전적으로 자신들의 힘과
생존 능력에만 의존하게 되었다. 고르바초프와 그의 보좌관들은
여전히 동유럽 개혁 공산주의의 미래에 희망을 걸고 있었다. 이러
한 국제적인 환경이 헝가리와 주변 동유럽 국가들의 체제전환의
결정적인 요인이 된 것이다. 결국 미소 양국의 전 방위적인 경쟁
관계에서 미국이 승리하고, 이를 만회하기 위해 소련이 자구책으
로 정치적, 경제적 개혁을 하고, 군비지출을 줄이기 위해 세계의
긴장 관계를 완화하며, 동유럽 국가들에 대한 간섭을 포기한 것이
헝가리를 비롯한 동유럽 국가들의 체제전환에 가장 중요한 요인이
었던 것이다.

2) 서방의 동유럽 경제 제재와 동유럽 국가들의 경제적 위기

동유럽 체제전환이 가능하게 된 두 번째의 국제환경적 요인은
서방의 동유럽 국가들에 대한 경제제재와 동유럽 국가들의 경제적
위기이다. 동유럽 국가들의 경제상황은 1950년대와 60년대의 남유
럽 국가들에 비해 크게 뒤처지지 않았다는 것이 정설이다. 하지만
1970년대 초반에는 동유럽 국가의 성장률이 감소하기 시작했고 이
들의 경제력은 서구의 시장 경제보다 훨씬 뒤떨어지게 되었다. 1980
년대에 들어오면서 이런 쇠락이 더욱 두드러졌다. 이렇게 경제가
쇠락하게 된 데는 몇 가지 요인이 있다. 1970년대가 되자 동유럽
국가들에서 대규모 경제성장에 필요한 자원이 대부분 고갈되었다.
과거 신속한 산업 발전을 가능케 했던 농촌 출신의 새로운 노동

인구 유입도 점차로 줄어들었다. 이전처럼 빠른 성장세를 유지하려면 생산 효율을 높이는 수밖에 없었는데, 개인의 이익과 역할에 대한 인식이 부족한 사회주의 경제 체제에서는 생산효율을 높이는데 한계가 있었다.

이런 내부적인 요인 외에 외부의 경제여건 변화도 동유럽의 경제에 큰 영향을 미쳤다. 1973년과 1979년의 1, 2차 오일쇼크로 인해 이제 대부분의 동유럽 국가 경제 운용에 없어서는 안 되는 소련의 원유가격이 대폭 상승했다. 1976년부터 1983년 사이에 코메콘의 소련 유가는 4배 이상 급등했다. 또 다른 외부 요인은 서방세계에서 사용하는 현대 기술을 소련 진영 국가들로 수출하지 못하도록 한 것이다.

냉전이 시작될 무렵에 제정된 소위 코콤(대 공산권 수출통제위원회) 정책은 소련이 붕괴하고 그 동맹 체계가 와해될 때까지 계속 적용되었다. 1970년대와 80년대에는 모든 통신 기술, 생명공학, 소프트웨어를 비롯한 컴퓨터 기술, 첨단 기술이 코콤 목록에 포함되어 그 판매가 금지되었다. 중앙통제식 경제체제는 외국의 지원이 없으면 서비스, 소비재, 첨단 기술 같은 정교한 분야에서 성장을 이룰 수가 없다. 따라서 1980년 무렵이 되자 모든 동유럽 국가 및 소련의 경제 상황은 심각한 위기에 처하게 되었다. GDP 성장률은 거의 0(제로)에 가깝게 하락했고, 대외채무가 너무 많아 수출소득을 전부 부채상환에 써야 하는 동유럽 국가 정부도 상당했다. 동유럽 국가들의 대외 신용도가 하락하자 동유럽 국가들은 서방국가로부터 생필품 등 소비재를 더 이상 수입할 수 없게 되었다. 서방에 의해 추진된 이러한 경제봉쇄 정책과 이에 의해 조성된 경제상황이 서서히 동유럽의 몰락을 가져오는 중요한 원인이었던 것이다. 이러한 동유럽의 사례를 북한에 적용하려는 것이 현재의 미국을 중심으로 한 서방국가들의 경제정책이라는 점은 매우 주목할 만한 부분이다. 그러나 북한에 대한 최대한의 경제제제를 통하여 북한이 스스로 무너지기를 기다리는 미국 등 서방의 정책은 동유럽의 예를 보아 일견 타당한 측면이 있어 보이지만, 동유럽과 북한은 매우 상이한 역사적 경험과 상이한 경제적 경험을 갖고 있다는 점을 간과해서는 안 된다. 동유럽이 이러한 과정을 거쳐 체제전환을 할 수밖에 없었던 모습을 목격한 북한이 우리식 사회주의 즉, 자력갱생의 방식으로 이에 대응하는 것은 동유럽의 사례를 통해 배운 학습효과일 것이다.

4. 결론

동유럽의 역사적 변화는 가히 '경이로운 변신'이라는 수식어가 무색하지 않다. 인류 역사의 가장 혁명적인 사건 중의 하나가 1917년 러시아 혁명이고, 1989년의 체제전환은 그 혁명을 일순간에 제자리로 돌려놓았기 때문이다. 1989년 12월 고르바초프와 부시의 합의를 통해 이루어진 동서냉전의 종식은 30년이 지난 지금의 시점에서도 보아도 혁명적 사건이다. 고르바초프는 부시와의 협상 과정에서 소련 진영 내에서 각국의 자유선거와 동유럽 국가들에 대한 내정불간섭 원칙을 확인했으며, 부시는 소련의 개혁 정책을 지지하기 위해 노력하겠다고 강조했다. 바로 이 지점에서 1945년 2월 얄타 협정으로 시작되었다고 인정하는 냉전이 종식되었다는 데는 이론의 여지가 없다. 1990년 1월 독일은 통일을 이루게 되었고, 이후 소련군의 철수와 주권 회복이 이루어졌다. 1989년은 동유럽 국가들의 내부개혁과 관련해 결정적인 사건이 벌어진 한 해였고, 헝가리는 그 중심에서 사회주의 동유럽 국가들의 체제전환을 선도해 갔다.

헝가리는 상기한 국제적 환경 속에서 평화롭게 체제전환을 완료했고, 1990년 봄에 1947년 이후 모든 면에서 민주적인 다당제 선거를 처음으로 다시 실시했다. 선거 결과 '헝가리민주포럼', '독립소지주당', '기독교민주국민당'이 연립 정부를 구성하였다. 헝가리의 신정부는 경제 민영화를 추진하고, 1945년 이후 진행된 국유화 과정에서 재산을 빼앗긴 이들에게 그들의 손실 부분을 보상해주는 조치를 처음으로 시행했으며, 1991년 여름에는 소련군의 철수와 더불어 대외적으로 완전한 자신의 주권을 회복하였다. 동시에 코메콘과 바르샤바 조약 기구가 해산되었다. 헝가리는 1989년에 국민이 요구했던 중립화 정책을 포기하고 NATO와 유럽 연합에 가입하기로 하였다. 이후 지난한 과정을 거쳐 1999년에 헝가리는 폴란드 및 체코공화국과 함께 NATO 정회원이 되었고, 2004년에는 EU의 정회원국이 되었다. 헝가리에서는 이 두 사건을 '역사로의 회귀' 또는 '역사로의 귀환'이라고 부른다.

헝가리의 체제전환은 사회주의 종주국인 소련의 태도 변화와 헝가리 내부에 산재해 있던 사회주의 자체적 모순이라는 두 가지의 변수가 맞물려 이루어진 사건이다. 따라서 헝가리 체제전환의 요인을 헝가리의 자체적 노력이나 헝가리 국민의 민주주의를 위한 열망 때문이었다고 단정하는 것은 무리가 있다. 그러한 열망이나 노력이 영향을 미치지 않은 것은 아니었지만, 더욱 큰 요인은 사회

주의적, 질서가 몰락하는 세계사의 흐름에 역행하지 않았다는 점
일 것이다.

체제전환 이전, 이후의 헝가리 포퓰리즘

1. 서론

유럽에서 비교적 성공적으로 대중에게 인기를 얻고 있는 정당은 헝가리의 피데스(Fidesz)와 폴란드의 법과 정의당과 같은 민족주의적 우파 정당이다. 물론 민족주의적 성향의 좌파 포퓰리즘 정당이 활동하기도 한다. 헝가리와 폴란드에서의 포퓰리즘과 민족주의는 깊게 연관되어 있거나 동일시된다. 전통적 이론에 따르면 오늘날의 '포퓰리즘적 이념'은 민족주의의 현대적 변형(메타모포시스)라고 볼 수도 있다. 포퓰리즘과 민족주의는 유사한 구조를 갖고 있지만 많은 부분에서 차이가 존재한다. 물론 포퓰리즘과 민족주의는 역사적-이론적으로 상호 보완관계 있다. 주지하다시피 포퓰리즘은 우파에 국한된 현상이 아니다. 좌파 포퓰리즘이라고 부를 수 있을 현상도 여러 나라에서 포착된다. 그러나 현재의 헝가리와 폴란드 등 동유럽의 포퓰리즘이 익숙하게 다가오는 이유는 1989년 체제전환 이전 두 나라에서의 사회주의 체제가 국가적인 동원 차원의 포퓰리즘이었기 때문이다. 하지만 동유럽에서 나타나는 좌파 포퓰리즘을 과거의 유산으로만 설명하기에는 부족한 부분이 있다. 따라서 이 글에

서는 오늘날 동유럽에서 전개되는 민족주의적 포퓰리즘의 정치적,
이론적, 역사적 배경을 탐구하며, 특히 우파 민족주의 포퓰리즘적
정당이 현실정치의 무시 못 할 세력으로 성장한 헝가리의 사례를
중심으로 살펴보고자 한다.

　동유럽 지역의 정치는 힘없는 다수 집단인 '국민'과 힘 있는 소수
집단인 '엘리트'를 지속적으로 대비시킨다는 점에서 포퓰리즘적 성
향을 보여 왔다. 이러한 동유럽의 정치적 전통은 이미 민족주의가
지배하던 시기와 이후 시기에도 발견된다. 우파 민족주의의 오랜
역사적 배경에도 불구하고, 오늘날 우파 민족주의적 포퓰리즘은 비
교적 새로운 현상으로 간주된다. 헝가리의 피데스와 같은 우파 포
퓰리즘 정당들이 민족주의적 담론을 정치적으로 사용하며, 그러한
담론을 통해 국가 내부와 외부에 걸쳐 정치적 적대세력을 형성하고
자 한다는 것이다. 브루바커는 이러한 민족주의가 문명주의로서 나
타나는 것이라고 표현하기도 하였다. 정치 엘리트에 속하는 정당들
은 대중의 이익을 반영하지 않는 자신들의 부패한 정치를 가리기
위해 포퓰리즘적 담론을 사용한다. 따라서 동유럽에서의 '역사적-
이론적 결합체'로서의 포퓰리즘과 민족주의는 새로운 국면을 열었
다고 볼 수 있다.

　동유럽에서의 '역사적-이론적 결합체'로서의 포퓰리즘과 민족주
의는 동유럽의 정치적 역사적 전통에 있어서 필연적인 현상이었다.
동유럽에서 포퓰리즘과 민족주의는 선험적으로나 개념적으로나 밀
접하게 관련되어 있다. 급진적 우파 포퓰리즘이나 대부분의 라틴
아메리카 포퓰리즘의 경우에서도 볼 수 있듯, 포퓰리즘 정치가 가장
두드러진 사례들은 대부분 민족주의적이다. 반대로 민족주의 또한

포퓰리즘적 요소를 내포하고 있는 경우가 다수이다.

이 글에서는 역사적이며 이론적인 결합체로서의 포퓰리즘과 민족주의를 검토해 보고자 한다. 또한 농업주의 포퓰리즘, 우파 포퓰리즘, 공산주의 포퓰리즘과 같은 동유럽에서의 포퓰리즘과 민족주의에 관한 주요한 사례들을 헝가리를 중심으로 살펴보았다. 당과 정치적 움직임들의 사례 속에서 포퓰리즘과 민족주의는 중첩되거나 병합되었으며, 그들에 의해 대표된 민족주의적 정치 아젠다는 포퓰리즘적 담론 구조에 의해서 형성되었다고 볼 수 있을 것이다.

2. 동유럽의 포퓰리즘과 민족주의의 개념과 역사적 맥락

동유럽에서의 포퓰리즘과 민족주의의 결합은 오랜 역사를 지니고 있으며, 이는 동유럽 국가들의 주권 수호의 전통에서 설명될 수 있다. 동유럽의 좌파 포퓰리즘은 민족주의적 요소가 두드러진다. 그람시의 이론에 따르면 동유럽의 역사적 진영은 언제나 포퓰리즘적이자 민족주의적이었고, 이는 정치적 좌우 구분과는 무관한 것이었다. 동유럽에서의 정치는 무력한 다수 집단인 '국민'과 힘 있는 소수 집단인 '엘리트'를 끊임없이 대비시킨다는 점에서 포퓰리즘적 성격을 강하게 드러냈다. 이러한 동유럽의 정치적 전통은 이미 민족주의가 지배하던 시기와 다른 시기의 역사에서도 종종 발견할 수 있다. 동유럽 전반에 걸친 포퓰리즘이 민족주의적 정서를 보인다는 것은 주목할 만한 점이다. 동유럽의 포퓰리즘이 민족주의적인 성향을 보이는 이유는 이곳에서의 포퓰리즘과 민족주의가 분열되고, 전개된 양상이 매우 흡사하며, 상호 의존적인 경향성을 가지기 때문이다.

포퓰리즘은 담론적인 방식으로 정치공동체를 만드는 것이다. 국민은 정치의 대상이고, 포퓰리즘은 정치의 논리이다. 포퓰리즘은 공산주의적 장(場) 안에서 공산주의 사회의 미래가 걸린 선택의 기로에서 가장 급진적인 대안으로 상정되는 것이다. 그럼으로 동유럽 공산주의 국가에서 포퓰리즘과 정치는 동의어가 된다고 할 수 있는 것이다.

포퓰리즘 담론에서 하층 계급이자 힘없는 집단인 국민(인민)과 적법하지 않지만 강력한 집단인 엘리트는 적대적 관계를 형성한다. 민족주의는 '간을 아울러 존재하고 특정 공간에 묶여 있다고 간주되는 국가라는 마디점을 중심으로 형성되며, 국가의 내부와 외부, 즉 국가의 구성원과 비구성원의 대립을 통해 형성되는 담론'이다. 민족주의는 단순히 담론화된 구성물이 아닌 정치적 이데올로기이자 국가와 국민국가의 주권에 기초한 개념이다. 민족주의에 관한 구조주의 이론은 국가가 사회계급과 달리 그 어떤 객관성에도 기반을 두지 않는다는 점에서 '상상'된 공동체라는 것이다. 과거와 오늘날의 우파 포퓰리즘의 성공을 이해하기 위해서는 상상된 공동체로서의 국가라는 개념을 다시 생각해 보아야 하며, 이는 국가가 현존하는 공동체에 기초하고 있음을 드러낸다. 따라서 민족주의의 역사적, 이론적 기반이 포퓰리즘적 담론 구조에 의해 형성되었다는 이론이 성립될 수 있는 것이다.

포퓰리즘이 부재한 민족주의는 상상할 수 없으며, 그럼에도 불구하고 반민족주의적 포퓰리스트들 또한 존재한다. 민족주의적 포퓰리스트들이 '국가'나 '국민'이라는 표어를 쓸 때, 이는 누가 들어가고 나오는지를 보여주는 민족주의적 정서가 팽배한 구조로 해석할 수 있다.

동유럽의 역사적이고도 동시대적인 포퓰리즘은 주로 상상된 국가의 개념에 바탕한 헤게모니를 향한 담론적 투쟁이라고 할 수 있다. 국가가 곧 헤게모니에 대한 공약이자 맹세가 됐다고 할 수 있는 것이다. 정치적 헤게모니는 나라를 다스리는 자가 획득한다. 동유럽에서의 포퓰리즘과 민족주의의 융합(fusion)을 이해하는 데 있어서 주요한 두 가지 요소는 '배타적인 민족주의적 요구를 가진 표현적 포퓰리즘'(예: 외국인 혐오증)과 '더 큰 국가 구조, 제국주의적 세력, 초국가적 정치 집단에 대항하여 국가의 주권을 지키려고 하는 노력'이 그것이다. 정치적 우파는 자신의 헤게모니를 배타적인 민족주의적 포퓰리즘을 통해 축적했다. 동유럽의 정치적 좌파와 우파 사이의 패권적 투쟁은 역사적 규모에서 벌어지고 있으며, 쟁점은 과연 어느 쪽이 안정적이고 신뢰할 수 있는 정치공동체라는 포퓰리즘적 틀을 형성할 수 있을까 하는 것이다.

제2차 세계대전 이후의 노동자 계층은 동질적 집단이자 좌파 포퓰리즘의 주요 표적이 되었다. 프롤레아리아가 불안정한 계급이 되면서 좌파는 그들의 포퓰리즘에 기반했던 전통적 유권자를 잃었으며, 더욱이 우파가 자신의 의제를 쇄신했음에도 불구하고 좌파는 자신들의 포퓰리즘을 쇄신하지 못했기 때문에, 좌파의 몰락은 예고된 것이었다. 물론 이러한 경향은 서유럽의 현실정치에서도 분명하게 포착된다. 하지만 동유럽에서 신자유주의와 정체성 정치에 기반한 정권교체로 인해 공산당 체제하의 강제되었던 계급의식에 의한 정치지형이 급격히 외해된 것은 사실이다. 좌파 포퓰리즘 정치는 1989년 이후 극적으로 해체되었다고 볼 수 있다. 특이한 점은 동구권 포퓰리즘에 관련해서 모순적인 부분은 초국가적 공산주의 포퓰리즘이 20세기 우파 포퓰리즘에 비해 오히려 민족주의적 정서를 보여줬다는 것이다. 이러한 동유럽의 민족주의-포퓰리즘적 역사적-이론적 복합체를 세 개의 주요한 시기로 구분해 보면 고전적인 농업주의 포퓰리즘, 전간기의 우파 민족주의, 국가사회주의 혹은 파시스트 및 공산주의 포퓰리즘의 시기로 구분할 수 있다.

3. 동유럽의 포퓰리즘과 민족주의의 시기

1) 농업주의 포퓰리즘

동유럽 최초의 민족주의적 포퓰리즘 운동 중 하나는 농업주의 운동이었다. 이 운동은 농민 계급을 주축으로 전개되었다는 점에서 농민 포퓰리즘이라고 칭한다. 카노반은 농민 포퓰리즘이 '자본가, 관료, 사회주의에 대항하여 소규모의 재산, 협동조합, 전통주의를 선호하는 '토지와 자유를 위한 풀뿌리 농민 운동"에 기초하고 있다고 주장한다. 동유럽의 농업주의 운동은 제1차 세계대전 이후 농경 위기와 농촌 봉기로 인해 배태되었으며, 당시의 정치적, 사회적, 문화적 변화는 동유럽 소작농들의 심각한 정치적 급진화를 야기하였다. '가장 중요한 현상은 대중 민주주의의 도래이며, 이는 보통선거의 맥락에서 대중 동원에 이용될 포퓰리즘 이념의 틀'로 이해되었다. 이는 사회 다수를 대표한다고 주장하는 농민 정당의 부상을 암시하는데 헝가리의 소지주당, 기독교농민당 등이 이에 해당한다고 할 수 있다. 민족주의의 토대 위에서 펼쳐진 이러한 농민 포퓰리즘의 경우, 민주화가 핵심적인 프로그램이었다. 게다가 동유럽의 농민운동은 최초의 초국가적 포퓰리즘으로 볼 수도 있다. 트렌체니에 따르면 동유럽과 중유럽의 농업주의 포퓰리즘은 지역과 지역 외의 인력, 자원 다수를 모았으며, 지역의 위기상황에 대응하면서도 때로는 국경을 넘어선 협력을 시도했다는 것이다.

동유럽 농민 포퓰리즘의 대표적 경우는 모두 오스트리아-헝가리 제국이 붕괴된 이후 상황에서 맥락적인 요소를 발견할 수 있다. 제국의 붕괴라는 상황은 농민이 오스트리아-헝가리 해체 이후 탄생한 계승적 신흥국의 새로운 토대가 될 수 있었기 때문에 농민 포퓰리스트들에게 민주적 농민 국가의 건설은 매우 중요한 과제였다. 따라서 헝가리의 전간기 포퓰리스트 정당과 이 정당들의 이념적 다양성이 포퓰리즘의 틀 안으로 수렴될 수 있음은 자명해 보인다.

동유럽 전역에서 펼쳐진 농경 운동은 급진주의에서부터 온건 정치까지 여러 형태로 나타났다. 전간기 농업주의의 가장 중요한 급진적인 예로는 카리스마적인 지도자 알렉산다르 스탐볼리스키가 이끄는 불가리아 농업주의 운동(불가리아 농업국민연합 Bulgarian Agrarian National Union)이 있다. 불가리아 농업국민연합이 추구한 농업주의 운동의 핵심 이념은 자본주의와 농민 포퓰리즘에 대한 반대였다. '농민국가'라는 구호를 전면에 내세우면서 불가리아 농업국민연합이 추구한 이 운동의 본질은 농경이 우세한 국가에서 농민의 이익을 위해 봉사하는 정치체제이자 자본주의적 투기와 사회주의 집단화로부터 소작농의 농지를 지키는 것이며 동시에 농민 협동주의의 전파를 추구하는 것이었다. 이 개념은 민족주의로 특징지어질 수 있는데, 이는 스탐볼리스키(Stamboliyski)가 발칸 연방과 모든 국민의 권리를 위해 헌신했기 때문이다.

체코의 농업주의 운동(농민 공화당 Republican Party of Farmers and Peasants)과 그 리더인 안토닌 슈벨라(Antonín Švehla)는 온건 중산층 중심의 중도 정치를 대표했다. 그럼에도 불구하고 1938년 이후 몇 몇 농민 지도자들은 '제2공화국의 주요 기술자가 되었으며, 이는 소작농들에 근거한 도덕적, 생물학적 회복(renewal)을 강조하는 우파의 권위주의적 요소들을 결합하기 위한 의도'였다. 이런 현상은 20세기 전반의 포퓰리즘의 역사적, 이론적 복합체가 너무나 강력한 나머지 중대한 정치적 개념으로 해석될 수 있음을 보여준다.

헝가리 농민 운동은 보수적인 농업주의와 사회주의적인 농업주의가 혼합된 것이었다. 주요 농민 세력은 이스트반 너지어타디(Nagyatádi Szabó István) 셔뵈(사보)(István Nagyattádi Sabö)가 이끄는 소지주당(Kisgazdapárt)이었다. 농민당은 1922년 총리 이스트반 베틀렌(István Bethlen)이 이끄는 기독교 민족주의 세력에 흡수되었다. 베틀렌이 집권한 10년 동안 토지개혁은 제한적으로만 이뤄졌고, 정치 엘리트들은 기독교도 중산층을 우선하는 정책을 시행했다. 따라서 농민 급진주의는 그들의 농경 문제를 분명하게 표현할 다른 정치 세력을 찾아야 했다. 이러한 상황 속에서 토지개혁은 전간기의 주요 포퓰리스트들의 주장으로 남아있었다. 트렌체니는 '1920년대 후반에 새로운 세대의 농경 포퓰리즘 지식인들이 출현했다'고 주장한다. 이는 포퓰리즘 지식인들은 작가들과 농촌 사회학자 운동을 추진하는 집단이었는데, 그들은 사회학이라는 분과학문의 방법론을 이용하여 헝가리의 인민 대중에게 농업경작에서 나타나는 농민들의 비극적인 삶을 대면하게 하였다. 그들은 '소수의 장원 소유자와 금융자본가와는 달리 가족을 부양하기 충분한 땅이 부족했던 프롤레타리아화된 농촌 인구의 생활환경에 초점을 맞춘 새로운 이념적 행렬을 '300만 거지 나라'라는 메타포를 사용하여 자극적으로 표현했다'. 여러 정치적 이데올로기를 대표했던 이예시 줄러, 서보 졸탄, 네메트 라슬로, 베레쉬 페테르, 페이예르 게저, 코바치 임레, 비보 이슈트반과 같은 대중적 지식인들은 헝가리 지식사회에 큰 영향을 끼쳤으나, 이들의 지원하에 1939년 창립된 국가농민당이 정치적 성공을 거두지는 못하였다.

폴란드와 루마니아의 농경 운동은 비슷한 다양성을 보였다. 폴란드의 주요 농업주의 포퓰리즘 정당이자 빈센티 비토스(Wincenty Witos)를 당수로 둔 폴란드 인민당 Polish People's Party(Piast)은 사회주의 운동에 의해 해체되었고, 그 후 보수적인 노선을 택했다. '갈리치아 농민 운동의 좌파 지부인 인민당 레비차(Lewica, 일명 Left)는 피우수트스키(Piłsudski)의 편을 들었고, 마침내는 사나카 정부의 정치권과 결합되었다'.

루마니아에서 농업주의 운동의 두 주요 지역은 베사라비아(Bessarabia)와 트란실바니아였다. 베사라비아에서는 니콜라에 루푸(Nicolae Lupu)의 좌파 농업주의가 발생했다. 트란실바니아의 국민농민당(The National Peasant Party)은 1928년 사회와 경제의 개혁과 농민 보호를 강조하며 대대적으로 선거에서 승리하였다. 이어진 정당의 실패는 좌파 농업주의의 부흥을 불렀고, 비아짜 로망네아스카(Viaţa românească)의 연구를 중심으로 하여 농업인구에 기반을 둔 루마니아의 민주화와 현대화 계획이 구체화되었다.

전간기에 펼쳐진 농민 운동과 정당은 초국가적으로 연결되어 있었을 것이다. 트렌체니에 따르면 이들의 특징적인 계획은 일종의 녹색 인터내셔널(Green International)을 구성하는 것으로, 동유럽 지역의 작은 국가들의 연대를 도모한다는 것이고, 이러한 노력을 통해 다양한 경제적 배경을 가진 더 큰 시장을 지니게 되는 것이 농업 국가의 현대화를 위해서 이 국가들이 상호보완적으로 협력한다는 것이다. 이러한 운동의 결과로 이념적 공통성에 기반한 국제농업사무국(Bureau International Agraire)이라는 국제적 기구가 만들어졌다.

2) 전간기 우파 포퓰리즘과 우파 민족주의: 혈연주의적 정치 프레임으로서 포퓰리즘

동유럽에서 포퓰리즘과 민족주의의 역사적-이론적 복합체의 또 다른 주요 사례는 전간기에 농경지, 공산주의 포퓰리즘에 비해 지배적이었고 1930년대에 국가사회주의, 파시스트 정권으로 변모한 전통적인 우파 민족주의이다. 농업 포퓰리즘과 전간기 우파 민족주의는 많은 부분에서 유사점을 찾을 수 있는데, 이념과 정당 활동의 측면에서 민족주의와 포퓰리즘의 기본 맥락이 중첩되는 점을 그 예로 들 수 있다. 하지만 두 이념의 결정적 차이는 혈통주의적인 생물학적으로 접근하는 인종주의-민족주의적 접근법이다. 동유럽과 서유럽의 전체주의적 정권 아래에서 민족주의는 그 본질과 기법이 바뀌었으며, 혈연에 기반한 포퓰리즘으로 가득 차게 되었다. 인종적-민족주의(Ethnic nationalism) 또는 인종-민족주의(ethno-nationalism)은 출생과 토착 문화에 대한 공동체적 개념을 우선시한

다. 양차 대전 사이의 시기는 혈연적으로 결정된 포퓰리즘에 바탕
을 둔 민족주의로 특징지어질 수 있다. 이러한 포퓰리즘은 인종적
동질성에 기반을 둔 혈연주의적 포퓰리즘이라고 할 수 있다.

　이러한 혈연주의적 우파 민족주의의 전형이 전간기 헝가리의 호
르티 미클로시(Miklós Horthy) 정권이다. 이 시기는 보수적 지배층인
엘리트, 반공주의, 성직주의, 강화되는 권위주의, 혼합적 정치 구조
로 규정되는 우파(그리고 엘리트주의) 포퓰리즘으로 특징지을 수 있
다. 이 시기를 대표하는 헝가리의 포퓰리즘 세력은 기독교 민족통
합당(Keresztény Nemzeti Egyesülés Pártja)이었으며, 이들의 계승 세력
이 1922년부터 1944년까지 헝가리 의회를 장악했다. 전간기 헝가리
의 상황을 고려해 볼 때 기독교 민족통합당의 엘리트주의적 포퓰리
즘은 당연한 현상이었다고 보인다. 전간기의 집권엘리트들은 대부
분 보수적인 기독교 성향이었고, 이러한 보수 엘리트들이 정부에
입성하면서 헝가리 정부의 정책도 강력한 포퓰리즘적 경향을 뜨게
되었던 것이다. 이와 같이 전간기에 만연했던 포퓰리즘 정권의 엘
리트주의적 성격은 헝가리 사회의 전 분야에 걸쳐 영향을 주었다.
문학 작품이나 예술작품에서도 그러한 경향을 발견하는 것은 어렵
지 않다. 에녜디 졸트의 연구에 따르면 전간기 시대의 엘리트주의
는 포퓰리즘적인 경향에 매우 부합하는 것이었으며, 심지어 역으로
포퓰리즘조차도 엘리트주의적 우파 정권이 민족주의적으로 활동하
는 데 도움을 주었다는 것이다.

　호르티의 섭정 아래의 헝가리는 시민의 자유와 정치적 다원주의
에 상당한 제약이 있음에도 불구하고 다당제 의회를 갖춘 권위주의
적 민주주의 국가였다. 정치적 좌파는 대부분의 정치 활동에 있어

서 큰 제약을 겪었다. 전간기 호르티의 정권의 특징은 정치적 자유가 보장되지 않았던 신봉건주의적인(neo-feudal) 기독교민족주의 정권이었다고 할 수 있다. 또한 이 시기의 특징적인 통치 이데올로기는 인종차별주의, 수정주의, 권위주의라고 할 수 있다. 따라서 이러한 토양은 극우파의 부상과 포퓰리스트들의 등장을 촉진하는 것이었고, 이러한 보수적 정권이 유지되기 위해서는 포퓰리즘적인 통치 방식이 필수적인 것이었다고 할 수 있는 것이다. 호르티 정권은 포퓰리즘적인 정치적 소통과 전략을 사용해 사회민주당, 노동조합, 트리아논 조약에 책임이 있다고 여겨지는 정치인들과 배우, 작가들, 그리고 유대인을 적대적 분파로 규정지었다. 여기서 한 가지 강조해야 하는 점은 호르티의 포퓰리즘적 정책이 혈연주의의 핵심적 속성을 지니고 있었다는 점이다. 예를 들어 인종에 따른 투표권의 제한, 여당 연합의 항구적 인종차별주의 및 광신적 애국주의적 속성, 인위적으로 조장된 영토 수정주의, 또는 트리아논 조약에 대한 패배적, 우울적 신드롬의 조장 등이 그것이다. 따라서 이러한 혈연주의적, 포퓰리즘적 현상에서 가장 큰 피해를 입은 인종이 유대인이었다는 것은 당연한 사실이다. 이러한 혈연, 인종에 의한 정치적 제약이 포퓰리즘의 틀에 기반을 두고 있었다는 점은 분명하다. 헝가리 정부는 유대인 공동체를 정치-법적 질서로부터 탄압하기 위해 파시스트 정당의 인종차별주의적인 담론에 기반하여 유태인들을 차별했다.

동유럽의 다른 지역에서도 매우 유사한 민족주의적 포퓰리즘 정당들이 등장했다. 1918년 체코슬로바키아가 형성되기 전까지의 슬로바키아의 자유주의·보수주의 운동은 헝가리 정치 엘리트에 맞서 문화적 권리와 정치적 자치에 의존하며 국가를 형성하는(nation-building) 민족주의로 특징지어질 수 있다. 1920년대와 1930년대까지 자유주의적 민족 포퓰리즘은 슬로바키아 국민을 옹호하는 급진적 우파적 성향으로 변질되었다. 이에 따라 1939년에 성직주의적(clerical)이며 반유대주의 슬로바키아 정부가 수립되었고, 나치 독일과 연합한 슬로바키아 인민당은 두드러진 민족주의적 포퓰리즘 세력이 되었다.

전후 시기의 폴란드는 정당과 기관의 도덕적 청산을 포퓰리즘의 기반으로 삼은 유제프 피우수트스키(Józef Piłsudski)가 지배하고 있었다. 루마니아가 베사라비아, 부코비나, 트란실바니아에 대한 지배권을 획득했다는 점에서 전간기는 '대(大)루마니아'의 개념을 구체화한 시기로 볼 수 있다. 이러한 영토의 확장은 거대한 민족주의적 정서를 만들어냈지만, 단일 루마니아 국가의 개념은 대 루마니아의 다민족적, 다문화적 현실에 직면하여 돌파구를 차지 않으면 안 되는 상황에 직면하게 되었다. 루마니아 정국을 선도하던 포퓰리즘 정당인 인민당(People's Party)은 대(大)루마니아 개념을 자기 정체성의 근본이념으로 상정하였다.

3) 전체주의 포퓰리즘과 민족주의, 공산주의 포퓰리즘

전술하였듯이 동유럽에서 포퓰리즘의 혈연주의적 특성은 1930년대부터 압도적인 현상이 되었고, 이 지역에 점차로 국가사회주의와 파시즘의 확장으로 나타났다. 전간기에는 독일 민족사회주의보다 이탈리아 파시즘이 동유럽의 포퓰리즘 운동, 우파, 비민주적(non-democratic), 민족주의(nationalist) 정권과 더 많은 부분을 공유했다. 한나 아렌트는 제1차 세계대전 이후 반민주적(antidemocratic)이며 선동적인 반(半)전체주의와 전체주의 운동(semitotalitarian and totalitarian movemebnt)이 유럽을 휩쓸었고, 파시스트 운동은 이탈리아에서부터 거의 모든 중부 및 동유럽 국가로 확산하였다고 분석하고 있다. 그러나 '전체주의 국가'라는 용어를 선호했던 무솔리니조차 본격적인 전체주의 정권을 수립하려고 시도하지 않았고 독재와 일당 통치에 만족했다.

헝가리 국가사회주의 운동은 전체주의 포퓰리즘의 훌륭한 예이다. 헝가리식으로 수정된 히틀러의 국가사회주의는 헝가리주의(Hungarism)라고 불리는 것으로서 살러시 페렌츠(Szálasi Ferenc)가 고안해 낸 급진적이고 권위주의적인 민족주의를 지칭하는 개념이다. 초국가주의(ultra-nationalism)에 배경을 둔 살러시 페렌츠의 개념은 매우 포퓰리즘적인 성격을 보인다. 살러시 페렌츠에 따르면 헝가리주의은 헝가리인, 핀란드인, 에스토니아인, 터키인, 몽골인과 중앙유라시아에 기원을 둔 것으로 증명되었거나, 그렇게 추정되는 민족을 포함한 우랄-알타이 민족의 인종적 통합, 위대함, 독특한 역사적 임무인 투란주의(Turanism)의 개념이라는 것이다. 살러시는 1937년 10월 24일 헝가리 인민사회주의자당(Magyar Nemzeti Szocialista Párt)을 창당하여 본격적인 파시스트 운동에 뛰어들었다. 그러나 그의 희망과는 다르게 1938년 2월 21일 헝가리 인민사회주의자당은 더라니 정부(Darányi-kormány)에 내무장관인 셀 요제프에 의해 정당활동이 금지 되었고, 살러시와 그의 동료 72명은 경찰에 의해 감시와 투옥 상태에 놓이게 되었다. 이후 살러시는 변변한 재판도 받지 못한 채 1938년 7월부터 3년간 징역형을 받았다. 그러나 이러한 상황에도 불구하고 헝가리의 국가사회주의는 막을 수 없 대세가 되었다. 살러시의 헝가리즘을 계승하기 위해 재 창당된 화살십자당(Arrow Cross Party)은 1939년 5월에 하원에서 29석의 의석을 얻었다.

헝가리에서 나타나는 전체주의적이고 민족주의적인 포퓰리즘의 다른 형태는 헝가리 공산당의 포퓰리즘이다. 물론 공산주의의 이론적 배경이 국제주의라는 점을 고려하면 공산주의 포퓰리즘의 구성 요소로서 민족주의를 언급하는 것은 부정합적인 측면이 있다. 당연히 우파 정당과 민족사회주의 정당의 민족주의는 사회주의 애국주의(Socialist patriotism)의 일종이라고 할 수 있는 공산주의적 민족주의와는 상당히 차이가 있다. 사회주의 애국주의의 개념은 공산주의와 관련하여 잘 알려진 현상이며 국가의 이익과 국제 사회주의의 이익 모두를 위해 기여하였다고 여겨진다. 이러한 애국적 정서를 강조하기 때문에 사회주의 애국주의는 포퓰리즘으로 분석될 수 있다고 할 수 있다. 이러한 의미에서 헝가리의 카다르 정권은 포퓰리즘적인 사회주의 애국주의를 대표한다고 할 수 있다.

1956년 헝가리 혁명의 실패 이후 사회주의 애국주의라는 용어는 정치적 적을 식별하고, 우방과 적 사이의 안개 낀 경계를 명확히 하게 하기 위한 장치로서 구체적으로 기능하였다. 이 문제를 다룬 정당 최초의 법안은 1959년의 부르주아 민족주의와 사회주의 애국주의에 관한 것이었다. 1958년까지의 보복기간 동안 이러한 정체성 정치의 부정적인 면이 훨씬 더 중요했지만, 1950년대 말부터 사회주의 애국주의의 긍정적인 면이 강조되었다. 혁명이 실패한 후 헝가리 인민 사이에 만연한 회의주의와 헝가리 공산당에 대한 헝가리 인민의 소극적인 저항에 직면한 카다르 정권은 자신들이 통치해야 하는 헝가리 정치공동체의 정체성을 공산주의의 정체성을 해치지 않으면서도, 공산주의적 정체성이 드러나지 않도록 유지해야 하는 어려운 임무를 수행해야 했다. 결국 1974년 헝가리 공산당 중앙위원회는 '사회주의 애국주의와 프롤레타리아 국제주의의 시의적절한 이슈'라는 제목의 결의안을 마련하여 민족문화 문제로 방향을 전환하였다. 여기서 주목할 점은 우파사회주의, 국가사회주의 포퓰리즘과 공산주의 포퓰리즘의 차이점이다. 우파사회주의, 국가사회주의 포퓰리즘과 공산주의 포퓰리즘의 차이점들은 포퓰리즘의 배타적 혹은 포용적인 본성이다.

호르티 시대의 민족주의 집권세력은 포퓰리즘 정부를 이용해 정치공동체를 만들었고, 몇몇 사회주의자들은 국가에서 배제되었다. 여기서 배타적 포퓰리즘이라고 부르는 이 전략은 공산주의 시대 초기에 라코시 마챠시에 의해 연장되었다. 그러나 공산정권이 가장 큰 위기를 맞았던 1956년 혁명 이후로는 포퓰리즘의 성격이 바뀌었다. 동시에 당 서기장 야노스 카다르(János Kádár)는 포퓰리즘 논리를 이용해 헝가리를 단일 정치공동체로 만들어내려고 노력했다. 이는 호르티의 의제와 1956년 이전의 공산당 정권과 비교해 포용적인 포퓰리즘으로서, 국민을 정치의 대상으로 삼는다고 볼 수 있다. 사회주의 애국주의의 개념은 카다르 정권이 포퓰리즘을 이용해 헝가리 정치공동체를 정의하고 구성하려고 했다는 것을 보여주고 있다. 물론 1956년 이후 헝가리 공산당 정권의 이러한 포용적 포퓰리즘은 상징적 차원만을 의미할 뿐 물질적, 정치적 차원과는 관련이 적다.

4. 공산주의 이후 재부상하는 포퓰리즘적 민족주의

1) 체제전환 이후 동유럽의 비민주적, 민족주의적, 포퓰리즘적 양상

포퓰리즘과 민족주의의 역사적-이론적 복합체는 동유럽 정치권의 중요한 부분으로 유지되고 있다. 스탠리 동유럽의 민주적 전환은 급진적 포퓰리즘 정당과 중도적 포퓰리즘 정당을 모두를 부흥시켰으며, 두 하위 유형 모두 이들 국가의 정당체제의 뚜렷하고 지속적인 특징을 유지하고 있다고 주장한다. 스텐리는 정권 교체 후 모든 포퓰리즘 정당은 민족주의적이었고, 동시에 민족주의 세력은 포퓰리즘 담론에 정치의 기반을 두었다. 스탠리는 특히 '직업적 정치꾼'이라는 범주를 포퓰리즘에 적용하며 정치꾼들이 단순히 전통적 방식의 정치적 호소에 의존하는 것이 아니라 유권자들의 지지를 구하는 과정에서 포퓰리즘 이념을 만들 분명한 동기를 가졌다고 지적하고 있다. 또한 그는 동유럽 체제전환의 하향식 성격과 그 체제전환에 의해 야기된 다수의 분노와 불확실성이 다른 사람들에게 비난, 연대, 도덕적 위안을 추구하는 동기가 되었고, 이러한 불안정한 유권자에게 가장 유효하게 작용하는 수단이 포퓰리즘과 민족주의라고 분석한다. 또한 그는 포퓰리즘의 이상적이며, 단순하고 쉽게 전달될 수 있는 정치 메시지는 정치적으로 유동적이고 상대적으로 성숙하지 못한 유권자들에게 즉각적인 영향을 미치려는 정치인들에게 매력적인 전략이 되었다'고 덧붙인다. 동유럽에서 포퓰리즘 정치가들은 포퓰리즘이 정치와 민족주의를 공동체의 대표처럼 행동하도록 단순화한다는 것을 발견했고, 동시에 이러한 포퓰리즘과 민족주의적 융합은 20세기 정치사에 부정적인 영향을 미쳤다.

동유럽 포퓰리즘의 본질과 관련된 두 가지 개념은 급진적 포퓰리즘과 중도 포퓰리즘이다. 동유럽의 정치적 변화는 엘리트주의적이었지만, 정권이 변화가 반포퓰리즘으로 특징지어질 수 있다는 점에서 자유민주주의 국가로까지 확장된 것이었다. 급진 포퓰리즘 이론은 국민들이 엘리트들에 대항하여 반응할 가능성이 높다고 주장한다. 중도 포퓰리즘 이론에 따르면 포퓰리즘은 동유럽 정치의 본질적인 부분이다. 동유럽의 역사적인 전통은 공산당 체제의 중심에 포퓰리즘이 성장할 수 있는 구조를 만들었다. 공산당을 이후의 정당은 정치 제도를 개혁하고 민주적 표현을 위한 새로운 통로를 만들어야 하며, 부패를 척결하고, 비효율적이고 무능한 엘리트들을 교체하고, 새로운 정치적 행위자들에게 통치할 기회를 제공해야 한다는 전제에 충실한 정치적 레토릭을 구사한다. 중도 포퓰리즘은 현존하는 현상임에도 불구하고 포스트 공산주의 시기의 포퓰리즘의 역사는 지속적인 급진화와 민족주의의 강화로 특징지어질 수 있다.

스탠리는 1990년대의 전형적인 급진 포퓰리즘 정당은 과거에 대한 '심판자'로서 과도기의 격변의 직격탄을 맞고 있는 보통사람을 대표하여 부패하고 유착적인 포스트 공산주의 기득권 세력과 홀로 맞서 싸웠다고 주장한다. 사실 사회주의 국가들의 체제전환에 따른 정권 교체 후, 우익 포퓰리즘 정당들의 슬로건은 민족국가주의, 권위주의, 금융민족주의, 복지우월주의 등의 포퓰리즘적 정책들이었다. 구체적인 예로 대루마니아당(The Greater Romania Party)과 슬로바키아 국민당(Slovak National Party)은 반유대주의, 반로마주의, 반헝가리주의 수사학, 토착주의적 애국주의(이민배척주의), 그리고 "외국 금융 조직, 외국 정부, 그리고 그들과 협력하는 국내 엘리트들에 대항하는 우리 국민의 이익"을 대변한다고 선전했다. 이 중에서도 체코슬로바키아의 공화연합 공화당(Association for the Republic ‒ the Republican Party)과 헝가리의 진실과생명당(Truth and Life Party), 불가리아의 민족 급진당(National Radical Party)과 같은 몇몇 극우 민족주의 세력은 서로 간의 세력 통합에 실패했다.

2000년대에 이르러 상황이 바뀌었다. 정권을 잡은 집권 정당들은 반체제적인 수사학으로 자유민주주의에 대해 급진적인 비판을 가했다. 동유럽에서 공산주의 이후의 엘리트들은 신자유주의와 현대 신자유주의적 개혁을 받아들였다. 이 지역에서 자유민주주의는 패권적 정치-법적 틀이 되었고, 이는 신자유주의 엘리트들이 완전히 반포퓰리즘적이라는 것을 의미한다. 이러한 점을 고려할 때, 정치 엘리트들은 국내와 유럽 연합 모두에서 신자유주의 패권에 의해 야기된 세계적이거나 지역적인 불평등에 대해 대부분 비판적이지 않았다. 이러한 '개혁주의적 분노'가 동유럽 사회에 과부하를 가져와 동유럽 국가들이 '인내심의 끝'에 이를 것이라는 벨라 그레스코비치(Béla Greskovits)의 주장은 주목할 필요가 있다. 그레스코비치에 따르면, 공산주의의 몰락 이후 10년 동안 동유럽인들은 폭력적인 시위를 자제했고, 서서히 자본주의적 경제체제로 옮겨가거나 국가의 보호주의적 고용주의 정책에 의존했다. 이에 대해 스탠리는 '체제전환기의 두 번째 시기에는 유권자의 '전환 피로'와 주류 정당에 대항한 각성으로 이득을 본 급진적 대중주의자들의 새로운 물결이 나타났다'고 언급하고 있다.

폴란드에서는 폴란드 가족 동맹(League of Polish Families)이, 불가리아에서는 국민 연합 공격(National Union Attack, ATAKA)이, 헝가리

에서는 더 나은 헝가리 운동(Hungarian Movement for a Better, Jobbik)
이 반엘리트 민족주의적 포퓰리즘 세력을 대표했다. 동유럽에서 가
장 성공한 민족주의적 포퓰리즘 정당은 폴란드 법과 정의당과 헝가
리의 청년민주동맹(FIDESZ)일 것이다. 이 두 정당이 우파 포퓰리즘
의 새로운 지도자가 되어 자국 내 주류 정당으로 자리매김하였다.
특히 헝가리의 피데스 당수인 오르반 빅토르는 자신의 정치체제를
비자유민주주의라고 선언하기도 했다. 이들 정당은 민족주의적이
자 포퓰리즘적이며, 자유민주주의를 배척하기까지 하는 행태를 보
인다.

2) 우파의 민족주의적 포퓰리즘

동유럽에서 우파 민족주의적 포퓰리즘이 전례 없이 성장하게 된
요인은 우파 포퓰리즘이 패권적 블록과 헤게모니의 구축, 대중으로
부터 정치적 정체성 형성이라는 측면을 충족했기 때문이다. 헝가리
피데스의 사례와 요빅(Jobbik)의 사례는 대중과 연계한 우파 정체성
정치를 잘 보여준다. 헝가리에서 우파 진영이 급성장한 전환점은
2010년으로 볼 수도 있지만, 실제로는 훨씬 더 일찍 시작되었다.
실제로 헝가리 우파는 10년이 넘는 기간(2000년대) 동안 그람시적인
우파 패권 구조를 만들었다. 1998년 이후 우파 정당이 된 피데스의
정치 전략은 그람시적 관점에서 분석될 수 있다. 피데스는 1998년
부터 2002년 사이에 집권여당이 되었고, 이후 2002년부터 2010년
야당이 되었다. 피데스는 복잡한 정치, 경제적 네트워크를 블록으
로 구축하여 전국적인 대중운동(시민 사회)을 만들어 대중을 정치화
하였다. 피데스는 1994년부터 1998년까지와 다음 2002년부터 2010

년까지의 연이은 사회민주당 정권이 그람시적 의미에서 경제적, 사회적 위기 속에 갇혀서 헤게모니의 위기로 변질되는 유기적인 위기를 초래했다고 주장했다. 이러한 중첩적인 위기는 재임 중인 사회당 총리의 거짓말 스캔들로 인한 도덕적 위기로 우파가 거친 거리운동을 불러일으켰던 2006년과, 좌파자유당이 집권하던 연립정부가 붕괴하였던 2009년, 피데스가 의회의 3분의 2에 도달했던 2010년에 절정에 달했다.

이것으로 인하여 사회당은 위기에 직면하게 되어, 전통적인 좌파가 헝가리 사회의 상부구조에 대한 지배력을 상실하게 된 반면, 극우파는 혁신적인 사상, 관점, 관행을 내세우며 대중들 속으로 파고들었다. 우파의 패권주의적 계획은 민족주의, 적대적인 수사학, 외국인 혐오증 등으로 가득함에도 불구하고 폭넓은 대중의 지지를 확보하였다.

피데스는 좌파에 대한 대항적 헤게모니라고 볼 수 있다. 헝가리의 극우 야당인 요비크(Jobbik)도 마찬가지다. 좌파적 시각에서 요비크의 포퓰리즘이 두드러지는 것은 그들이 서민층이 요구하는 변혁과 청산의 요구에 적극적으로 반응했기 때문이다. 이러한 요비크의 전략은 계급에 기반한 정치를 넘어 민족주의적-토착주의적(natio-nalistic-nativist) 담론 전략을 수용하고 있다는 점에서 문제적이다. 요비크(Jobbik)는 헝가리의 국내 정치에서 좁은 이데올로기를 포퓰리즘적인 초횡단성(transversality)으로 대체할 하위문화의 생산에 중점을 두었다. 요비크는 국수적 슬로건과 선동적 공약을 기반으로 한 포퓰리즘은 여러 불만요소를 하나로 합쳐 강력한 항의적 정체성을 만들어낼 수 있었던 것이다.

피데스, 요비크와 같은 우파 포퓰리즘이 성공한 또 다른 결정적 원인은 민족주의를 혈연정치, 문명 개념의 슬로건으로 재구성한 것이다. 이것은 1920~30년대 전간기의 헝가리 우익 민족주의가 재부상한 것으로 이해할 수 있다. 이런 상황은 2015년부터 시작된 동유럽 난민사태로 인해 더욱 강화됐다. 혈연정치는 항상 포퓰리즘을 이용했고, 포퓰리즘적 정권도(민주정치와 전체주의 정권도 마찬가지로) 혈연정치를 사용했다.

국가주의에 대한 포스트-전체주의적(post-totalitarian) 관점은 혈연(인종) 포퓰리즘의 중요성을 드러낸다. '우리 사회는 인종으로 식별되며 이는 내부와 외부의 인종적 적들에 의해 위협받는다. 인종정치학은 살상의 권한을 가진 주권과 그의 적으로 구분된다… 국가인종차별주의(State racism)는 적들이 우리의 국가 경계 밖에 존재하는지 또는 그들이 국가의 경계 안쪽이나 바깥쪽에서 발견되든지 식별하는 것을 가능하게 한다. 그러므로 혈연도 (인종)정치 기술의 일부이므로, 적어도 그것의 더 발전된 형태로, 사람들이 생존하도록 노력하기 때문에, 이러한 사람들을 죽이거나 단순히 죽게 내버려 두는 것을 허락하는 것은 혈연이 (인종)정치 기술의 일부이거나, 국민을 생존시키는 발전된 방식이다'.

에티엔 발리바르(Étienne Balibar, 1991)는 생물학적 인종차별에서부터 어떤 문화가 민족성을 대체하고 '타자성의 낙인'이 되는 '신인종차별주의'로 이행했다고 주장했다. 푸코에 따르면 인종은 단순히 신체적 외모에 관한 개념이었던 적이 없다. 푸코는 중세 시대의 보편적이었던 인종차별주의가 유럽의 기독교인들이 무슬림들을 다른 인종으로 보는 것과 같이 타종교를 타인종으로 보는 종교적 인종차별이었음을 주장한다. '민족'과 '인종'이라는 단어는 번갈아 사용됐는데, 넓은 의미의 '인종'에서 인구·민족 그리고 그 적들을 구분해 내는 원리를 '국가적 인종차별'이라고 할 수 있는 것이다. 혈연(인종) 정치는 민족주의와 국가 인종차별의 현대적 형태를 연결하고 생체정치적 틀을 만들어 준다. 생체민족주의(bionationalism)가 '아직도 인종적, 국가적 편견을 대규모로 활용하고, 오랜 기간 지속된 민족적, 인종적 선에 따라 사람들을 분열시킨다'라고 주장한다. 이러한 의미에서 생물정치의 영향을 받은 현대 민족주의는 전체주의와 동일시될 수 없으며, 동시에 생물정치 지향적 인종주의에 기반을 둔 것이 명백하다. 브루바커(2017)는 포퓰리즘이라는 정치적 관점에서 북유럽과 서유럽의 국가적 포퓰리즘은 대서양 정치관의 독특한 한 형태로 볼 수 있다고 주장한다. 그는 '그들은 좁고 국가적인 측면이 아닌 더 넓은 문명적인 측면에서 자신과 타자의 대립을 이해하는 데 있다는 점에서 구별된다'라고 주장한다. 이러한 민족주의에서부터의 '문명주의'로의 부분적인 이행은 이슬람으로부터의 문명적 위협의 개념에 의해 주도되었다. 이는 동일주의적인 '기독교'와 세속주의적인 자세, 친유대인적 입장, 표면적인 양성평등과 동성애자 권리, 언론의 자유에 대한 보호의 욕구를 상승시켰다는 것이다. 또한 정치적 방법으로서의 혈연민족주의가 효과가 있다는 것은 헝가리의 반난민(anti-refugee) 캠페인에 의해 증명되었다.

마니에비치의 조사에 따르면 현재 헝가리의 심각한 노동력 부족에도 불구하고 헝가리인들은 난민을 향후 헝가리 사회의 문제가 될 소지가 충분한 집단으로 보고 있다는 것이다. 통계적으로 보면 대략 10명 중 8명의 헝가리인은 난민들이 일자리와 사회적 혜택을

받기 때문에 난민이 나라에 부담이 된다고 믿고, 헝가리인의 약 75%
는 헝가리에서 난민들이 테러의 가능성을 높일 것이라고 생각하며,
70% 정도는 난민들을 헝가리의 주요한 위협으로 보고 있다는 것이
다. 난민에 대한 이러한 부정적인 인식은 조사 대상에 포함된 거의
모든 EU 국가보다 헝가리에서 훨씬 높은 수치를 보인다는 것이다.

5. 결론

좌파 포퓰리즘은 체제전환 이후의 동유럽에서 잘 드러나지 않았
었다. 그러나 최근에 보이는 동유럽에서의 다기한 현상들은 포퓰리
즘이 동유럽 정치의 본질적인 부분이었으며, 다른 한편으로는 끝나
지 않는 포퓰리즘은 어떤 면에서는 항상 민족주의적이었음을 보여
주는 것이다. 좌파 포퓰리즘과 관련해서 좌파 포퓰리즘 세력이 성
공하려면 민족주의자나 애국주의자가 돼야 한다는 점은 자명하다.
정권이 바뀐 후 성공적인 좌파 정당들인 슬로바키아의 '노동자 연합
(Union of the Workers)', 폴란드 '자기 보호(Self Defence)', 슬로바키아
의 '사회민주주의지향(Direction-Social Democracy, SMER)'은 모두 민족
주의 정서를 대표한다.
스탠리는 좌파 포퓰리즘의 약점에 대해 좌파 포퓰리즘이 상대적
으로 결여하고 있는 것은 민족주의, 전통주의, 권위주의적 태도와
반시장적 경제 기조라고 주장한다. 반면 우파 포퓰리스트들은 이러
한 이념적 관점의 조합을 어렵지 않게 진행할 수 있었던 반면, 좌파
적 정체성을 주장하는 포퓰리스트들은 비진보적 정치 조류와 결부

하는 데 더욱 신중할 수밖에 없었던 것이다. 동유럽에서 우파 포퓰리즘의 성공은 것은 우파 포퓰리즘이 전통적 포퓰리즘과 민족주의의 역사 이론적 복합이기 때문이다. 다시 말하면 동유럽 좌파가 포퓰리즘에서 물러나고 우파 포퓰리즘 주요 정당들이 좌파 포퓰리즘 이론의 교훈을 얻은 셈이라고도 할 수 있을 것이다.

포퓰리즘적 우파는 포퓰리즘의 계급적 측면과 대중적 측면을 조화시켰다. 그러나 그러한 조화는 몇 가지 심각한 위험을 야기한다. 우파 민족주의적 포퓰리즘은 그들의 헤게모니를 유지하기 위하여 끝없는 정치적 분열에 기초한 극단적인 민족주의, 외국인 혐오, 인종차별, 혐오정치가 필요하기 때문이다. 민족주의와 포퓰리즘의 역사적 배경을 분석해 보면 '포퓰리즘적 정치꾼'들의 행태는 변하지 않았음을 알 수 있다. 동시에 21세기의 우파 포퓰리스트들은 '민족주의와 포퓰리즘의 역사적-이론적 복합체'의 성격을 근본적으로 바꾸어 놓았다는 점도 주의해야 할 지점이다. 특히 혈연(인종)정치적으로 결정된 우파 민족주의적 포퓰리즘의 강화는 민주주의에 심각한 위험을 의미하는데, 그 이유는 포퓰리즘적이나 민족주의적 성격 때문이 아니라 자신이 '국가'와 '국민'을 동시에 대표할 자격이 있다고 확신하는 새로운 유형의 자기기만적 독재자를 배태하기 때문이다. 국민을 국가와 중첩시키는 정치와 담론은 포스트모던 독재자를 탄생하게 하는 첫걸음인데, 이를 통해 누가 '선한 국민'에 속하는지, 누가 국민의 일원으로서 보호받을 수 있는지를 결정할 수 있기 때문이다.

참고문헌

Ádám Magda, "Woodrow Wilson and the Successor States," *Danubian Historical Studies*, Vol.1, No.4, Budapest, 1987.

Ádám, Magda, A Kis Antant Little és az Európa 1920~1929, Budapest: Akademiai kiadó, 1993.

Ady Endre, "Jászi Oszkár könyve : A nemzeti államok kialakulása és a nemzetiségi kérdés", *Nyugat*, 10. szám, Budapest, 1912.

Alexandra Größ, *Wandel der sowjetischen Osteuropa-Politik in der Ära Gorbatschow*, Peter Lang, 1992.

Bán, D. András, Dioszegi László.stb, Magyrok kisebbségben és szórványban, Budapest: Teleki László allapitvány, 1995.

Barabas, Diószegi, István. stb. Hetven év: a Román magyarság története 1919~1981, Budapest: Magvető, 1990.

Béla Illés, *Népünk szabadságáért*, Budapest, 1952.

Bennett Kovrig., *Of Walls and Bridges : The United States and Eastern Europe*, New York University Press, 1991.

Berecz Andras, "Kadar Janos ujabb probatetele", *A dimenziok eve 1968 – Nemzetkozi Konferencia*, Budapest, 2008.

Berényi Gábor, ed., *Tudományos konferencia A kommunizmus fekete könyvéről*, Budapest, 2000.

Bihari, Mihály. *Magyar politika. a magyar politikai rendszer történetének főbb szakaszai a második világháború után 1945~1995*, Budapest, 1996.

Charles Gati, *The Bloc that Failed. Soviet-East European Relations in Transition*, Bloomington & Indianapolis: Indiana University Press, 1990.

Dae Soon Kim, *The Transition to Democracy in Hungary*, Routldge, 2013.

David K. Shipler, "Missionaries for Democracy: U.S. Aid for Global

Pluralism," *New York Times*, June 1, 1986.

David S. Mason, *Revolution in East-Central Europe: The Rise and Fall of Communism and the Cold War*, Westview Press, 1992.

Der Ungarische Volksaufstand, Peter Dobias, Die Wirtschaftssysteme Osteuropas, Darmstadt, Wissenschaftliche Buchgesellschaft, 1986.

Dioszegi Laszlo, *A nagyhatalmak és a Duna medence az 1930-as években*, Budapest, 2008.

Dioszegi, István, Két világháború árnyakában, Budapest: Akademiai kiadó, 1974.

Dolgozó Ifusági Szövetsege, DISZ, The Hungarian Revolution of 1956, Litván György, Longman, London and New York, 1996.

Ervin Csizmadia, ed., *A magyar demokratikus ellenzék, 1968~1988: Dokumentumok*, T-Twins, 1995.

Eva Irmanova, "Az 1968-as Pragai Tavasz Magyar Szemmel", *A dimenziok eve 1968 — Nemzetkozi Konferencia*, Budapest, 2008.

Frank Füredi, *A célkeresztben: Magyarország*, Budapest, 2017.

Fricz, Tamás, *Az Árok Két Oldalán: A Magyar demokrácia természetrajza*, Budapest: XXI. Század Intézet, 2006.

Geir Lundestad, *East, West, North, South. Major Developments in International Politics 1945~1996*, 3rd ed., Scandinavian University Press, 1996.

Gerő András. *Az államosított forradalom 1848 centenáriuma*, Budapest, 1998.

Géza Nagy Lajos, "A kettészakadt társadalom," *Jel-Kép*, No.4, 1989.

Gyáni Gábor, "Kommemoratív emlékezet és történelmi igazolás", *Relatív történelem*. Typotex, Budapest, 2007.

Gyarmati György, *A Rákosi-korszak: rendszerváltó fordulatok évtizede Magyarországon, 1945~1956*, ÁBTL-Rubicon, Budapest, 2011.

György Spira, Kossuth Lajos a szabadságharc vezére, *Müvelt Nép*, Budapest, 1952.

Hajdu, Tibor, Károlyi Mihál.y, Budapest: Kossuth Könyvkiadó, 1978.

Halmosy Dénes, Nemzetközi Szerződések 1918~1945, Budapest: 1983.

Huszár, Tibor, *1968. Praga − Budapest Moszkva, Kadar Janos es a csehszlovakiai intervencio*, Budapest, 1998.

Huszár, Tibor, *Kádár: A hatalom évei 1956~1989*, Corvina, Budapest 2006.

Ignác Romdics, *From Dictatorship to Democracy. The Birth of the Third Hungarian Republic 1988~2001*, ARP, 2007.

Ignác Romsics, *Hungary in the Twentieth Century*, Budapest: Corvina, Osiris, 1999.

Ignác Romsics, *Magyarország történelme a XX. században*, Budapest, 2005.

Ilya Zemtsov and Joh Farrar, *Gorbachev: The Man and The System*, Transaction Publishers, 1989.

Irving, David. *Uprising! One nation's Nightmare: Hungary 1956*, Focal Point Publications, London, 2001.

Ivan T. Berend, *From The Soviet Bloc to the European Union: The Economic and Social Transformation of Central and Eastern Europe since 1973*, Cambridge University Press, 2009.

James F. Brown, *Eastern Europe and Communist Rule*, Duke University Press, 1988.

János Kornai, *From Socialism to Capitalism*, European University Press, Budapest-New York, 2008.

Jászi Oszkár, *A Habsburg-monarchia felbomlása*, Gondolat Kiadó, Budapest, 1983.

Jászi Oszkár, *A monarcia jövője, a dualizmus bukása és a dunai egysült államok*, Budapest, 1918.

Jászi Oszkár, *Magyar Kálvária - Magyar foltamadas, a Ket forradalom ertelme, jelentosege es tanulsagai*, Budapest, 1920.

Jászi Oszkár, *Szocializmus és hazafiság*. Huszadik Szazad, Budapest, 1905.

Jászi Oszkár, War Germs in the Danube Basin The Nation, New York, 1934.

Joshua Muravchik, *Földre Szállt Mennyország − A Szocializmus Története*, Budapest, 2014.

Juhász Gyula, Juhasz, Gyula, Magyarország Külpolitikája 1919~1945, Buda-
pepst: Kossuth, 1988.

Kenez, Peter, Hungary from the Nazis to the Soviets: The Etablishment of
the Communist Regime in Hungary, 1944~1945, Cambridge University
Press, Cambridge 2006.

Kim, Jiyoung, A nagyhatalmi politika és az erdélyi kérdés a II. viláháború
alatt és után, Budapest: Osiris, 2000.

Kő András, Lambert Nagy, eds., Levelek Rákosihoz, Budapest, 2002.

Konai, János. From Socialism to Capitalism, Central European University
Press, Budapest-New York, 2008.

Kovács András, "Volt-e Magyar '68?", A dimenziok eve 1968 - Nemzetkozi
Konferencia, Budapest, 2008.

Kovács Mária, Liberalizmus, Radikalizmus, Antiszemitizmus, A magyar
orvosi, ügyvédi és mérnöki kar politikája 1867 és 1945 között,
Budapest: Helikon Kiadó, 2001.

Kővágó L., A magyarországi délszlávok 1918~1919-ben, Budapest, 1964.

Krisztián Ungváry, "Magyarország szovjetizálásának kérdései". Romsics
Ignác, ed., Mítoszok, legendák, tévhitek a 20. századi magyar történe-
lemről, Budapest, 2002.

Kurucz Gyula ed., Az első határnyitás, Kortárs Kiadó, 2000.

László Kardos, Rákosi Mátyás alakja a magyar költészetben, Irodalomtörténet,
2, Budapest, 1952.

Lederer Ivo, Yugoslavia at the Paris Peace Conference: A study in frontier-
making, New Heaven and London, 1963.

Litván György, Jászi Oszkár naplója 1919~1923 sajtó alá rendezte, Budapest,
2001.

Magyar Orvosok Nemzeti Egyesülete, naplója, Budapest: Magyar Orvosok
Nemzeti Egyesülete ny. 1938.4.29.

Mária Schmidt, A Titkosszolgálatok Kulisszái

Mögött - Hitek, Ideológiák és Hirszerzők a XX. Században, Budapest, 2005.

Miklós Horváth, Zsuzsanna Körmendy ed., Mit kezdjünk vele? Kádár János

(1912–1989), Budapest, 2007.

Nagy Sándor, 'A nép reménysége' in Pál Réz, and István Vas eds, *Magyar Irók Rákosi Mátyásról*, Budapest, 1952.

népszabadság 1919.9.14. Budapesti Ügyvédi Kamara Levéltára. Közgyűlési Jegyzőkönyv. (Budapest: Budapesti Ügyvédi Kamara Levéltára ny. 1919. augusztus 12)

Notes and Documents, collected by A. Arnatović. *Ligue des universitaires Serbocroato-slovènes 1919*, Paris, 1919.

Órmos, Mária, Franciaország és a keleti biztonság 1931~1936, Budapest: Akadémiai kiadó, 1969.

Órmos, Mária, *Padovatol Trianonig 1918~1920*, Budapest, 1983.

Pelle János, Egyetemi antiszemitizmus a két világháború között, Budapest: 1998.

Politikatörténeti Intézet Levéltára, 274. fond 21/64. 34. *Magyar Országos Levéltár* (MOL), 276. fond 108/26. 35.

Pölöskei Frenc, Magyarország és a nagyhatalmak az 1920-as években, In. *Magyarország és a Nagyhatalmak a 20.században*. Szerk. Romsics Ignac. Budapest, 1995.

Pölöskei, Ferenc, "Magyarország és a nagyhatalmak az 1920-as években" in *Magyarország és a Nagyhatalmak a 20.században*, Budapest: Akademiai kiadó, 1995.

R. J. Crampton, *Eastern Europe in the Twentieth Century*, London and New York, 1994.

Radio Free Europe/Radio Liberty. Hungarian Situation Report 2, February 15, 1988.

Rainer M. János, Nagy Imre politikai életrajz, 1996.

Rautavuoma Veera, "The Imagined Communities of a Guestbook", *Cult, Community, Identity*. Publication Series of the Research Centre for Contemporary Culture 97. University of Jyväskylä, Jyväskylä, 2009.

Richly Gabor, Ablonczy Balazs, Jászi Oszkár, *Trianon es a amgyar politikai gondolkodas 1920~1953*, Budapest, 1998.

Robert Maxwell, *János Kádár: Selected Speeches and Interviews with an Introductory Biography by Gyurkó L.*, Akademiai Kiadó, Budapest, 1985.

Róbert Szabó, 'Politikai propaganda és történelmi ünnep. Adalékok az 1848. márciusi centenáriumi ünnepségek történetéhez', Történelmi Szemle, 3-4, Budapest, 1998.

Romsics Ignác, "Bethlen koncepciója a független vagy autonóm Erdélyről", *Magyarságkutatás*, Budapest, 1987.

Romsics Ignác, *A 20. század rövid története*, Rubicon-Könyvek, 2007.

Romsics Ignác, *Magyarország története a XX. században*, Budapest, 2005.

Romsics Ignác, *Magyarország története a XX. században*, Osiris Kiadó, 2005.

Romsics, Ignác, Integrációs törekvések Közép és Kelet európában a 19. és 20. században,. Budapest: Teleki László Alapítvány, 1997.

Romsics, Ignác, *Magyarország történelme a XX. században*, Budapest, 2005.

Romsics, Ignác. *A 20. század képes története: Magyarország története-világtörténet*. Budapest, Rubicon-könyvek 2008.

Romsics, Ignác. Magyarszág története a XX. században, Budapest: Osiris Kiadó, 1999.

Romsics, Ignác. Magyarszág története a XX. században, Budapest: Osiris Kiadó, 2010.

Rudolf L. Tőkés, Dissent in the U.S.S.R 1976.

Rudolf L. Tőkés, *Hungary's negotiated revolution. Economic reform, social change and political succession, 1957~1990*, Cambridge University Press, 1996.

Saki Ruth Dockrill, *The End of The Cold War Era. The Transformation of the Global Security Order*, Hodder Arnold, 2005.

Samuel, J. Wilson, *Oszkár Jászi and the Hungarian Democratic Emigration*, Toronto, 1991.

Schmidt Maria, "Marx es a Coca-Cola gyermekei", *A dimenziok eve 1968 - Nemzetkozi Konferencia*, Budapest, 2008.

Standeisky Éva, A kígyó bőre: Ideológia és Politika, Standeisky, Kozák Gyula,

Pataki Gábor, Rainer János, eds, *A fordulat évei. Politika, képzőművészet, építészet*, Budapest, 1998.

Stephen Koch, *Kettős Szerepben* − *Az értelmiség elcsábitása*, Budapest, 2014.

Stephen White, *After Gorbachev*, 4th ed., Cambridge University Press, 1993.

Szabó Ildikó, *A pártállam gyermekei. Tanulmányok a magyar politikai szocializációról.* Új Mandátum Könyvkiadó, Budapest, 2000.

Szabó Miklós. Magyar nemzettudat-problémák a huszadik század második felében, *Politikai kultúra Magyarországon 1896~1986*, Budapes, 1989.

Szuhay Péter, "Hagyományok és újítások a Néprajzi Múzeum kiállítási törekvéseiben 1980~2000". *Néprajzi Értesítő*, Budapest, 2002.

Vargyas, Zoltán(ed.), *Mit kezdjünk vele? Kádár János(1912~1989)*, XX. zázad Intézet, Budapest 2007.

Veress, Géza, Hatalom és politika Debrecenben az ellenforradalom első évtizedében 1919~1929, Debrecen: 1982

Vilmos Voigt, Éljen és virágozzék⋯ A budapesti május elsejékről, *Budapesti Negyed 1*, Budapest, 1994.

Vladimir Tismaneanu, *Stalinism for All Seasons. The History of the Romanian Communist Party*, Berkeley, 2003.

Walter LaFeber, America, Russia, and the Cold War 1945~1984, Alfred A.Knopf, New York, 1989.

Zbigniew Brzezinski, *Power and Principle. Memoirs of the National Security Adviser 1977~1981*, 2nd ed., Farrar, Starus and Giroux, 1985.

Zbigniew Brzezinski, *The Grand Failure. The Birth and Death of Communism in the Twentieth Century*, Charles Scribner's & Sons, 1989.

Zeidler Miklós, A Revíziós gondolat, Budapest: Osiris, 2001.

Zsuzsanna Körmendy, *Arthur Koestler* − *Harcban a diktatúrákkal*, Budapest, 2007.

"The Gorbachev Doctrine," The Economist, July 15, 1989.

강성호 외, 『중유럽 민족문제: 오스트리아-헝가리제국을 중심으로』, 동북아역
　　사재단, 2009.

김신규, 「마사리크(T. G. Masaryk)의 민주주의 재해석과 현대적 평가」, 『기억과
　　전망』 32, 민주화운동기념사업회, 2015.

김신규, 「스트라호프(Strahov) 학생시위와 1968년 프라하의 봄」, 『*East European
　　& Balkan Studies*』 42:4, 한국외국어대학교 동유럽발칸연구소, 2018.

김용구, 『세계외교사』, 서울대학교출판문화원, 2012.

김용덕, 「중부유럽: 그 지리적, 역사적 범위」, 『동유럽발칸학』 10:1, 한국외국어
　　대학교 동유럽발칸연구소, 2001.

김장수, 『주제로 들여다본 체코의 역사』, 이담, 2013.

김지영, 「1956년 헝가리 혁명에 대한 일 고찰」, 『동유럽발칸학』 3:1, 한국동유럽
　　발칸학회, 2001.

김지영, 「1989년 체제전환 이후 헝가리의 부패 문제」, 『통합유럽연구』 2, 서강
　　대학교 국제지역문화원, 2011.

김지영, 「3.1운동과 세계정세: 오스트리아-헝가리 제국의 해체와 후속 동유럽
　　국가의 성립과 비교하여」, 『내일을 여는 역사』 74, 민족문제연구소,
　　2019.

김지영, 「68운동과 헝가리의 사회주의 체제 내 개혁운동, 1989년의 체제전환」,
　　『독일연구』 39, 한국독일사학회, 2018.

김지영, 「세계화와 체제전환 시기 헝가리 지식인의 의식구조와 역할」, 『국제지
　　역연구』 11:2, 한국외국어대학교 국제지역연구센터, 2007.

김지영, 「소(小)협상' 형성과정 연구－체코슬로바키아, 유고슬라비아, 루마니아
　　를 중심으로」, 『서양사학연구』 21, 한국서양문화사학회, 2009.

김지영, 「전간기와 이전시기 헝가리 지식인 및 전문 직업군에서의 유태인 차
　　별」, 『서양사학연구』 28, 한국서양문화사학회, 1995.

김지영, 「헝가리 소비에트공화국의 성립과 좌절(1919)」, 『서양사론』 137, 한국
　　서양사학회, 2018.

신종훈, 「쿠덴호베-칼레르기와 간전기 범유럽운동」, 『통합유럽연구』 9:2, 2018.

이상협, 『헝가리사』, 대한교과서, 1996.

이연숙, 『국어라는 사상』, 소명출판사, 2016.

장은주, 「너지 임레의 헝가리 식 사회주의와 카다리즘-1956년 헝가리 혁명을 중심으로」, 『인문학연구』 91, 충남대학교 인문과학연구소, 2013.

최지윤, 『헝가리의 다뉴브 연방안 역사와 의미』, 한국외국어대학교 석사학위논문, 2015.

허만위, 「항일독립군, 체코군단 무기비밀운반 사례연구」, 『군사논단』 7:1, 한국군사학회, 1996.

Eric Hobsbawm, 박지향·장문석 옮김, 『만들어진 전통』, 휴머니스트, 2004.

Körösényi, András, 김대순 옮김, 『헝가리 현대정치론: 전환기의 동유럽 정치』, 신광문화사, 2014.

크리스토퍼 클라크, 이재만 옮김, 『몽유병자들: 1914년 유럽은 어떻게 전쟁에 이르게 되었는가』, 책과함께, 2019.

초출일람(원고 수록순)

「18~19세기 트랜실바니아에서의 헝가리인과 루마니아인의 민족 갈등의 성격」,
『동유럽연구』 45:3, 한국외국어대학교 동유럽발칸연구소, 2021.

「오스트리아–헝가리 제국의 해체 이후 동유럽 민족 국가의 성립」, 『서양사학연
구』 52, 한국서양문화사학회, 2019.

「제1-2차 세계대전 시기 야씨 오스카르(Jszi Oszkr)의 '다뉴브 연방'을 통해
본 중부유럽 통합 구상」, 『독일 연구 : 역사·사회·문화』 41, 한국독일사학회,
2019.

「헝가리 파시즘의 전개와 청산 1919~1945 : 반복되는 과거청산의 관점에서」,
『서양사학연구』 29, 한국서양문화사학회, 2013.

「헝가리의 작은 스탈린 : 헝가리 공산당의 라코시 우상화」, 『독일 연구 : 역사·
사회·문화』 49, 한국독일사학회, 2022.

「1956년 헝가리 혁명에 대한 일 고찰」, 『동유럽발칸학』 3:1, 한국동유럽발칸학
회, 2001.

「헝가리의 공산주의 변용 : '카다리즘(Kádárism, 굴라시 공산주의)' 연구」, 『서
양사론』 144, 한국서양사학회, 2020.

「'68운동'과 헝가리의 사회주의 체제 내 개혁운동, 1989년의 체제전환 : '신경제
구조'에서 '체제전환'으로」, 『독일 연구 : 역사·사회·문화』 39, 한국독일사학
회, 2018.

「1989년 헝가리 체제전환의 내적 요인과 국제적 환경」, 『통합유럽연구』 11:3,
서강대학교 국제지역문화원, 2020.

「소환된 과거, 예정된 미래 : 체제전환 이전, 이후의 헝가리 포퓰리즘」, 『통합유
럽연구』 46:1, 서강대학교 국제지역문화원, 2022.

찾아보기

저자 김지영

한국외국어대학교 철학과에서 문학사, 대학원 러시아-동유럽학과에서 오스트리아-헝가리 제국의 정치사로 정치학 석사학위를 받았다. 1992년 한국인 최초로 헝가리 부다페스트대학교(ELTE) 근현대 헝가리 역사학과 박사과정에 입학하여, 1999년 10월에 '2차 세계대전 기간 및 이후 강대국들의 트란실바니아 정책'이라는 논문으로 최우등(Summa Cum Laude)의 성적으로 역사학 박사학위를 취득하였다. 이 논문은 2001년 헝가리 고등교육 및 연구재단에 의해 우수 박사학위 논문으로 선정되어 단행본으로 출판되었다. 1999년 가을 귀국하여 한국외대, 서강대, 고려대 연구교수를 역임하였고, 대한민국역사박물관의 학예사로 근무하였다. 2018년 가을학기부터 숭실대학교 한국기독교문화연구원 인문한국플러스(HK+) 사업단 교수로 연구와 강의를 하고 있다. 2021년 고려대학교 대학원 북한학과에서 북한과 헝가리의 외교관계를 주제로 두 번째 박사학위를 받았다.

'헝가리 전통문화연구', '중유럽 민족문제', '인물로 보는 유럽통합사', '모순의 제국' 등 20여 권의 저서와 번역서, 40여 편의 논문을 냈다. 헝가리-오스트리아 제국의 역사, 헝가리 현대사, 합스부르크 제국의 문화사 등을 연구하고 있다.

숭실대HK+ 메타모포시스 인문학총서 13

헝가리 현대사의 변곡점들: 역사의 메타모포시스

2023년 2월 24일 초판 1쇄 펴냄

지은이 김지영
발행인 김흥국
발행처 보고사

책임편집 황효은
표지디자인 김규범

등록 1990년 12월 13일 제6-0429호
주소 경기도 파주시 회동길 337-15 보고사
전화 031-955-9797(대표), 02-922-5120~1(편집), 02-922-2246(영업)
팩스 02-922-6990
메일 kanapub3@naver.com / bogosabooks@naver.com
http://www.bogosabooks.co.kr

ISBN 979-11-6587-451-3 94300
      979-11-6587-140-6 (세트)
ⓒ 김지영, 2023